会计精英手册

全盘账务处理纳税筹划与审计一本通

罗　伟◎编著

中国铁道出版社有限公司

CHINA RAILWAY PUBLISHING HOUSE CO., LTD.

内 容 简 介

这是一本专门介绍整个财务做账流程、纳税筹划及内部审计工作的工具书，共有12章，分四个部分。第一部分概括总结企业会计工作中涉及的资金运动和参与者；第二部分讲解会计工作中的各种账务处理和会计资料的管理；第三部分讲解企业的税款计缴、纳税筹划和税务登记等税务工作；第四部分讲解企业如何进行内部审计和内部控制。

本书适合刚从事会计工作的相关人员，也适合想要全面了解企业财税工作的人群阅读学习。此外，还可以作为企业对会计人员工作培训的参考资料。

图书在版编目（CIP）数据

会计精英手册：全盘账务处理、纳税筹划与审计一本通 / 罗伟
编著 . —北京：中国铁道出版社有限公司，2021.9

ISBN 978-7-113-27573-0

Ⅰ . ①会… Ⅱ . ①罗… Ⅲ . ①中小企业 - 财务会计 - 手册
②中小企业 - 纳税筹划 - 手册③中小企业 - 审计 - 手册

Ⅳ . ① F276.3-62 ② F810.423-62 ③ F239.6-62

中国版本图书馆 CIP 数据核字（2021）第 104991 号

书　　名：会计精英手册：全盘账务处理、纳税筹划与审计一本通
　　　　　KUAIJI JINGYING SHOUCE : QUANPAN ZHANGWU CHULI、NASHUI CHOUHUA YU SHENJI YIBENTONG

作　　者：罗 伟

责任编辑：王 佩　　　编辑部电话：(010) 51873022　　　邮箱：505733396@qq.com
封面制作：宿 萌
责任校对：焦桂荣
责任印制：赵星辰

出版发行：中国铁道出版社有限公司（100054，北京市西城区右安门西街 8 号）
印　　刷：三河市宏盛印务有限公司
版　　次：2021 年 9 月第 1 版　2021 年 9 月第 1 次印刷
开　　本：700 mm×1 000 mm 1/16　印张：21.75　字数：341 千
书　　号：ISBN 978-7-113-27573-0
定　　价：79.00 元

前 言

对企业财会人员来说，想要把工作做精，会填制凭证、登记账簿、做好整个账务处理工作是不够的，还需要涉足企业的税务工作和审计工作，懂得纳税筹划、内部审计等管理层面的工作内容。

然而，财会人员要站在管理的角度完成会计工作并不是一件一蹴而就的事情，其中涉及的理论知识和实际操作都需要在漫长的学习过程中领会和掌握。但是，财会人员并非企业真正的管理者，有些财会类工作财会人员甚至接触不到。

那么，财会人员究竟要掌握哪些方面的财会知识，才算是站在管理的角度完成会计工作呢？在会计工作中要怎样协助领导做好财务管理呢？税务工作与财会工作的关系到底是怎样的？企业的全盘账务到底包含了哪些账务的记录和处理呢？

为了解答上述问题，我们编写了本书，从基础理论、全盘账务、纳税筹划和审计这 4 个部分入手，详细介绍了企业财税工作的具体内容，帮助读者更准确地掌握会计工作的核心。

全书包括 12 章内容，可分为 4 个部分，各部分的内容如下所示。

◎ 第一部分：第 1 章

　　该部分主要介绍了企业会计工作中的资金运动问题和会计工作参与者。

◎ 第二部分：第 2 ~ 7 章

　　该部分主要讲解企业的全盘账务处理，包括资产、负债、所有者权益、成本费用、收入和利润等会计要素涉及的账务，凭证的填制，账簿的登记，对账和结账以及报表的编制等工作内容。

◎ 第三部分：第 8 ~ 11 章

　　该部分重点讲解企业的税务工作，包括各税种应纳税额的计算、税收优惠政策、纳税筹划方法、税务登记、纳税申报和税务检查等内容。

◎ 第四部分：第 12 章

　　该部分简单介绍了企业的内部审计工作内容和内部审计工作的具体实施过程。

　　本书结构简单，层次分明，版块清晰，系统、全面地讲解了企业会计工作中的账务处理、税务事项以及内部审计工作等内容。大部分章节均以理论知识作为引导，结合各类账务处理实例进行知识点的讲解，使读者能结合实际掌握会计工作中各种问题的处理方法。

　　本书适合会计从业者阅读学习，也适合企业管理者和一些想要学习企业会计实务的人群参考学习。另外，一些社会培训机构也可将本书作为教辅参考资料。最后，希望所有读者能从本书中获益，帮助您最终成为一名合格的财务人员。

　　由于编者能力有限，对于书中内容不完善的地方，希望获得读者的指正。

编　者

目 录

第1章 资金运动与会计工作参与者

第3章 其他资产和常见负债的账务处理

第4章　企业经营损益和所有者权益的账务处理

第7章 编制反映公司经营状况和成果的各种表格

第 8 章　实务中特殊业务的财税处理

第9章 增值税、消费税的纳税筹划

第 10 章 企业所得税和其他税种的纳税筹划

第 11 章 注意这些事项与纳税筹划密不可分

第 12 章　要规避纳税风险就得做好内部审计

01

资金运动与会计工作参与者

一家企业在生产经营过程中的各个方面都可能涉及资金的运用，财会人员作为资金的主要管理者，在学习企业的账务处理、纳税筹划与审计工作前，必须先了解企业的资金运动情况和会计工作的各类参与者。

| 1.1 |
会计工作反映企业资金运动过程

企业经营过程中的各项经济业务都会涉及资金的使用，而不同环节之间的资金利用又形成资金的运动过程。财会人员负责的会计工作就是围绕资金运动过程开展的，反之，会计工作能反映企业的资金运动情况和整个过程。

1.1.1　企业资金运动的规律

企业资金的运动规律可以从同一时间段存在的形式和不同时间段内资金的流动情况等方面入手研究。

◆　并存时分别发挥作用

资金在同一时间存于不同的空间，分别发挥不同的作用，如在采购环节，资金的作用是购买生产用的材料或办公用品；在销售环节，资金的作用是增加企业的收入；在经营环节，资金的作用是构成各种动产、不动产、无形资产和流动资产，有助于生产经营活动的进行。

◆　同一空间同一时间只能发挥一种作用

企业资金在经营过程中的某一个空间内，同一时间只能发挥一种作用。比如，在采购环节的资金、处于支付购买价款时间段的资金，只能发挥"买"的作用，而不能同时发挥"产"的作用；又比如，在销售环节的资金，只能发挥增加企业资金量的作用，无法同时发挥"买"或"产"的作用。

◆　资金在不同空间和时间之间过渡

企业的资金并不是处于某一个空间和某一个时间而停止不前的，当资金在当下的空间和时间发挥了应有的作用后，就会随着经济活动的发展而流向其他时间和空间。比如，资金从最初的货币形态，在采购环节发挥"买"的作用后，过渡到经营环节，构成各种资产，进而在生产环节和管理工作中发挥"产"的作用；然后流向各种产品，构成产品的价值；待出售时，企业收到销售款，此时资金又发挥增加资金量的作用。如图 1-1 所示的是资金在企业内部各个环节之间的流动规律和对应发挥的作用说明。

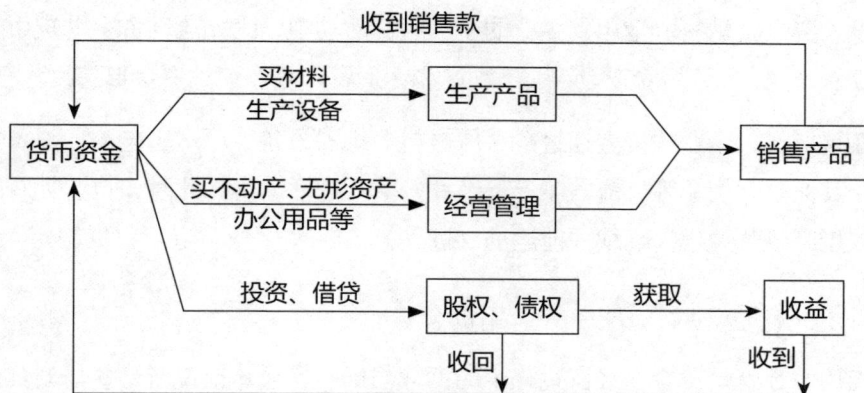

图 1-1　资金运动规律

不管企业是否改变经营范围、经营地址，只要还在继续开展经营活动，资金就会按照图 1-1 所示的流动方向运动，这就是资金大致的运动规律。

◆　企业资金的运动是循环往复的

从图 1-1 可以看出，企业的资金经过一系列的运动轨迹，最终又会回到"货币资金"的状态，然后开启新一轮的资金运动，这样循环、重复，使得资金在企业内部做着"闭环式"的运动。

◆　正常经营时资金收支是平衡的

对企业来说，一次财务支出就是资金进入运动过程的开始，而一次财务收入就是当次资金运动过程的结束。要想企业正常运行，财务收入必定要等于或高于财务支出，这就是资金收支在正常经营时保持平衡的表现。如果资金收支不平衡，即财务支出远大于财务收入，则企业没有足够的资金支撑日后的经营管理活动，企业很可能面临破产危机。

1.1.2　企业资金运动的三个层次

这里的资金运动层次是指资金运动的环节。大致上来说，企业资金的运动环节包括投入、运用和退出。

（1）资金运动第一层——投入资金

投入资金就是将资金用到企业的生产经营活动中，比如流动资金以货币资金形态投入企业，固定资金以动产、不动产和无形资产等非流动资金形态投入企业。

在该层次，企业的资金通过购买原材料、机器设备、厂房、电脑、复（打）印机和其他办公用品等，流入生产环节和经营管理活动中。此时，企业拥有的资金投入生产经营过程，继续往前运动，进入第二层次。

（2）资金运动第二层——运用资金

运用资金就是资金在经营过程中的循环与周转，换句话说就是参与到具体的经营活动中去，包括采购活动、生产活动、销售活动和投融资活动。

企业通过开展采购活动，将在第一层次投入的资金用于购买各种材料，使流动资金从货币资金形态转变为储备资金形态。这就是资金在采购环节的运用。

在开展生产活动时，企业将购买的各种材料投入到生产线上开始生产产品，直到产品制成为止。在这个产品制造的过程中，企业的资金由储备资金形态转化为在产品的生产资金形态，然后再转化为成品资金形态。同时，在这一过程中还将一部分投入的资金直接用于支付员工的工资和其他生产费用，使资金从货币资金形态最终转变为成品资金形态。

在销售活动中，企业将制成的产品销售到市场中，同时取得销售收入，使资金从成品资金形态转变为货币资金形态。这样一来，企业的资金又回到货币资金形态，重新开启新一轮的资金运用过程。

（3）资金运动第三层——资金退出

资金退出就是资金离开企业而不再为企业带来任何利益的流入，也不再参与到企业的任何经营活动中。

纵观企业整个经营过程，必然会涉及税费的缴纳、债务的偿还以及向投资者或股东分配利润或红利等事宜。此时，资金流出企业，流向税务机关、债权人以及投资者或股东，不再留存于企业中，体现为资金退出企业。

1.1.3 资产、负债和所有者权益在资金运动中的角色

资产、负债和所有者权益是企业财务报表中资产负债表的三大要素，反映的是企业在某一个时点的财务状况，因此属于资金的静态要素。从资金的数量上来看，这三者存在如下恒等式关系。

资产=负债+所有者权益

资产、负债和所有者权益在资金运动中都作为资金的载体，也就是说，资金运动到某一环节，形成资产、或者形成负债、又或者形成所有者权益。只不过，三者在资金运动过程中扮演的角色有区别。

◆ 资产是资金运动过程中的"存钱者"

企业通过购置各种材料、不动产、动产和专利权等，将手中的资金变为各种流动资产、固定资产、不动产、机器设备和无形资产，实际上企业的资金量没有减少，只是存在的形态发生了改变。因此，资产在资金运动过程中就是"存钱者"。虽然这些资产会发生减值、折旧和摊销，它的价值会慢慢减小，但是这些减值、折旧和摊销的资产价值会慢慢流入到产品中，增加存货的价值，而存货也属于企业的资产。由此可见，资产在资金运动中是一个"全心全意"的"存钱者"。

◆ 负债是资金运动过程中的"用钱者"

负债是指企业负担的债务，表现为向外界支付款项，内容如表1-1所示。

表1-1 负债的部分内容

支出项目	负债类要素
应支付给员工的工资	应付职工薪酬
应支付的货款	应付账款、应付票据
应支付的其他款项	其他应付款、长期应付款
应归还的借款	短期借款、长期借款
应归还的借款利息	应付利息
应缴纳的税费	应交税费

续表

支出项目	负债类要素
需要用货物或服务抵偿的资金	预收账款

由此可见，这些负债会使资金流出企业，因此在资金运动过程中，负债是"用钱者"，消耗资金。

◆ 所有者权益是资金运动过程中的"生钱者"

在资产负债表中，所有者权益类包括实收资本、资本公积、盈余公积和未分配利润。其中，未分配利润核算的是企业经营过程中获得的利润还没有进行分配的部分，而这部分利润将由企业用来扩展经营范围和规模，使企业朝着更好的方向发展，获取更多的利益。也就是说，企业的经营资金得到了增值，说明所有者权益是资金运动过程中的"生钱者"。

综上，资产、负债和所有者权益不仅是资金运动过程中的载体，各自都有着自己的角色定位，而且可看出，资产、负债和所有者权益是资金运动的推动者，正是有了"存钱""用钱"和"生钱"，才使得资金在资产中变化形态，在负债中退出企业，在所有者权益中循环利用，由此使资金在生产经营的各个环节中不断运动，生生不息。

| 1.2 |
了解会计岗位是做好会计工作的前提

企业的会计工作需要专业的会计人员来开展和完成，为了更好地区分会计人员不同的工作职责，企业需要设置不同的会计岗位，以发挥岗位职能，使会计人员各司其职、各尽其能。

1.2.1 会计人员的工作职责

会计人员的工作职责一般包括五大方面：进行会计核算、拟订本单位办理会计事务的具体办法、参与拟订经济计划和业务计划并考核和分析预算与财务计划的执行情况、实行会计监督以及办理其他会计事务。

（1）进行会计核算

会计核算是对企业已经发生或已经完成的经济活动进行的事后核算，具体是对会计工作中的记账、算账和报账的总称。会计人员在进行会计核算时，必须按照国家会计制度的规定执行。如表1-2所示的是会计核算工作中会计人员的具体工作职责。

表1-2　会计核算工作人员的具体工作职责

职责	具体说明
设置会计科目	企业的会计人员应在进行具体的会计核算工作前，设置好需要的会计科目
填制并审核凭证	会计人员在登记账簿之前，必须填制和审核凭证，要保证记账的准确性和完整性，内容要真实、数字要准确
登记账簿	会计人员应按时登记会计账簿，并做到账目清楚、日清月结
成本计算	会计人员要及时核算企业发生的各种费用和成本，并及时进行归集和分配，方便企业掌握自身的经营盈亏情况
财产清查	企业财会人员要定期或不定期组织相关人员进行库存现金、银行存款、存货和固定资产等实物财产的清查盘点工作，核对账目，保证账实相符和会计核算资料的正确性与真实性
编制会计报表	会计人员要在每个会计期末按规定的要求编制会计报表，将企业的财务状况、经营成果和现金流量等情况以书面文件的形式反映出来，为企业管理者提供决策依据

（2）拟订本单位办理会计事务的具体办法

企业的财务部门及财会人员应按照国家财政制度的规定，认真拟定本单位办理会计事务的具体办法，同时严格执行。

单位办理会计事务的具体办法是对财会人员和相关经办人员的行为和工作内容作出的规定，是指导员工办理会计事务的规范性文件。因此，需要专门的会计人员负责拟定，同时还要根据企业具体的经营情况拟定具体的内容，使最终办理会计事务的办法适合企业发展。

（3）参与拟订经济、业务计划，考核分析预算与财务计划的执行情况

会计人员虽然只负责企业的财会工作，但这些工作与其他职能部门的工作息息相关、密不可分，因此，就会使会计人员参与到其他部门的有关工作中。比如，会计人员要参与拟订企业的经济计划和业务计划，同时还要严格执行。另外，会计人员应参与有关生产、经营管理会议，签订相关的经济合同。

在经过一系列的会计核算工作后，会计人员还要定期检查、考核和分析企业财务计划和预算计划的执行情况，挖掘可以增收节支的方法，同时要考核企业的资金使用效率，从而揭露经营管理工作中存在的问题，并及时向企业领导提出意见或建议。

（4）实行会计监督

任何企业内部的会计人员，都有权要求本单位有关部门和有关人员遵守财经纪律，严格执行财会制度；也有权要求部门和相关人员认真执行并完成相应的业务计划、经济计划和预算计划。而会计人员作为这些事务的监督者，将对部门和人员实施全方位监督，对违反相关制度和纪律的行为，如弄虚作假、营私舞弊等，会计人员有权拒绝付款、拒绝报销和拒绝执行，同时向单位领导或上级机关、财政部门报告。

会计人员应监督检查本单位有关部门的财务收支、资金使用和财产保管、收发、计量及检验等工作，不仅要看其他部门和人员的工作是否符合规定，还要看自己的工作和财务部门的行事是否符合规定。一旦发现有违规操作或者有违规操作的前兆，就要起到监督的作用，提醒相关人员和部门改正。

（5）办理其他会计事务

对会计人员来说，工作职责除了有前述四大类外，还有一些需要负责的事项，具体内容如表1-3所示。

表 1-3　会计人员的其他工作职责

条目	职责
1	严格执行国家财政制度规定的费用开支范围和标准
2	清楚划分资金来源，并合理使用资金
3	按银行规定的要求合理使用贷款，加强现金管理
4	按照国家会计制度的规定，妥善保管会计凭证、账簿和报表等会计资料；如果发生工作调动或离职，要及时办理会计资料的移交手续
5	要遵守、宣传和维护国家财政制度及财经纪律，打击一切违法乱纪的行为
6	在上级机关、财政、税务和银行等部门来本企业检查工作时，要负责提供有关资料，并如实反映企业的财务情况等

1.2.2　会计岗位设置的要求和基本原则

企业在设置会计岗位时，必须遵循一定的要求和原则，以防止会计岗位出现冗余或者欠缺。

在设置会计岗位前，企业一定要将设置要求牢记在心，以免设置时出现偏差，具体的要求如表 1-4 所示。

表 1-4　会计岗位设置的要求

条目	内容
1	必须与本单位业务活动的规模、特点和管理要求等相适应
2	要能加强会计人员的责任感和纪律性
3	要能提高工作效率，保证工作质量
4	要按企业会计机构内部的工作内容定人员、定岗位，建立会计人员岗位责任制，使每项会计工作都有专人负责，使每一名会计人员都清楚自己的工作范围和工作要求

那么，当企业在设置会计岗位时，又需要遵循哪些基本原则呢？

◆　要根据本企业会计业务的需要进行会计工作岗位的设置

在该原则下，企业需要根据自身的业务规模大小、过程的繁简以及业务量的多少来设置会计岗位，比如一人一岗、一人多岗或一岗多人。

如果企业的业务规模小、过程简单且业务量少，则会计机构的规模就可设置得小一些，会计人员和会计岗位也就相应地少一些；相反，如果企业的业务规模大、过程烦琐且业务量多，则会计机构的规模就可设置得大一些，会计人员和会计岗位也可以相应地多设一些。

一般来说，中小企业适合"一岗多人"或者"一人一岗"，而小型企业多为"一人多岗"，大型企业适合"一岗多人"。但要注意的是，如果存在"一人多岗"的情况，有些岗位不能由同一人同时负责，比如出纳岗位的会计人员不能兼任稽核、会计档案保管以及收入、支出、费用和债权债务等账目的登记工作。这就是下一个需要遵循的会计岗位设置原则。

◆ 要坚持"钱账分管、相互牵制"的原则设置会计岗位

企业遵循该原则设置会计岗位时，可使会计责任有效分离，岗位与岗位之间能达到相互制约和监督的效果。

在企业经营管理过程中，必然会涉及款项的收付、资金的结算和账目的登记等工作，而这些工作不能由一人同时负责，必须由两人或两人以上分工办理。实际接触到钱财的工作岗位和负责登记钱财收支情况的岗位必须由不同的人负责，否则，一人负责就可能存在财务舞弊行为，常见的就是用了多少钱或收取了多少钱，反正是自己记账，就可随意填写金额。这样对企业来说是有害而无利的。

◆ 会计岗位之间的工作内容要紧密联系

在设置企业会计岗位时，要遵循岗位之间工作内容紧密联系的原则，这样可方便会计人员进行定期的轮岗工作制，同时也有利于会计人员全面熟悉会计业务，提高专业素质和技能。

会计岗位之间的工作内容相互联系，可使会计人员之间能在工作上及时交流和沟通。如果轮岗，可以快速进入新的工作氛围和状态，提高熟悉新工作的效率。

◆ 会计岗位要有具体的责任范围

在设置会计岗位时，一定要明确不同岗位之间的工作责任，这样可以将责任

落实到员工个人，切实遵循"岗位责任制"的原则，促使会计人员尽职尽责，增强工作的责任感，使其时刻谨记要为自己的行为负责，任何举动都不能违反法律、法规和企业规章制度，也不能存在消极怠工的情况。毕竟，责任落实到位，企业可轻松查出谁在什么时候的什么工作中出现了什么样的错误，进而找出应该承担责任的员工。

1.2.3 中小企业会计工作存在的问题

目前，很多中小企业都是"照葫芦画瓢"地设立经营，真正能管理好整个会计工作的为数不多。在该类型的企业群体中，普遍存在以下一些问题。

（1）不合规、不合法的操作屡见不鲜

很多中小企业一味地追求盈利、扩张和发展，就会为了减轻企业的各种经营负担而做出一些不合规、不合法的事情，如虚开发票、利用不正当手段多计成本或少计收入、隐瞒真实的经营状况等，以此来减少企业应缴纳的税款总额。从税法的角度看，这些行为存在故意不缴或少缴税款的嫌疑，属于偷税、逃税。还有一种常见的现象就是，企业经营者为了自己的私利，明里或暗里授意企业的会计人员开具不真实的增值税发票，以达到牟利的目的。很显然，这样的操作是不合规的，同样也是不合法的。

那么如何应对这些问题呢？最有效的办法就是加强税务、工商等检查力度，严厉打击违规、违法行为。除此以外，企业要加大会计工作规范的宣传力度，使会计工作的规范操作深入人心，同时企业财务部门要严格编制和执行会计工作管理办法，不畏强权，坚决抵制不合规、不合法的行为，要在员工和领导之间起好带头作用，严格遵守会计相关制度和规章。

（2）缺乏会计管理人员

由于中小企业处于发展阶段，很多管理体系和结构还不完善，同时企业的发展会受到资金的限制，导致企业无法组织一支专业且强大的会计团队，更没有足够的经济实力聘用高级会计管理人员。因此，会计管理人员其实是不够的。究其原因，很大程度上是因为这些企业过于追求短期利益而忽略了企业的长远发展，以眼前盈利的多少来衡量企业发展的好坏，进行忽略了对人才的培养。

那么，该怎么解决这类问题呢？首先要从思想上让企业管理者或经营者改变固有的落后财务观念，让他们认识到自己的财务短视行为；同时，要让他们接受新的、正确的财务观念，更注重企业未来长远的发展。在这样的前提下，才能告诉他们应该怎么做，具体做什么事情。比如，做好人才培养计划、制定人力资源预算方案、在预算范围内为企业寻求高级会计管理人才等。

（3）会计管理人员的专业素质不高

中小企业本身规模并不是特别大，需要的会计人员也就不太多。很多企业在出现会计职位空缺的情况时，一般都会想要尽快补充会计人员以填补空缺的岗位。而在招聘会计人员时，很多企业都过于注重会计人员的工作经验和任职资格，忽略了应聘者的职业素养。甚至还有企业的经营者过于谨慎，认为会计人员是自家亲戚或朋友更可靠，因此就"拖家带口"地将亲朋好友安排到会计工作岗位上，甚至是会计管理岗位，以为这样就可以帮忙"看着"企业的员工，也不考量他们是否适合这些职位，是否能胜任。这就导致企业的会计管理人员素质得不到保障，反而更容易出现贪污舞弊、弄虚作假的行为。

对此，经营管理者要学会适当放权，要将该有的信任给自己的员工。或者，要为会计管理人员提供应有的专业培训，使不能胜任岗位工作的人通过培训和学习后能胜任自己的工作。总之，在用人源头上要挑选会计专业素质高的应聘者，在用人过程中要积极为会计人员提供专业知识和技术的培训，尽可能地创造条件提高会计管理人员的专业素质。

（4）会计监管体系和团队不够严谨

没有多少企业能在管理体系上做到十全十美，但却可以不断地完善管理体系。在会计管理体系方面，中小企业体系不完善是很常见的。有些企业会计岗位多且广，但很多都有重复交叉的现象；有些企业的会计岗位较少，只设置一般的记账、算账和报账等岗位，明显缺乏有效的会计监督管理岗，这样就会使企业的会计工作质量得不到保障，会计人员很可能按照自己的意愿随意记账、算账和报账，反正也没人检查。

对企业来说，必要的会计监督检查工作一定要做，这就要求企业要设置专门的会计监督检查岗，或者指定专人负责会计监督工作，使会计人员在工作中的一举一动都处于监管之下，进而促使他们尽职尽责、按章办事，不敢做违法乱纪的事情，从而完善企业的会计管理体系并组建职能齐全的会计团队，使企业的会计工作更好、更顺利地开展和完成。

| 1.3 |
会计人员应具备的条件

要成为一名合格的会计人员，不仅要具备专业素质，还要符合相应的岗位要求，同时牢记自己的工作权限，这样才能让自己成为一名有资格、有能力和有约束的会计从业者。

1.3.1　会计人员应具备哪些素质

作为企业的会计人员，具备应有的职业素养很重要，同时具备基本的会计专业素质更重要。

（1）应具备的职业素养

会计人员的工作内容涉及钱账的管理和使用，因此，要保证钱账的安全性和正确性，必然需要相关人员具有良好的职业素养。

◆　脚踏实地

钱账的管理和使用要求会计人员能够熟练算账和记账。在会计上，钱账通过一个个数据来体现其使用和管理情况，哪怕仅仅错了一个小数点的位置，就很可能使其他账目出错，最终导致账目混乱，妨碍企业的财务管理工作。因此，会计人员必须脚踏实地，静下心来处理会计工作，切忌三心二意、拖泥带水。这是最基本的职业素养，只有脚踏实地，才能保证自己在工作中细心谨慎、诚实守纪。

◆ 细心谨慎

即使会计人员在性格上能脚踏实地，但还是不能完全保证其在工作中做到细心谨慎。细心谨慎的处事风格在很大程度上需要经过长期的后天培养，往往不能一蹴而就。会计工作中不仅因为数据重要而需细心谨慎，还因为具体工作内容牵涉到经营管理中的方方面面，所以必须细心谨慎，尽量考虑周全，没有遗漏。

◆ 有良好的沟通能力

通俗地说，企业的会计工作就是对整个企业的所有钱账进行核算和记录，如采购活动、销售活动、生产活动和投融资活动等。由于涉及的工作是方方面面的，而这些工作又由不同的人负责，因此会计人员必须要与各部门各岗位的同事沟通协调工作上的诸多事宜。只有具备良好的沟通能力，会计人员才能从这些同事的手中获取最贴近实际、最详细准确的经济信息，从而利用会计处理的方法将这些信息体现在凭证、账簿和报表中。

◆ 诚实守纪

因为会计工作涉及钱财核算与管理，对会计人员来说存在很大的金钱诱惑，如果心术不正，或者无法经受金钱的诱惑，就很可能做出违法行为，如偷盗公司财产、挪用公款等。因此，会计人员必须具备良好的品行，诚实做人，遵纪守法，秉公办事。

此外，会计人员还应具备热爱本职工作和尽忠职守等基本的职业素养。

（2）会计专业素质

会计是一门技术性较强的工作，会计人员仅靠良好的职业素养并不能做好会计工作，还必须重点培养其会计专业素质。

◆ 要有丰富且牢固的知识储备

技术性的工作一定会有技术性的理论知识做支撑，因此，会计人员必须掌握丰富且牢固的会计知识点，在此基础上，才能更好地运用这些知识来处理实际会计工作中的事务和问题。

◆ 有较强的自我学习能力

从近年多变的财税政策这一事实来看，作为会计人员必须具备较强的自我学习能力，这样才能快速地探究和解读最新的财税政策，帮助企业做好财会管理工作和税务处理工作。反之，如果会计人员不具备自我学习能力，工作中只是得过且过混日子，则新政策的运用很可能不到位，进而使企业的会计工作效率低下，甚至出现不该出现的差错，比如已经没有使用的会计科目仍在用、已经更改了科目名称的还在用未改前的名称、财务报表格式用错、该缴的税没有缴或者不用缴的税还在继续缴等。

◆ 有职业判断力和随机应变的能力

对会计人员来说，不仅要具备学习理解能力，还应具备职业判断力，将理解的政策或规定的意思用于工作业务的判断，从而做出合理、正确的处理。另外，还需要具备随机应变的能力，毕竟会计工作中也会遇到个别突发状况，发生时就可灵活应对，有条不紊地处理。

◆ 有一定的综合分析能力

会计人员即使想在一般的会计岗位上安稳地度过一生，也要不断学习和创新，否则会轻易地被后辈取代自己在工作中的位置。如果想要在会计工作中走得更好、更远，则需要会计人员具备一定的综合分析能力，学会自主挖掘会计数据中的奥妙和规律，从而提升自己的会计工作技能，使得他人无法取代自己的优势，在会计工作中拥有话语权，而不是只将会计工作停留在表面层次的算账、记账和登账。

◆ 要有财务管理观念

财务管理比会计工作更高深，它倾向于会计的管理工作，要考虑的方面比会计更多、更广。如果会计人员有较强的财务管理观念，那么看待问题的立足点就会更高、更远，不会纠结工作中的细枝末节，而更看重大局，这对企业未来的发展是有利的。相应地，会计人员会有更好的上升空间，晋升的可能性也会增大。

1.3.2　会计人员的一般工作要求

不同的会计岗位对任职人员的具体工作要求是不同的，而且各企业还会根据自身实际情况提出具体的工作要求。但无论是哪个会计岗位、哪家企业的会计人员，都必须符合如表 1-5 所示的一般工作要求。

表 1-5　会计人员的一般工作要求

条目	要求	其他说明
1	要具备良好的职业道德	—
2	要有一定的学历基础	根据企业或岗位的具体要求，可以是大学本科及以上学历，也可以是大专以上学历等
3	要有会计相关学习经历或工作经验	根据实际情况，有些会计工作要求从业人员必须同时具备会计学习经历和工作经验，如会计专业毕业且工作满多少年；有些工作只要求有会计学习经历；有些只要求有会计工作经验即可等
4	要熟知国家的相关法律、法规、规章制度、方针和政策	—
5	要熟练操作计算机	目前我国大部分企业均实现了会计电算化，很多会计工作直接利用财务软件进行处理，因此必须要求会计人员能熟练使用计算机及相关办公软件
6	要对数字和数据有一定的敏感度	会计工作直接面对和处理大量的数据，如果会计人员对数字和数据有一定的敏感度，可提升工作效率

1.3.3　会计人员的工作权限

工作权限就是会计人员在会计工作中具体可以做的事情，如表 1-6 所示。

表 1-6　会计人员具有的工作权限

权限	说明
有权拟定企业会计管理办法	会计管理办法用于规范企业的会计工作，而会计人员作为会计工作的具体实施者，有权拟定该办法，同时严格遵照执行
要求他人执行	会计人员有权要求本部门的人员和企业内部其他部门及人员认真执行国家政策和法规，遵守企业的财经纪律和财会制度

权限	说明
有权自行作出某些决定	当员工违反了相关政策、法规、财经纪律和财会制度时，会计人员有权作出拒绝付款、拒绝报销和拒绝执行等决定，并向企业财务负责人报告
有权拒绝执行违法乱纪行为	如弄虚作假、营私舞弊、欺骗上级等
有权参与某些计划的编制和可行性研究	会计人员有权参与编制财务计划和经济计划，有权对重大经济活动进行可行性研究
有权对其他人员进行监督	会计人员有权监督企业经济合同的履行，有权监督和检查有关部门的财务收支、资金使用和财产保管等情况，有权要求相关部门和人员提供如实的资料并反映情况
有权控制企业的支出	当会计人员发现企业的实际支出超出了预算的费用和成本范围，则有权暂停付款，并向企业的财务负责人汇报情况
有权考核各种预算执行情况	无论是企业的销售预算、采购预算，还是生产预算、成本预算和费用预算等，会计人员都有权组织考核活动，进行工作任务目标考核

| 1.4 |
三大账务处理程序任挑任选

　　不同的企业会根据自身业务的多少和涉及范围的大小来确定具体的账务处理程序，而可供选择的主要有 3 种，分别是：记账凭证账务处理程序、汇总记账凭证账务处理程序和科目汇总表账务处理程序。这些账务处理程序的主要区别是登记总分类账的依据和方法不同。

1.4.1　记账凭证账务处理程序

　　在记账凭证账务处理程序下，总分类账的登记依据是记账凭证。一般步骤如图 1-2 所示。

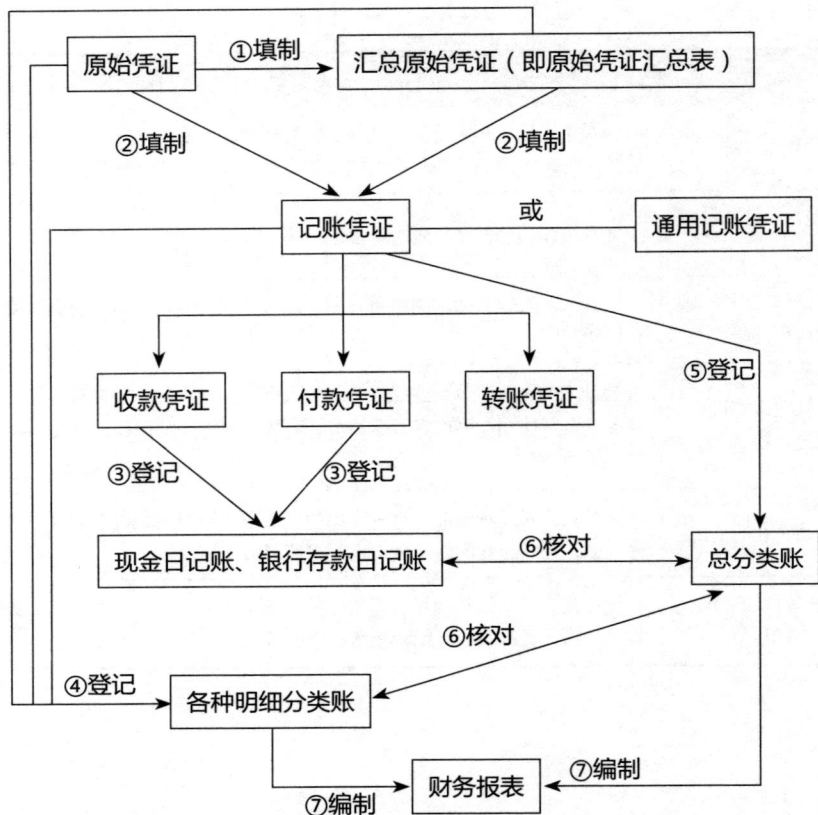

图 1-2　记账凭证账务处理程序的步骤

这种账务处理程序下生成的总分类账可以较详细地反映企业经济业务的发生情况，且登记操作简单易行，好理解，但登记总分类账的工作量较大。因此，适用于规模较小、经济业务量较少的企业。

1.4.2　汇总记账凭证账务处理程序

在汇总记账凭证账务处理程序下，总分类账的登记依据是汇总记账凭证。一般步骤如图 1-3 所示。

这种账务处理程序下，虽然编制汇总转账凭证的工作量可能因为转账凭证数量过多而较大，但总的来说可以减轻登记总分类账的工作量。因此，适用于规模较大、经济业务较多的企业。

但是，由于在编制汇总记账凭证时是按每一个贷方账户编制的，所以不利于会计核算工作的日常分工，也就是说，不利于会计工作的分工协作，从另一方面也降低了会计工作的效率。

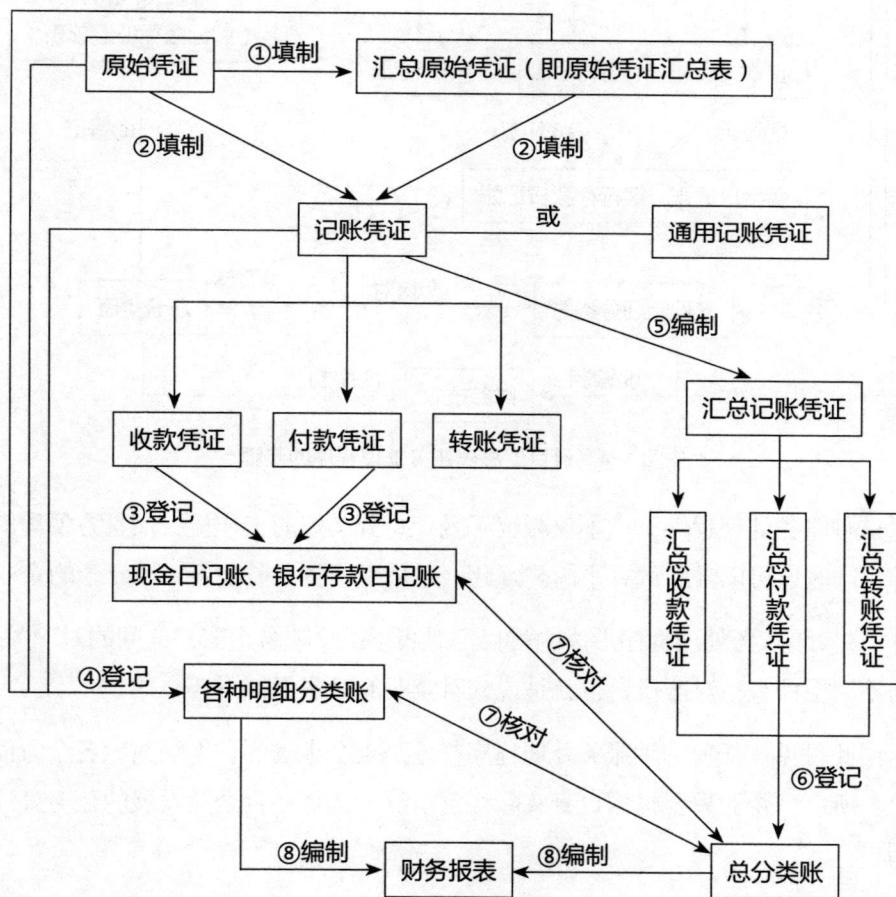

图 1-3　汇总记账凭证账务处理程序的步骤

1.4.3　科目汇总表账务处理程序

在科目汇总表账务处理程序下，总分类账的登记依据是科目汇总表。一般步骤如图 1-4 所示。

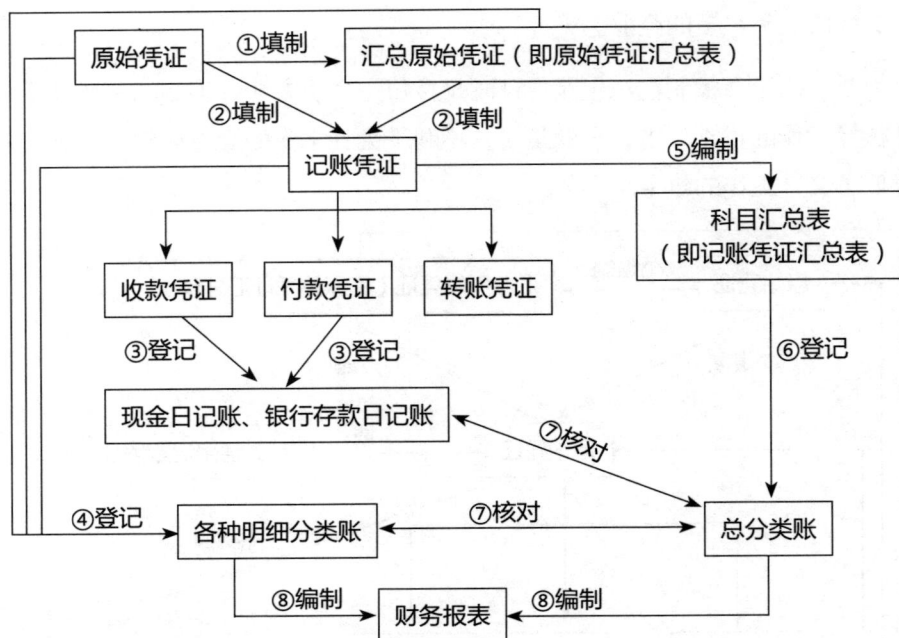

图 1-4　科目汇总表账务处理程序的步骤

这种账务处理程序下，不仅减轻了登记总分类账的工作量，而且方便理解和学习，同时还可以做到试算平衡。因此，适用于经济业务较多、较复杂的企业。

但是，该账务处理程序形成的科目汇总表不能反映各个账户之间的对应关系，进而不利于检查核对账目，也就是说，对企业的对账工作不利。

由此可见，任何一种账务处理程序都不是十全十美的，无法兼顾各个方面的考量。所以，企业只要根据自身实际经营情况，选择适合企业发展的账务处理程序即可。

另外还需注意的是，为了便于企业管理财会工作，当选定一种账务处理程序后，尽量不要随便更改，以免在凭证填制、传递以及账簿的登记和报表的编制等过程中出现差错，影响会计工作的质量，进而降低会计工作的效率。

|02|

流动资产的账务处理

　　企业中的资产根据其流动性大小可分为流动资产和非流动资产。其中流动资产是指企业可以在一年或者超过一年的一个营业周期内变现或运用的资产，是企业资产的重要组成部分，是变现能力最强的资产，一般包括货币资金、应收账款、应收票据和存货等。这一章我们将按照实务的形式一起探索流动资产的奥秘。

| 2.1 |
货币资金的账务处理

货币资金是指企业拥有的、以货币形式存在的资产。它在企业生产产品、商品流通过程中可直接投入使用，用于购买材料、商品、劳务或者偿还债务等。

货币资金是流动资产中流动性最强、周转期短，且是唯一能体现企业在日常经济活动中的购买力的资产。为了确保日常经济活动的正常进行，企业必须拥有一定数量的货币资金。

货币资金根据性质、结算方式的不同，可以分为库存现金、银行存款和其他货币资金三大类，具体的介绍如图 2-1 所示。

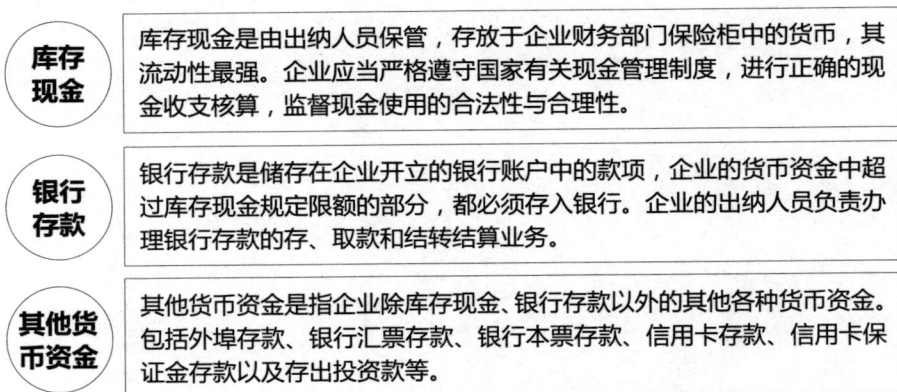

库存现金	库存现金是由出纳人员保管，存放于企业财务部门保险柜中的货币，其流动性最强。企业应当严格遵守国家有关现金管理制度，进行正确的现金收支核算，监督现金使用的合法性与合理性。
银行存款	银行存款是储存在企业开立的银行账户中的款项，企业的货币资金中超过库存现金规定限额的部分，都必须存入银行。企业的出纳人员负责办理银行存款的存、取款和结转结算业务。
其他货币资金	其他货币资金是指企业除库存现金、银行存款以外的其他各种货币资金。包括外埠存款、银行汇票存款、银行本票存款、信用卡存款、信用卡保证金存款以及存出投资款等。

图 2-1　货币资金的分类

需要说明的是，在实际会计处理时，为了直观地反映企业持有货币资金的情况，资产负债表中一般只列示"货币资金"项目，不再按照其详细类别进行单独列示，但金额是各类别之和。

2.1.1　现金的账务处理

现金是指企业的库存现金，具体包括人民币现金和外币现金。其核算包括总分类核算和明细分类核算。

（1）总分类核算

在总分类核算中要设置"库存现金"科目，它是资产类账户，借方代表库存现金增加，如收到现金记入"库存现金"的借方；贷方代表库存现金减少，如用现金购买商品记入"库存现金"的贷方；期末余额在借方，表示企业剩余的现金。

企业支付给内部单位周转资金或职工个人用于零星开支的备用款项叫做备用金，设置"其他应收款——备用金"科目进行核算。

（2）明细分类核算

明细分类核算是通过设置"现金日记账"进行的。每日终了，出纳人员根据审核无误的原始凭证逐日逐笔登记现金日记账，要做到日清月结，不得挪用公款，也不得白条抵库。注意，总分类账户中的库存现金余额应与现金日记账的余额相等。下面我们来看看公司现金的账务处理。

| 范例解析 |　　从银行提取现金作为备用金

甲公司为工程施工单位，在偏远山区有一个项目，交通不便。2020年7月1日，为了维持正常的日常开销，出纳人员从银行提取现金50 000.00元，作为企业的备用金。在此例子中，主要的会计分录如下。

借：库存现金　　　　　　　　　　　　　　　　50 000.00
　　贷：银行存款　　　　　　　　　　　　　　　　50 000.00

| 范例解析 |　　用现金支付培训费

2020年7月10日，甲公司引进一项新设备，并请专业人员对公司员工进行使用培训，共支付培训费3 000.00元。在此例子中，主要的会计分录如下。

借：管理费用——培训费　　　　　　　　　　　3 000.00
　　贷：库存现金　　　　　　　　　　　　　　　　3 000.00

| 范例解析 |　　备用金的使用

甲公司员工李某于2020年7月13日去外地出差，向公司借现金2 000.00元用作备用金；7月17日，李某回公司报销差旅费1 870.00元，并归还剩余现金130.00元给出纳人员。在此例子中，主要的会计分录如下。

①7月13日，支付备用金。

借：其他应收款——备用金——李某   2 000.00

  贷：库存现金   2 000.00

②7月17日，收到剩余备用金。

借：库存现金   130.00

  管理费用——差旅费   1 870.00

  贷：其他应收款——备用金——李某 2 000.00

7月末，经过计算，甲公司7月的库存现金余额为45 130.00元（借方合计金额-贷方合计金额=50 000.00+130.00-3 000.00-2 000.00）。出纳人员每天根据原始单据登记现金日记账，月末余额应该和库存现金余额一致，都是借方45 130.00元。

2.1.2　库存现金的盘盈与盘亏处理

企业在月末或在被审计的过程中都要盘点库存现金，检查库存现金账面余额是否与出纳人员实际保管的货币一致，检查出纳人员保管现金有无不符合规范的地方，如白条抵库、存入私人物品等。

盘点人员根据实际盘点情况编制库存现金盘点表，如图 2-2 所示。

库存现金盘点的结果有 3 种，账实相符、现金盘盈和现金盘亏，账实相符说明实际的现金与账面的库存现金余额一致，无需调整。下面分别说明现金盘盈和现金盘亏的账务处理。

库存现金盘点表

单位名称：   盘点日期：   单位：元

现金清点情况			账目核对	
面额	张数	金额	项目	金额
100元			一、盘点日现金账户余额	
50元			加：未记账收入数（单据　张）	
20元				
10元				
5元			加：日记账未付款（凭证　份）	
2元				
1元				
5角			减：未记账支出款（单据　张）	
2角				
1角				
5分			二、调整后现金账面余额	
2分			盘点现金长款	
1分			盘点现金短款	
实点合计			三、现金账面结余额	
差异分析				
检查处理意见				

盘点人： 监盘人： 出纳人员： 财务主管：

图 2-2　库存现金盘点表

（1）现金盘盈

如果在现金盘点中发现出纳人员实际保管的现金多于库存现金账面余额，就说明发生了盘盈。这种情况一般是企业管理制度不完善或者是收款人员的工作疏忽造成的，一般涉及"待处理财产损溢""营业外收入"和"其他应付款"3个科目，下面通过实例进行理解。

│ 范例解析 │　库存现金盘盈的账务处理

A企业出纳人员张晓在2020年8月末盘点库存现金后编制了现金盘点表，发现实际的现金比库存现金余额多了171.00元。下面根据不同的情况进行账务处理。

①在发现现金盘盈后的账务处理。

借：库存现金　　　　　　　　　　　　　　　171.00

　　贷：待处理财产损溢　　　　　　　　　　　　　　171.00

②如果多收的钱无法退回，且查明不了原因，记入营业外收入。

借：待处理财产损溢　　　　　　　　　　　　171.00

　　贷：营业外收入　　　　　　　　　　　　　　　　171.00

如果在出纳人员张晓的复审中，发现多余的钱是客户误转的，且以现金退还给了客户，则账务处理如下。

借：待处理财产损溢　　　　　　　　　　　　171.00

　　贷：其他应付款——客户　　　　　　　　　　　　171.00

借：其他应付款——客户　　　　　　　　　　171.00

　　贷：库存现金　　　　　　　　　　　　　　　　　171.00

在现金盘盈中，首先要查找原因，再根据不同的情况进行相应的处理。

（2）现金盘亏

如果在现金盘点中发现出纳人员实际保管的现金少于库存现金账面余额，就说明发生了盘亏。这种情况一般是由于企业管理制度不完善或者个人舞弊造成的，一般涉及"待处理财产损溢""其他应收款"和"管理费用"3个科目，下面通过实例进行理解。

│ 范例解析 │   库存现金盘亏的账务处理

假设A企业出纳人员张晓在2020年8月末盘点库存现金后编制了现金盘点表，发现实际的现金比库存现金余额少230.00元。下面根据不同的情况进行账务处理。

①在发现现金盘亏后的账务处理。

借：待处理财产损溢　　　　　　　　　　　　　　　　230.00

　　贷：库存现金　　　　　　　　　　　　　　　　　230.00

②经查证，发现是A企业的员工李某未还款，则应进行如下的会计处理。

借：其他应收款——李某　　　　　　　　　　　　　　230.00

　　贷：待处理财产损溢　　　　　　　　　　　　　　230.00

若经过查找，未发现原因，则应将盘亏金额计入管理费用。

借：管理费用　　　　　　　　　　　　　　　　　　　230.00

　　贷：待处理财产损溢　　　　　　　　　　　　　　230.00

现金的盘盈、盘亏都应根据查找后的原因分别进行账务处理。为了避免账实不符的情况出现，在实际工作中，企业要建立健全的现金保管制度，出纳人员应严格遵守现金的管理办法保管现金，且要严于律己，不得舞弊，认真核对每一笔现金支出，做到有账可依，有账可查，账实相符。

2.1.3　银行存款的核算

根据我国现金管理制度的规定，每一个企业都必须在商业银行开立存款账户，办理存款、取款和转账结算。

和库存现金一样，银行存款也由出纳人员进行收付，总账中设置"银行存款"科目，属于资产类账户，借方记银行存款增加额，贷方记银行存款减少额，期末余额在借方。明细分类核算通过设置"银行存款日记账"进行。银行存款余额要与银行存款日记账借方余额一致，做到账账相符。下面我们来看一个公司有关银行存款的账务处理。

| 范例解析 |　将营业收入款项存入银行账户

甲公司为一般纳税人企业，适用增值税税率为13%，甲公司2020年6月15日，销售一批货物，不含税价10.00万元，此款项已收回存入银行。在此例子中，主要的会计分录如下。

借：银行存款　　　　　　　　　　　　　　　113 000.00

　　贷：主营业务收入　　　　　　　　　　　100 000.00

　　　　应交税费——应交增值税（销项税额）　 13 000.00

在工作中，会出现企业与银行取得凭证的实际时间不一致的情况，导致记账时间不同，一般称作未达账项。企业的银行存款日记账余额应与银行对账单的余额一致，如不一致，则说明可能发生了未达账项，应对银行的收支逐笔进行核对，并填制银行存款余额调节表，如图2-3所示。

图 2-3　银行存款余额调节表

| 范例解析 |　银行存款余额调节表的处理

甲公司2020年12月31日，银行存款日记账余额为7 300.00元，收到银行对账单余额为5 000.00元。出纳人员经过逐笔核对，发现以下未达账项。

1. 2020年12月1日，甲公司存入转账支票10 000.00元，并登记了银行存款增加，但银行尚未记账。

2. 2020年12月5日，甲公司开出了一笔转账支票3 000.00元，已登记了银行存款日记账减少，但持票单位尚未到银行办理转账，银行未记账。

3. 2020年12月17日，甲公司委托银行代收某公司货款5 200.00元，银行已收并登记入账，但甲公司未收到收款通知，尚未记账。

4. 2020年12月28日，银行代甲公司支付水电费500.00元，银行已登记减少，但企业未收到银行的付款通知，尚未入账。

在此例子中，根据未达账项编制如图2-4所示的银行余额调节表，各相应人员在表中对应位置签字。

银 行 存 款 余 额 调 节 表

编制单位：甲公司　　　　　　　　2020 年 12 月　　　　　　　　金额单位：元
银行账号：×××××× 　　　　　　开户行：×××　　　　　　　币种：人民币

项　　　目	金额	项　　　目	金额
企业银行存款账面余额	7 300.00	银行对账单余额	5 000.00
加：银行已收而企业未收的款项	5 200.00	加：企业已收而银行未收的款项	10 000.00

序号	记账日期	票据号码	摘　　要		序号	记账日期	票据号码	摘　　要	
1	12月17日		银行代收货款	5 200.00	1	12月1日		存入转账支票	10 000.00

减：银行已付而企业未付的款项				500.00	减：企业已付而银行未付的款项				3 000.00
序号	记账日期	票据号码	摘　　要		序号	记账日期	票据号码	摘　　要	
1	12月28日		银行代支付水电费	500.00	1	12月5日		开出转账支票	3 000.00

调节后的存款余额：				12 000.00	调节后的存款余额：				12 000.00

财务主管：×××　　　复核：×××　　　出纳：×××　　　××年 ×× 月 ×× 日

图 2-4　甲公司填制的银行存款余额调节表

2.1.4　其他货币资金的账务处理

其他货币资金通过设置"其他货币资金——外埠存款""其他货币资金——

银行汇票""其他货币资金——银行本票""其他货币资金——信用证""其他货币资金——信用卡"和"其他货币资金——存出投资款"等科目进行账务核算。下面通过具体业务来了解其他货币资金。

| 范例解析 |　处理取得银行本票的账务

甲公司在开户银行签发一张金额为10 000.00元的定额银行本票，实际花费8 000.00元向乙公司购买商品，剩余2 000.00元存入开户银行。在此例子中，主要的会计分录如下。

①签发银行本票。

借：其他货币资金——银行本票　　　　　　10 000.00

　　贷：银行存款　　　　　　　　　　　　　　　10 000.00

②用银行本票购买商品。

借：库存商品　　　　　　　　　　　　　　8 000.00

　　贷：其他货币资金——银行本票　　　　　　　8 000.00

③剩余款项存入银行账户。

借：银行存款　　　　　　　　　　　　　　2 000.00

　　贷：其他货币资金——银行本票　　　　　　　2 000.00

| 范例解析 |　外埠存款的账务处理

甲公司在外地开户银行存入一笔金额为20 000.00元的存款，只能用于在外地购买材料，且不能取现，共花费12 800.00元，剩余7 200.00元存入本地开户银行。在此例子中，主要的会计分录如下。

①款项存入外地银行时。

借：其他货币资金——外埠存款　　　　　　20 000.00

　　贷：银行存款　　　　　　　　　　　　　　　20 000.00

②在外地购买材料。

借：原材料　　　　　　　　　　　　　　　12 800.00

　　贷：其他货币资金——外埠存款　　　　　　　12 800.00

③剩余款项存入本地银行。

借：银行存款   7 200.00

    贷：其他货币资金——外埠存款   7 200.00

知识延伸｜银行本票与外埠存款的使用范围

银行本票用于在同城不同开户行的交易，而外埠存款是用于企业在外地进行零星采购，除了采购员的差旅费可以提取少量现金外，其他一律使用外埠存款转账，且该账户只付不收。

| 2.2 |
存货的核算

存货是流动性较强的有形资产，是企业在日常经营活动中持有以备出售的产成品或商品等，包括各类材料、在产品、产成品、库存商品及包装物等。

存货种类比较多，按照其经济内容和存入地点等划分依据可分为不同的种类，这一小节就来一一探讨。如表2-1所示的是两种分类依据下的存货类型介绍。

表2-1 存货的分类

依据	类型	简述
经济内容	原材料	指企业在生产过程中经加工改变其形态或性质并构成产品主要实体的各种原料及主要材料、辅助材料、燃料、修理用备料、包装材料和外购半成品等
	在产品	指企业尚未加工完成，需要进一步加工且正在加工的在制品
	产成品	指企业已完成全部生产过程并验收合格入库，可以按照合同规定的条件送交订货单位，或可以作为商品对外销售的产品
	库存商品	指商品流通企业外购或委托加工完成验收入库用于销售的商品

依据	类型	简述
经济内容	周转材料	是指企业能够多次使用、逐渐转移其价值但仍保持原有形态，不确认为固定资产的材料，如包装物和低值易耗品等
	委托代销商品	是指企业委托其他单位代销的商品
存放地点	库存存货	指已验收合格并入库的各种存货
	在途存货	指货款已经支付，正在途中运输的存货，以及已经运达企业但尚未验收入库的存货
	加工中存货	指企业正在加工的存货和委托其他单位加工的存货

2.2.1　企业存货的确认条件

确认一项资产是否为企业的存货，要看该资产是否满足以下两个条件。

◆　与该存货有关的经济利益很可能流入企业。

◆　该存货的成本能够可靠的计量。

但是，为建造固定资产等各项工程而储备的各种材料，应通过"工程物资"科目核算，不能作为存货。

存货成本包括采购成本、加工成本和其他成本，具体内容如图 2-5 所示。

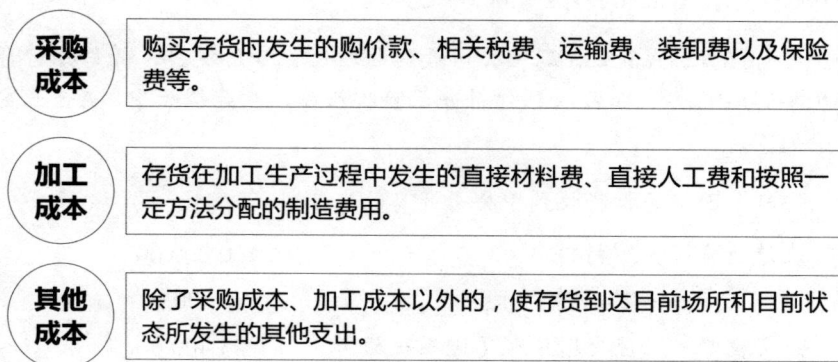

采购成本　购买存货时发生的购价款、相关税费、运输费、装卸费以及保险费等。

加工成本　存货在加工生产过程中发生的直接材料费、直接人工费和按照一定方法分配的制造费用。

其他成本　除了采购成本、加工成本以外的，使存货到达目前场所和目前状态所发生的其他支出。

图 2-5　存货成本的构成说明

| 范例解析 |　分辨企业的存货

2020年9月3日，甲公司向乙公司销售一批商品A，甲与乙已经签订了销售合同，但由于乙公司暂时没有储存商品的地点，于是和甲协商先暂时将商品A存在甲公司处；同年9月14日，甲公司计划购入一批货物B，并承诺与丙企业签订一份订货合同，但实际并未购入货物B。分析商品A与货物B是否是甲公司的存货。

在此例子中，9月3日甲与乙签订了销售合同，商品A虽然存放在甲公司，但由于不能再给甲公司带来经济利益，即使该商品尚未运离公司，也不能再确认为公司的存货；9月14日甲公司只是计划购入货物B，并没有实际发生购货行为，不能可靠确定其成本，所以也不能确认为公司的存货。

因此，此例子中商品A和货物B都不是甲公司的存货。

2.2.2　购买存货的账务处理

企业生产经营过程中，无论是生产需求还是销售需求，都要求企业购入相应的存货。不同的存货要通过各自对应的会计科目进行核算。下面我们来看一个公司购买存货的实账处理方法。

| 范例解析 |　外购存货

A企业是一家制造业企业，适用增值税税率为13%。2020年5月3日，A企业从甲公司购买了甲、乙两批材料，并签订了销售合同，材料价款分别为100 000.00元和80 000.00元，增值税共计23 400.00元。

2020年5月5日，A企业收到甲公司开具的增值税专用发票，并用银行存款付讫。2020年5月10日，A企业收到材料并已验收入库。在此例子中，A企业主要的会计分录如下。

①5月5日，因采购材料收到甲公司开具的发票。

借：在途物资——甲材料	100 000.00
——乙材料	80 000.00
应交税费——应交增值税（进项税额）	23 400.00
贷：银行存款	203 400.00

②5月10日，收到材料并验收入库。

借：原材料——甲材料　　　　　　　　　　　100 000.00

　　　　　　——乙材料　　　　　　　　　　　80 000.00

　　贷：在途物资——甲材料　　　　　　　　　　　100 000.00

　　　　　　　　——乙材料　　　　　　　　　　　80 000.00

2.2.3　自制存货的账务处理

自制存货是指生产企业通过购买原材料，再经过一定的加工和生产，形成一种新的产品存货的制造过程。自制存货的入账成本包括原材料的采购成本、制造过程中的加工成本以及为使存货达到预期可使用状态所发生的其他成本，如领用原材料成本、生产加工过程中的直接人工成本、计提的折旧费用和制造费用等。下面通过例子来说明自制存货的账务处理。

│ 范例解析 │　自制存货的成本核算

接上例，A企业某生产车间准备分别以甲、乙两种材料生产两种产品B和D。2020年6月1日领用了甲材料7.00万元，乙材料5.00万元，2020年6月25日计提了生产B产品的人工工资3.00万元，生产D产品的人工工资2.00万元。月末，该生产车间共有制造费用4.00万元。（假定甲企业生产的两种产品均于6月投入并当月完工，制造费用按照生产人工工资比例进行分配）

在此例子中，生产车间生产了两种产品，首先要对制造费用在两种产品之间进行分摊，A企业是按照人工工资进行分配的。

制造费用分摊率=全部的制造费用÷（B产品的人工工资+D产品的人工工资）=40 000.00÷（30 000.00+20 000.00）=0.80

B产品应分摊的制造费用=30 000.00×0.80=24 000.00（元）

D产品应分摊的制造费用=20 000.00×0.80=16 000.00（元）

B产品的完工成本=原材料+人工工资+制造费用=70 000.00+30 000.00+24 000.00=124 000.00（元）

同理，D产品的完工成本=50 000.00+20 000.00+16 000.00=86 000.00（元）

①6月1日，领用材料。

借：生产成本——B产品　　　　　　　　　　70 000.00

　　　　　　——D产品　　　　　　　　　　50 000.00

　　贷：原材料——甲材料　　　　　　　　　　　　70 000.00

　　　　　　——乙材料　　　　　　　　　　　　　50 000.00

②6月25日，计提人工工资。

借：生产成本——B产品　　　　　　　　　　30 000.00

　　　　　　——D产品　　　　　　　　　　20 000.00

　　贷：应付职工薪酬　　　　　　　　　　　　　　50 000.00

③月末，制造费用进行分摊。

借：生产成本——B产品　　　　　　　　　　24 000.00

　　　　　　——D产品　　　　　　　　　　16 000.00

　　贷：制造费用　　　　　　　　　　　　　　　　40 000.00

④月末，B、D产品完工验收入库。

借：库存商品——B产品　　　　　　　　　124 000.00

　　　　　　——D产品　　　　　　　　　　86 000.00

　　贷：生产成本——B产品　　　　　　　　　　　124 000.00

　　　　　　——D产品　　　　　　　　　　　　　86 000.00

2.2.4　委托加工物资的核算

委托加工物资是企业将某种材料提供给其他单位，委托其他单位进行加工，再生产出一种新的产品的过程。企业委托外单位加工物资的成本包括实际耗用的材料成本、外单位加工的加工费、运输费以及支付的税费等。

为了反映委托加工过程中的物资增减变动情况，企业应设置"委托加工物资"科目进行核算，它属于资产类账户，借方登记加工过程中实际的成本，贷方登记加工完成验收入库的实际成本和剩余物资的实际成本，期末余额在借方，反映还有未完工的委托加工物资的成本。

在实际工作中，特别要注意的是消费税的账务处理。下面我们再以 A 企业发生的业务为例，对委托加工物资的账务处理进行分析。

| 范例解析 | 委托加工物资的账务处理

接上例，2020年7月3日，A企业将一批材料委托B企业代加工生产Y产品（属于应税消费品），发出原材料实际成本为50 000.00元。7月10日，A企业通过银行存款的方式支付给B企业加工费3 000.00元，消费税为5 800.00元；7月15日，B企业加工完成。A企业收回Y产品后需要根据后续的经济活动分别进行相应的账务处理。（增值税率为13%，用实际成本进行核算）

1.A企业收回Y产品准备用于再生产，A企业的主要会计分录如下。

①7月3日，发出材料。

借：委托加工物资　　　　　　　　　　　　　50 000.00
　　贷：原材料　　　　　　　　　　　　　　　　50 000.00

②7月10日，支付加工费。

增值税=3 000.00×13%=390.00（元）

借：委托加工物资　　　　　　　　　　　　　3 000.00
　　应交税费——应交增值税　　　　　　　　　　390.00
　　　　　　　——应交消费税　　　　　　　　　5 800.00
　　贷：银行存款　　　　　　　　　　　　　　　9 190.00

③7月15日，A企业收回产品并用于再生产。

借：原材料　　　　　　　　　　　　　　　　53 000.00
　　贷：委托加工物资　　　　　　　　　　　　　53 000.00

在此情况下，因为A企业收回加工完成的产品用于再生产，消费税计入"应交税费——应交消费税"科目，不能计入委托加工物资的成本。

2.A企业收回Y产品直接用于销售的，主要的会计分录如下。

①7月3日，发出材料。

借：委托加工物资　　　　　　　　　　　　　50 000.00
　　贷：原材料　　　　　　　　　　　　　　　　50 000.00

②7月10日，支付加工费，增值税为390.00元。

借：委托加工物资 8 800.00

应交税费——应交增值税 390.00

贷：银行存款 9 190.00

③7月15日，A企业收回产品直接用于销售。

借：库存商品 58 800.00

贷：委托加工物资 58 800.00

该情况下收回产品直接用于销售，应缴纳的消费税计入委托加工物资的成本。

> **知识延伸｜加工物资中的增值税处理**
>
> 《关于增值税税金的说明》：关于凡属于加工物资用于非纳增值税项目、免征增值税项目或者未取得增值税专用发票的一般及小规模纳税企业的加工物资，应将这部分增值税计入加工物资成本。

2.2.5　其他方式取得存货的账务处理

企业除了直接购买、自己生产或者委托外单位加工而获得存货外，还可通过接受投资、接受捐赠等方式取得存货，具体的账务处理通过实例来了解一下。

｜范例解析｜　投资取得的存货

2020年，A、B、C三方共同投资设立了甲有限责任公司，主要从事原材料管理。其中A以一批原材料作为投资，该笔产品的公允价值为500.00万元。甲公司取得的增值税专用发票上注明的不含税价款为500.00万元，增值税税额为65.00万元。假定甲公司的实收资本总额为1 000.00万元，A在甲公司享有的份额为35%。（甲公司为一般纳税人，增值税税率为13%，按实际成本法核算存货）

本例中，A在甲公司享有的实收资本额=10 000 000.00×35%=3 500 000.00（元）。甲公司接受A的产品作价投资的会计分录如下。

借：原材料 5 000 000.00

应交税费——应交增值税（进项税额） 650 000.00

贷：实收资本——A	3500 000.00
资本公积	2150 000.00

A实际投资的原材料价税共计565.00万元，但实际享有甲公司的份额只有350.00万元，多投资的215.00万元就形成了甲公司的资本公积。

注意，投资者投入存货的成本应当按照投资合同或协议约定的价值确定，但合同或协议约定价值不公允的除外。

| 范例解析 |　接受捐赠取得的存货

某企业接受了一批福利社捐赠的商品，根据有关票据显示，商品不含税价值为7 000.00元，增值税为910.00元。本例中，某企业的会计分录如下。

借：库存商品	7 000.00
应交税费——应交增值税（进项税额）	910.00
贷：营业外收入——捐赠利得	7 910.00

企业接受的捐赠应计入"营业外收入"科目，期末将该笔收入转入本年利润中，并缴纳企业所得税。

2.2.6　周转材料的核算

在实际工作中，我们常常会用到周转材料，它也是存货的一种。周转材料是指能够多次使用且其实物形态基本保持不变的材料，或者使用年限在一年以内，不能作为固定资产的材料，包括包装物、低值易耗品等。

在账务处理中，可以设置"周转材料——在库""周转材料——在用"和"周转材料——摊销"等科目进行核算；对于领用和摊销周转材料，常用一次摊销法和五五摊销法，一起来看看下面的实例吧。

| 范例解析 |　周转材料的账务处理

2020年6月5日，甲公司采购了一批材料，不含税价值1 500.00元，增值税税额为195.00元，确认为周转材料并用银行存款付款入库。6月7日，A部门领用了一批工具，价值300.00元，采用一次性摊销法，无残值。6月10日，B部门领用了

3张办公桌，每张300.00元，采用五五摊销法。12月1日，办公桌报废，确认残值为100.00元。本例中，甲公司的会计分录如下。

　　借：周转材料　　　　　　　　　　　　　　　　　1 500.00
　　　　应交税费——应交增值税（进项税额）　　　　195.00
　　　　贷：银行存款　　　　　　　　　　　　　　　　　　1 695.00

①采用一次性摊销法的会计分录。

　　借：管理费用　　　　　　　　　　　　　　　　　300.00
　　　　贷：周转材料　　　　　　　　　　　　　　　　　　300.00

②采用五五摊销法的会计分录。

3月10日，B部门领用周转材料。

　　借：周转材料——在用　　　　　　　　　　　　　900.00
　　　　贷：周转材料——在库　　　　　　　　　　　　　　900.00

第一次摊销的会计分录。

　　借：管理费用　　　　　　　　　　　　　　　　　450.00
　　　　贷：周转材料——摊销　　　　　　　　　　　　　　450.00

12月1日，办公桌报废。

　　借：原材料　　　　　　　　　　　　　　　　　　100.00
　　　　管理费用　　　　　　　　　　　　　　　　　350.00
　　　　贷：周转材料——摊销　　　　　　　　　　　　　　450.00

同时结转在用的周转材料。

　　借：周转材料——摊销　　　　　　　　　　　　　900.00
　　　　贷：周转材料——在用　　　　　　　　　　　　　　900.00

本例中，五五分摊的金额等于账面价值的一半，即450.00元。

知识延伸 | 五五分摊法

　　周转材料五五分摊法是指周转材料在领用时先摊销其账面价值的一半，报废时再摊销其账面价值的另一半，且报废的残值计入"原材料"科目。

2.2.7 存货跌价准备的账务处理

存货在存放过程中，由于遭受毁损或变旧、过时，使其价值或销售价格低于成本，而低于成本的差额我们应该计提存货跌价准备，并计入资产减值损失。怎样判断存货是否应该计提跌价准备呢？存货跌价后的价值又是多少呢？计提存货跌价准备的账务怎样处理呢？下面分别进行分析。

（1）存货减值的判断

存货如果存在如表 2-2 所示的几种情况之一，说明存货已经发生了减值，即期末可变现净值小于存货成本，应该计提存货跌价准备。

表 2-2　需要计提存货跌价准备的情况

条目	具体情况
1	该存货的市场价格持续下跌，并且在可预见的未来无回升的希望
2	企业使用该项原材料生产的产品的成本大于产品的销售价格
3	企业因产品更新换代，原有材料已不适应新产品需要，而该原材料的市场价格又低于其成本

值得注意的是，如果存货在企业生产过程中已经毫无价值，其可变现净值是 0，那么企业应全额计提跌价准备。属于如表 2-3 所示的情形之一的，就是存货的可变现净值为 0。

表 2-3　存货可变现净值为 0 的情形

条目	具体情形
1	已霉烂变质的存货
2	存货已过期且无转让价值
3	生产过程中已不再需要，并且已无使用价值和转让价值的存货

（2）可变现净值的确认

在确定存货发生减值后，就要了解减值后的存货价值，也就是可变现净值。

可变现净值是指存货按照其正常对外销售所能得到的现金或现金等价物的金额，再扣除该存货估计还要发生的成本、销售费用及相关税费后的余额。

存货种类繁多，不同的存货其可变现净值的确定也不同，下面主要通过 3 种情况来确认存货的可变现净值。

◆ 直接用于出售的产品或材料

产成品、商品和用于出售的材料等直接用于出售的存货，如果没有签订销售合同，其可变现净值为在正常生产经营过程中该存货的一般市场销售价格减去估计的销售费用和相关税费后的余额。

可变现净值=估计售价-估计销售费用-自身相关税费

| 范例解析 | 存货直接出售的可变现净值

2020年12月31日，某公司生产的A产品账面价值为200.00万元，A产品市场销售价格为210.00万元，估计销售费用为10.00万元，相关税费为5.00万元，确定A产品的可变现净值。本例中，A产品直接用于销售，也没有签订销售合同。

A产品的可变现净值=210.00-10.00-5.00=195.00（万元）

A产品的可变现净值为195.00万元，小于其成本200.00万元，发生了减值。

◆ 需要经过加工的材料存货

企业持有的、需要进一步加工成产成品并对外出售的材料，其可变现净值需要对以其生产的产成品的可变现净值与该产成品的成本进行比较，如果该产成品的可变现净值高于其成本（即产品未贬值），则该材料不需要计提跌价准备，反之，则应计提。

产成品可变现净值=估计售价-估计销售费用-相关税费

材料可变现净值=估计售价-估计销售费用-相关税费-加工成本
=产成品可变现净值-加工成本

| 范例解析 | 需要加工存货的可变现净值

2020年12月31日，某公司库存原材料的账面价值为50.00万元，原料市场销

售价格为55.00万元，用于生产A产品，原材料加工成A产品还需发生的加工费为30.00万元。A产品的市场销售价格为82.00万元，销售费用为3.00万元，税费为1.00万元。计算原材料的可变现净值。

①计算A产品的可变现净值。

A产品的成本＝原材料成本＋加工费＝50.00＋30.00＝80.00（万元）

A产品的可变现净值＝82.00－3.00－1.00＝78.00（万元）

②判断A产品是否发生了减值。

A产品的可变现净值为78.00万元，小于其成本80.00万元，发生了减值，原材料应按可变现净值计量。

③计算原材料的可变现净值。

原材料的可变现净值＝78.00－30.00＝48.00（万元）

◆ 签订销售合同的存货

如果企业与购买方签订了销售合同，约定了销售价格，则不管购买时的商品市场价格是多少，其可变现净值应当以合同价格减去估计的销售费用和相关税费的金额确定。注意，如果没有签订合同，则按市场价格进行计算。

可变现净值＝合同约定售价－估计销售费用－自身相关税费

| 范例解析 | 签订合同存货的可变现净值

2020年1月15日，甲公司与A公司签订了一份不可撤销的销售合同，双方约定2020年7月5日甲公司出售C设备10台，每台单价为30 000.00元。

2019年3月31日，甲公司的C设备账面价值为372 000.00元，数量为12台，市场销售价格为38 000.00元/台，每台设备的估计销售费用和相关税费为5 000.00元。计算甲公司C设备的可变现净值。

C设备的单位成本＝372 000.00÷12＝31 000.00（元）

合同约定的10台C设备的成本＝31 000.00×10＝310 000.00（元）

合同约定的10台C设备的可变现净值＝（30 000.00－5 000.00）×10＝250 000.00（元）

合同约定的10台C设备的可变现净值小于其成本，这10台设备应计提存货跌价准备。

合同未约定的两台C设备的成本=31 000.00×2=62 000.00（元）

合同未约定的两台C设备的可变现净值=（38 000.00-5 000.00）×2=66 000.00（元）

合同未约定的两台C设备的可变现净值大于其成本，所以不用计提存货跌价准备。

企业持有的同一项存货的数量多于销售合同中的购买数量的，应分别确定其可变现净值，并与其对应的成本进行比较，分别确定存货跌价准备的计提或转回的金额。超出合同部分的存货的可变现净值，应当以一般销售价格为基础计算。

（3）存货跌价准备的账务处理

在资产负债表日，存货应当按照成本与可变现净值孰低计量。如果期末存货的成本低于可变现净值，则不需要做账务处理，资产负债表中的存货仍按期末账面价值列示；如果期末存货的成本高于可变现净值，则需要在当期确认存货跌价损失，借记"资产减值损失"科目，贷记"存货跌价准备"科目。

企业在对外提供财务会计报告时，必须重新确定存货的可变现净值。如果以前减值的影响因素已经消失，则减记的金额应当予以恢复，并在原已计提的存货跌价准备的金额内转回，转回的金额应当减少计提的存货跌价准备。

通过下面的例子一起来了解存货跌价准备的账务处理。

| 范例解析 | 存货跌价准备的账务处理

乙公司按单项存货计提存货跌价准备。2018年12月，乙公司库存商品A产品成本为35.00万元，预计销售价格为40.00万元，销售费用6.00万元，相关税费1.00万元，未计提存货跌价准备。2019年A产品账面成本等均未变化，市场价格持续上升，年末A产品的可变现净值为33.50万元；2020年年末A产品可变现净值为38.00万元。本例中，乙公司的会计分录如下。

2018年12月，A产品的可变现净值=400 000.00-60 000.00-10 000.00=

330 000.00（元），小于A产品的成本35.00万元，对A产品计提存货跌价准备。计提金额=350 000.00-330 000.00=20 000.00（元）。

借：资产减值损失——A产品　　　　　　　　　　　20 000.00
　　贷：存货跌价准备——A产品　　　　　　　　　　　　　20 000.00

2019年年末，可变现净值为335 000.00元，小于成本350 000.00元，应计提金额=350 000.00-335 000.00=15 000.00（元）。但2018年末已计提20 000.00元，大于现在已计提的15 000.00元，对于多计提的金额5 000.00（20 000.00-15 000.00）元应进行转回。

借：存货跌价准备——A产品　　　　　　　　　　　5 000.00
　　贷：资产减值损失——A产品　　　　　　　　　　　　　5 000.00

2020年年末，A产品可变现净值为380 000.00元，大于成本350 000.00元，不用计提存货跌价准备，且对于以前计提的跌价准备15 000.00元，应予以转回。

借：存货跌价准备——A产品　　　　　　　　　　　15 000.00
　　贷：资产减值损失——A产品　　　　　　　　　　　　　15 000.00

由该案例可知，当以前减记存货价值的影响因素已经消失（不能是其他因素），减记的金额应当予以恢复，并在原已计提的存货跌价准备金额内转回，转回的金额计入当期损益（"资产减值损失"科目的贷方）。

| 范例解析 | 存货跌价后出售的账务处理

2020年末，丙公司有库存A设备3台，每台成本6 000.00元，已计提存货跌价准备合计5 000.00元。2021年，丙公司将3台设备全部售出，单价6 500.00元，增值税税率13%，款项已通过银行存款收讫。本例中，乙公司的会计分录如下。

①售出3台设备。

售价=3×6 500.00=19 500.00（元），增值税销项税额=19 500.00×13%=2 535.00（元）

借：银行存款　　　　　　　　　　　　　　　　22 035.00
　　贷：主营业务收入　　　　　　　　　　　　　　　19 500.00
　　　　应交税费——应交增值税（销项税额）　　　　2 535.00

②结转库存商品的成本，转回已计提的存货跌价准备。

库存商品价值=3×6 000.00=18 000.00（元）

借：主营业务成本   13 000.00

  存货跌价准备——A设备   5 000.00

  贷：库存商品   18 000.00

企业计提了存货跌价准备的，如果其中有部分或者全部存货销售了，企业在结转销售成本时，应同时结转对其已计提的存货跌价准备。

对于因债务重组、非货币性资产交换转出的存货，也应同时结转已计提的存货跌价准备，即借记"存货跌价准备"科目。

2.2.8 存货清查的方法和账务处理

为了保护存货物资的安全完整，保证账实相符，企业应当定期或不定期地对存货进行一次全面清查。

存货清查是指通过对存货进行实地盘点，确定存货的实有数量，并与存货账面结存数核对，从而确定存货实存数与账面库存数是否相符的工作过程。

（1）存货清查的方法

由于各个行业存在差异性，因此对于存货清查的方法也不同，但一般来说有实地盘点法和技术测算盘点法两种，具体适用范围如表2-4所示。

表2-4 存货清查方法

方法	操作与适用范围
实地盘点	通过逐一清点或用计量器具具体衡量出实物的实际结存数量，计算结果比较准确、直观。适用于大多数存货盘点
技术测算	通过量方、计尺等方法，结合有关数据，测算出存货的实际结算数，计算的结果不是十分准确。适用于存货量大、分散、成堆、难以逐一清点的存货

各企业应根据自身的存货特点选择适合的存货清查方法，并编制如图2-6所示的存货盘点表。

存货盘点汇总表

单位名称：

签字日期：	年 月 日		编制人：		索引号	
截 止 日：	年 月 日		复核人：		页 次	第 页共 页
索引号	存货类别	账面金额	实盘金额	盘 盈	盘 亏	备 注

图 2-6 存货盘点表

（2）存货清查的账务处理

和库存现金一样，存货清查有账实相符、盘盈和盘亏三种结果，对于盘盈和盘亏我们通过设置“待处理财产损溢”科目进行核算，下面通过实例来了解一下具体的账务处理过程。

|范例解析| 存货的盘盈

甲公司年底对存货进行盘点，发现商品A的实存数比账面价值多了1 000.00元。经查明属于材料收发计量方面的错误，甲公司的会计分录如下。

借：库存商品　　1 000.00

　　贷：待处理财产损溢　　1 000.00

借：待处理财产损溢　　1 000.00

　　贷：管理费用　　1 000.00

|范例解析| 存货的盘亏

乙公司年底对存货进行盘点，发现原材料A、商品B和商品C均发生了盘亏。其中原材料A的实际库存金额为3 200.00元，账面价值为3 400.00元；商品B

的实际库存金额为8 300.00元，账面价值为8 500.00元；商品C的实际库存金额为7 200.00元，账面价值为7 300.00元。经过查找原因并批准：原材料A以残值入账，商品B是管理不善造成的，而商品C是由于自然原因导致的，属于非正常损失。本例中，乙公司具体的会计分录如下。

①批准前

借：待处理财产损溢   500.00

    贷：原材料——A   200.00

        库存商品——B   200.00

        ——C   100.00

②批准后

借：原材料——A   200.00

    管理费用   200.00

    营业外支出   100.00

    贷：待处理财产损溢   500.00

注意，会计人员要区分库存现金盘点和存货盘点的账务处理。

| 2.3 |
其他流动资产的账务处理

除了货币资金、存货以外，在企业经营活动中还常常会涉及应收账款、应收票据和预付账款等流动资产，它们都具有流动性强、变现能力强的特点。本节将通过实例来分别说明这些流动资产的账务处理。

2.3.1　应收账款的核算

应收账款是企业的一项债权，是指企业在正常的经营活动中向购买方销售商品、提供劳务等应收取的款项，包括税费以及垫付的运杂费等。

为了提高营业收入，企业一般会进行促销优惠活动或通过赊销的方式来吸引客户。赊销方式下会形成应收账款，如果客户有信用，就能做到及时还款。但在实际工作中经常会遇到不讲信用的客户，款项支付不及时，或者索性不支付，这对企业来说就形成了坏账，收不到的账款就是企业的坏账损失。

| 范例解析 | 应收账款的账务处理

2020年4月7日，甲公司销售了一批商品给乙公司，不含税价款为50 000.00元，税率为13%，未付款。乙公司在4月10日用银行存款的方式付款。本例中，甲公司的会计分录如下。

①4月7日，赊销一批商品。

借：应收账款   56 500.00

    贷：主营业务收入   50 000.00

        应交税费——应交增值税（销项税额）   6 500.00

②4月10日，甲公司收到银行存款。

借：银行存款   56 500.00

    贷：应收账款   56 500.00

| 范例解析 | 坏账准备的账务处理

2020年5月，甲公司有应收账款5.00万元，公司按照5%的比例计提坏账准备。同年6月发现有一笔应收账款3.00万元不能收回，按有关规定确认为坏账损失。本例中，甲公司的会计分录如下。

①2020年5月，计提坏账准备。

计提的坏账准备=50 000.00×5%=2 500.00（元）

借：信用减值损失   2 500.00

    贷：坏账准备   2 500.00

②同年6月，确认坏账损失。

借：坏账准备   30 000.00

    贷：应收账款   30 000.00

2.3.2 应收票据的核算

应收票据是企业因销售商品或提供劳务而收到的商业汇票，包括商业承兑汇票和银行承兑汇票两种，由付款人或收款人签发、由付款人承兑、到期无条件付款的一种书面凭证；是一种载有一定付款日期、付款地点、付款金额和付款人的无条件支付的流通证券；也是一种可以由持票人自由转让给他人的债权凭证。

商业汇票还可以分为带息票据和不带息票据，它们的账务处理通过下面的实例来区别。对于带息票据，应于期末按应收票据的票面价值和票面利率计提利息。

| 范例解析 |　不带息应收票据的账务处理

2020年7月1日，甲公司向A企业销售一批商品，不含税价格为30.00万元，增值税为3.90万元，商品的成本为20.00万元，甲收到A企业开具的不带息的商业汇票，面值为33.90万元，期限为6个月。11月1日，甲向乙公司采购原材料加运杂费价值31.00万元，增值税为4.03万元，甲将A企业开具的汇票背书转让给乙公司，差额通过银行存款的方式付讫。本例中，甲公司的会计分录如下。

①7月1日，销售一批商品。

借：应收票据　　　　　　　　　　　　　　　　339 000.00
　　贷：主营业务收入　　　　　　　　　　　　　300 000.00
　　　　应交税费——应交增值税（销项税额）　　39 000.00
借：主营业务成本　　　　　　　　　　　　　　200 000.00
　　贷：库存商品　　　　　　　　　　　　　　　200 000.00

②11月1日，甲将汇票转让给乙公司。

借：原材料　　　　　　　　　　　　　　　　　310 000.00
　　应交税费——应交增值税（进项税额）　　　40 300.00
　　贷：应收票据　　　　　　　　　　　　　　　339 000.00
　　　　银行存款　　　　　　　　　　　　　　　11 300.00

| 范例解析 |　带息应收票据的账务处理

2020年6月1日，甲公司向B公司销售商品，不含税价格100.00万元，增值税13.00万元，商品的成本为70.00万元。B公司给甲公司开具了一张面值为113.00万元，

票面利率为1.2%的带息商业汇票，期限为6个月。2020年11月底，甲公司收到银行存款。本例中，甲公司的会计分录如下。

①2020年6月1日，销售一批商品。

借：应收票据　　　　　　　　　　　　　1 130 000.00

　　贷：主营业务收入　　　　　　　　　　1 000 000.00

　　　　应交税费——应交增值税（销项税额）　130 000.00

借：主营业务成本　　　　　　　　　　　　700 000.00

　　贷：库存商品　　　　　　　　　　　　700 000.00

②2020年8月30日，计算票据利息。

利息费=1 130 000.00×1.2%÷12×3=3 390.00（元）

借：应收票据　　　　　　　　　　　　　　3 390.00

　　贷：财务费用　　　　　　　　　　　　　3 390.00

③2020年11月底收到银行存款。

借：银行存款　　　　　　　　　　　　　1 136 780.00

　　贷：应收票据　　　　　　　　　　　　1 133 390.00

　　　　财务费用　　　　　　　　　　　　　3 390.00

2.3.3　预付账款的核算

预付款项包括预付货款和预付工程款等，它们通常属于流动资产。而预付账款是预付给供货单位的购货款或预付给施工单位的工程价款和材料款，通常要用商品、劳务或完工工程来清偿。

| 范例解析 |　带息应收票据的账务处理

2020年10月1日，甲公司与乙公司签订了一份购货合同，双方约定甲向乙购买一批原料，价格为11 000.00元，增值税为1 430.00元，签订合同的当天由甲公司先付12 000.00元的材料款，等实际收到原材料检验无误后再支付剩余款项。10月7日，甲公司收到增值税专用发票和原材料并验收入库。甲公司的会计分录如下。

①2020年10月1日，预付材料款。

借：预付账款   12 000.00
　　贷：银行存款   12 000.00

②2020年10月7日，原材料验收入库。

借：原材料   11 000.00
　　应交税费——应交增值税（销项税额）   1 430.00
　　贷：预付账款   12 000.00
　　　　银行存款   430.00

本章主要讲述了企业的流动资产，通过实例分析了经济业务会涉及的流动资产的账务处理，要注意它们之间的区分和运用。

03

其他资产和常见负债的账务处理

　　第 2 章介绍了流动资产，除此之外的资产就是非流动资产，具体是指不能在一年或超过一年的一个营业周期内变现的资产，包括长期应收款、固定资产和无形资产等。非流动资产的内容繁多，账务处理复杂，但大部分不常用。而企业经营过程中必然还会形成负债，这一章我们将通过实例来了解工作中经常涉及的非流动资产和常见的债务处理。

| 3.1 |
与固定资产相关的账务处理

固定资产是非流动资产，它是指企业为生产产品、提供劳务、出租或经营管理而持有的，使用时间超过 12 个月的，价值达到一定标准的非货币性资产。

3.1.1　先要明确哪些属于固定资产

我们了解了固定资产的概念，那如何确定哪些资产是属于固定资产呢？一般来讲，固定资产可以分为八大类，各企业还可根据自身的具体情况适当划分、增加种类。八大类固定资产明细如表 3-1 所示。

表 3-1　八大类固定资产

类别	详情
房屋和建筑物	指产权属于本企业的所有房屋和建筑物，如办公楼、宿舍、食堂、车库、仓库和活动室等
一般办公设备	指企业常用的与事务相关的设备，如办公桌、椅、会议设备和办公用具等
专用设备	指属于企业所有专门用于某项工作的设备，如录音录像设备、打字电传设备等
文物陈列品	指博物馆、展览馆等文化事业单位的各种文件和陈列品，如古玩、字画和纪念物品等
图书	指专业图书馆和单位的业务书籍
运输设备	指企业后勤部门使用的各种交通运输工具，如轿车、面包车等
机械设备	指企业后勤部门用于自身维修的机床、动力机、工具和设备的发电机等
其他固定资产	指以上各类未包括的固定资产

3.1.2　固定资产入账的账务处理

固定资产和存货一样，可以通过不同的方式取得，由于取得的方式不同，固定资产的入账价值也不同。本小节将根据固定资产取得的方式来讨论如何入账。

1. 外购固定资产

企业通过购买取得的固定资产，入账成本包括购买价、相关税费、使固定资产达到预定可使用状态前所发生的可归属于该项资产的运输费、装卸费、安装费和专业人员服务费等。外购的固定资产又分为需要安装和不需要安装两类，下面通过实例来说明。

（1）不需要安装的固定资产

企业购买不需要安装的固定资产，初始计量成本包括实际支付的购买价、相关税费、运输费和装卸费等。设置"固定资产"科目，借方登记固定资产增加额。

| 范例解析 |　购入不需要安装的固定资产

甲公司向乙公司购入一台不需要安装的设备，款项为100 000.00元，增值税为13 000.00元，全部以银行存款的方式支付。甲公司的会计分录如下。

借：固定资产　　　　　　　　　　　　　　100 000.00
　　应交税费——应交增值税（进项税额）　 13 000.00
　　贷：银行存款　　　　　　　　　　　　 113 000.00

| 范例解析 |　购入不动产

2020年4月，甲公司购入一间厂房作为车间，款项为5 000 000.00元，增值税为650 000.00元，全部以银行存款的方式支付。甲公司应编制的会计分录如下。

借：固定资产　　　　　　　　　　　　　 5 000 000.00
　　应交税费——应交增值税（进项税额）　 650 000.00
　　贷：银行存款　　　　　　　　　　　 5 650 000.00

（2）需要安装的固定资产

企业购买需要安装的固定资产，先通过"在建工程"科目核算，等安装完毕达到预定可使用状态时，再由"在建工程"科目转入"固定资产"科目。

| 范例解析 | 购入需要安装的固定资产

2020年5月1日，甲公司向乙公司购入一台需要安装的设备，款项100 000.00元，增值税13 000.00元，5月3日完成安装且达到预定可使用状态，发生的安装费为12 000.00元，全部以银行存款的方式支付。甲公司的会计分录如下。

①购入设备。

借：在建工程 100 000.00

　　应交税费——应交增值税（进项税额） 13 000.00

　　贷：银行存款 113 000.00

②支付安装费。

借：在建工程 12 000.00

　　贷：银行存款 12 000.00

③安装完成达到可使用状态。

借：固定资产 112 000.00

　　贷：在建工程 112 000.00

（3）一笔款项购入多项没有单独标价的固定资产

企业在购入多种不同的固定资产时，如果以一笔款项购入，且各项固定资产没有单独标价，在有活跃市场价值的情况下，就需要根据单项资产的公允价值的比例对总成本进行分配。

| 范例解析 | 一笔款项购入多项不需要安装的固定资产

甲公司向乙公司购入3台不需要安装的设备A、B、C，一次性支付款项共计330 000.00元，增值税为42 900.00元，全部以银行存款的方式支付。假定A、B、C均满足固定资产的确认条件，公允价值分别是100 500.00元、110 000.00元和120 000.00元，不考虑其他税费。

①固定资产总成本=330 000.00（元）

②确定设备A、B、C的价值分配比例。

3台设备的公允价值合计=100 500.00+110 000.00+120 000.00=330 500.00（元）

A设备公允价值比例=100 500.00÷330 500.00=30.41%

B设备公允价值比例=110 000.00÷330 500.00=33.28%

C设备公允价值比例=120 000.00÷330 500.00=36.31%

③确定A、B、C设备各自的成本。

A设备的成本=330 000.00×30.41%=100 353.00（元）

B设备的成本=330 000.00×33.28%=109 824.00（元）

C设备的成本=330 000.00×36.31%=119 823.00（元）

④编制会计分录。

借：固定资产——A设备	100 353.00	
——B设备	109 824.00	
——C设备	119 823.00	
应交税费——应交增值税（进项税额）	42 900.00	
贷：银行存款		372 900.00

2. 自行建造固定资产

自行建造固定资产的成本由建造该项资产达到预定可使用状态前所发生的必要支出构成，包括工程用物资成本、人工成本、缴纳的相关税费、应予以资本化的借款费用及应分摊的间接费用等。企业自行建造固定资产包括自营建造和出包建造两种方式，无论采用何种方式，所建工程都应按实际发生的支出确定其成本。

知识延伸 | 特殊情形下的土地使用权价值要计入无形资产

企业为建造固定资产通过出让方式取得土地使用权而支付的土地出让金不计入在建工程成本，应确认为无形资产（土地使用权）。

（1）自营方式建造固定资产

企业如果以自营方式建造固定资产，其成本应按照直接材料、直接人工和直接机械施工费等计量。发生成本时通过"在建工程"科目核算，待工程完工且达到预定可使用状态时，再将"在建工程"科目的金额转入"固定资产"科目中。

> **知识延伸** | 自建固定资产的特殊处理
>
> 企业建造的固定资产如果已经达到预定可使用的状态了，但是还没有办理竣工结算的，应当在达到预定可使用状态之日起，根据实际成本暂估价值记入固定资产，并按暂估价值计提固定资产折旧。等到竣工结算手续办理后再调整原来的暂估价值，但不需要调整已计提的折旧额。

| 范例解析 | 自营方式建造固定资产

2020年3月1日，某企业准备自己建造一座厂房，发生了以下业务，假定不考虑增值税。3月5日购入了一批工程物资，价款为28.00万元，用银行存款的方式支付；4月10日领用了生产用原料一批，价值5.00万元。工程建设期间共领用工程物资245 000.00元、发生工程人员职工薪酬75 000.00元。2020年9月30日，厂房达到预定可使用状态，并已办理竣工决算。某企业相关的账务处理如下。

①3月5日，购入工程物资。

借：工程物资　　　　　　　　　　　　　　　　280 000.00

　　贷：银行存款　　　　　　　　　　　　　　　　280 000.00

②4月10日，领用原材料。

借：在建工程　　　　　　　　　　　　　　　　50 000.00

　　贷：原材料　　　　　　　　　　　　　　　　50 000.00

③领用工程物资。

借：在建工程　　　　　　　　　　　　　　　　245 000.00

　　贷：工程物资　　　　　　　　　　　　　　　　245 000.00

④发生职工薪酬。

借：在建工程　　　　　　　　　　　　　　　　75 000.00

　　贷：应付职工薪酬　　　　　　　　　　　　　　75 000.00

⑤安装完成达到可使用状态。

固定资产的入账价值=50 000.00+245 000.00+75 000.00=370 000.00（元）

借：固定资产	370 000.00
贷：在建工程	370 000.00

（2）出包方式建造固定资产

企业以出包方式建造固定资产，其成本由建造该项固定资产达到预定可使用状态所发生的必要支出构成，包括发生的建筑工程支出、安装工程支出以及需分摊计入各项固定资产价值的待摊支出。

对于发包企业而言，固定资产的建造应通过"在建工程"会计科目核算，即企业与承包单位结算的工程款应通过该科目核算。但预付工程款要通过"预付账款"科目核算。

｜ 范例解析 ｜　出包方式建造固定资产

A企业准备修建一栋办公大楼，2020年6月1日与B公司签订合同，将该栋大楼出包给B公司修建。根据双方签订的合同约定，建造的办公大楼价款为300万元，6月10日A企业向B公司预付10%的备料款30.00万元。2020年9月10日，办公大楼的工程进度达到50%，A企业与B公司办理工程价款结算150.00万元。A公司抵扣了预付备料款后，用银行存款的方式付剩余款项。2020年12月15日，办公大楼全部完工并办理了工程价款结算150.00万元，用银行存款的方式付讫（假设不考虑增值税）。2020年12月31日，完成验收。A企业相关业务的会计处理如下。

①6月10日，支付预付账款。

借：预付账款	300 000.00
贷：银行存款	300 000.00

②9月10日，办理工程结算。

借：在建工程	1 500 000.00
贷：预付账款	300 000.00
银行存款	1 200 000.00

③12月15日，办理最后的工程结算。

借：在建工程	1 500 000.00
贷：银行存款	1 500 000.00

④12月31日，完成验收。

借：固定资产   3 000 000.00

  贷：在建工程   3 000 000.00

3. 租入的固定资产

固定资产还可以通过租赁的方式取得，企业可以通过租赁取得一项固定资产的使用权。由于与租赁资产所有权有关的全部风险和报酬在实质上没有转移给承租企业，因此承租企业不需承担租赁资产的主要风险，不需将所取得的租入资产的使用权资本化，不计入"固定资产"科目，支付的租金计入"管理费用"科目。

│ 范例解析 │ 租入固定资产

2019年1月，甲公司准备扩大经营，从乙公司租入一台办公设备。租赁期为2年，每年租金为40 000.00元。合同约定，在租赁开始日，甲公司需要先预付50 000.00元租金，第2年末再支付租金30 000.00元，假定甲公司在每年年末确认租金费用，不考虑其他相关费用和增值税。甲公司的账务处理如下。

①2019年1月预付租金。

借：预付账款   50 000.00

  贷：银行存款   50 000.00

②2019年12月31日，确认本年租金费用。

借：管理费用   40 000.00

  贷：预付账款   40 000.00

③2020年12月31日，支付最后的租金并确认本年租金费用。

借：管理费用   40 000.00

  贷：预付账款   10 000.00

    银行存款   30 000.00

4. 其他方式取得的固定资产

除了以上几种取得固定资产的方式外，还可以通过接受投资、非货币性资产交换及债务重组等方式取得。

| 范例解析 | 接受固定资产投资

2020年1月，甲公司股东王某用一辆小汽车作价投资，经专业机构鉴定其价值为250 000.00元。甲公司的账务处理如下。

借：固定资产　　　　　　　　　　　　　　250 000.00
　　贷：实收资本——王某　　　　　　　　　　　　250 000.00

5. 存在弃置费用的固定资产

对于有些特殊行业的特定固定资产，企业应按照弃置费用的现值计入相关固定资产的成本。例如，石油天然气开采企业应当按照油气资产的弃置费用现值计入相关油气资产成本。在固定资产或油气资产的使用寿命内，按照预计负债的摊余成本和实际利率计算确定利息费用，并在发生时计入财务费用。

| 范例解析 | 存在弃置费用的固定资产

2020年12月31日，甲公司建造的一座核电站达到预定可使用状态并投入使用，累计发生的资本化支出为320 000.00元。当日甲公司预计该核电站在使用寿命届满时发生弃置费用20 000.00元，现值为18 000.00元。甲公司的账务处理如下。

2020年12月31日，该核电站的入账价值=320 000.00+18 000.00=338 000.00（元）

借：固定资产　　　　　　　　　　　　　　338 000.00
　　贷：银行存款　　　　　　　　　　　　　　320 000.00
　　　　预计负债　　　　　　　　　　　　　　 18 000.00

注意，一般工商企业固定资产发生的报废清查费用不属于弃置费用，应当在发生时作为固定资产的处理费用核算。

3.1.3　固定资产累计折旧的账务处理

企业在使用固定资产过程中，固定资产会由于企业的使用而逐渐磨损、消耗，价值减小。而在会计处理中，将这一部分损耗的价值通过一定的办法在固定资产的有效期内进行分摊，就是我们说的固定资产折旧，形成折旧费用，计入对应时期的成本，通过"累计折旧"科目进行核算。

根据固定资产准则规定，企业应对所有的固定资产计提折旧。当月增加的固定资产，从次月开始折旧；当月减少的固定资产，当月照提折旧。提足折旧后，无论是否继续使用，均不再计提折旧，提前报废的固定资产也不再补提折旧。

由于固定资产预期实现经济利益的方式不同，所以折旧的方式也有所不同，可以分为直线法、工作量法、年数总和法和双倍余额递减法。企业应该选择适合的方式进行折旧，折旧方式一经选定，不得随意变更。

（1）直线法

直线法又称为年限平均法，是最简单也是比较常用的一种折旧方法。每年的折旧费用是以固定资产原值减去预计净残值为基数，再除以固定资产预计的使用年限得出。相关计算公式如下。

年折旧率=（1−预计净残值率）÷预计使用寿命（年）×100%

月折旧额=固定资产原值×年折旧率÷12

| 范例解析 |　直线法计提固定资产折旧

甲公司2020年6月1日购入了一台生产设备，价值为53 000.00元，预计净残值为3 000.00元，预计使用年限为10年。使用直线法计算2020年的折旧费用。

年折旧费用=（53 000.00−3 000.00）÷10=5 000.00（元）

2020年应折旧6个月，则2020年的折旧费=5 000.00÷12×6=2 500.00（元）。

每月应做的计提折旧费用的会计分录如下。

每月应计提的折旧额=2 500.00÷6=416.67（元）

借：制造费用　　　　　　　　　　　　　　　416.67

　　贷：累计折旧　　　　　　　　　　　　　　416.67

（2）工作量法

工作量法是根据实际经营活动情况或设备的使用状况来计提折旧的一种方法。这种方法弥补了直线法只考虑使用时间而不考虑使用强度的缺点。

单位工作量折旧额=固定资产原值×（1-预计净残值率）÷预计总工作量

某项固定资产月折旧额=该项固定资产当月工作量×单位工作量折旧额

| 范例解析 | 工作量法计提固定资产折旧

某公司有一辆汽车服务于管理部门，原值为20.00万元，预计可使用10年，每年行驶8 000公里，预计净残值率为10%，2020年8月行驶了2 000公里。用工作量法计算2020年8月的折旧费用并进行账务处理。

单位工作量折旧额=200 000.00×（1—10%）÷（8 000×10）=2.25（元）

2020年8月折旧额=2 000×2.25=4 500.00（元）

借：管理费用   4 500.00

贷：累计折旧   4 500.00

（3）年数总和法

年数总和法是以固定资产可使用寿命逐年数字之和为分母，尚可使用寿命为分子，整个分数作为基数，再乘以固定资产的原值减去预计净残值的余额。

年折旧率=尚可使用寿命÷预计使用寿命的年数总和×100%

月折旧额=（固定资产原价-预计净残值）×年折旧率÷12

| 范例解析 | 年数总和法计提固定资产折旧

某公司2018年12月购入一台固定资产，入账价值为120.00万元，预计使用年限为4年，预计净残值为20.00万元。用年数总和法计算2019～2020年的折旧金额。

2019年折旧额=（120.00—20.00）×（4÷10）=40.00（万元）

2020年折旧额=（120.00—20.00）×（3÷10）=30.00（万元）

（4）双倍余额递减法

双倍余额递减法是指在不考虑固定资产预计净残值的情况下，根据每期期初固定资产原价减去累计折旧后的金额和双倍的直线法折旧率计算固定资产折旧额的一种方法。但是，企业应在固定资产折旧年限到期前两年内改用直线法，将固定资产净值扣除预计净残值后的余额平均摊销，确定每年的折旧额。

年折旧额=期初固定资产净值×2÷预计使用年限

| 范例解析 | 双倍余额递减法计提固定资产折旧

某公司于2015年12月购入一项固定资产，入账价值为120.00万元，预计使用年限为5年，预计净残值为10.00万元。用双倍余额递减法计算每年的折旧金额。

2016年折旧额=120.00×2÷5=48.00（万元）

2017年折旧额=（120.00−48.00）×2÷5=28.80（万元）

2018年折旧额=（120.00−48.00−28.80）×2÷5=17.28（万元）

2019年和2020年每年折旧额=（120.00−48.00−28.80−17.28−10.00）÷2=7.96（万元）

企业至少应当于每年年度终了时，对固定资产的使用寿命、预计净残值和折旧方法等进行复核。如果预计的使用寿命、净残值的预期数与原先估计数有差异，应当按照会计估计变更的有关规定进行相应的调整。

3.1.4　固定资产后续支出的账务处理

企业在使用固定资产期间，有可能再次发生与固定资产有关的支出，称作固定资产的后续支出，如固定资产的日常维护、大修理支出、更新改造等支出。固定资产的后续支出分为资本化支出和费用化支出两类，资本化支出是指满足与该固定资产有关的经济利益很可能流入企业且该固定资产的成本能够可靠计量的确认条件的，应当计入固定资产成本，如果有被替换的部分，应扣除其价值；而费用化支出是指不满足该固定资产确认条件的处理费用，应当在发生时计入当期损益。

发生的资本化的后续支出，在账务处理中通过"在建工程"科目核算，在固定资产完工并达到预定可使用状态时，再从在建工程转为固定资产，并按重新确定的使用寿命、预计净残值和折旧方法计提折旧。

| 范例解析 | 固定资产后续支出的账务处理

甲公司对其所有的车间进行改、扩建。该车间原价100.00万元，已提折旧60.00万元，在改造过程中共发生改、扩建支出30.00万元，发生变价收入5.00万元，所有

款项均通过银行转账结算，不考虑相关税费。此例中，主要的会计分录如下。

①将生产车间进行改造。

借：在建工程　　　　　　　　　　　　　　　400 000.00

　　累计折旧　　　　　　　　　　　　　　　600 000.00

　　　贷：固定资产　　　　　　　　　　　　　　　1 000 000.00

②发生改造支出。

借：在建工程　　　　　　　　　　　　　　　300 000.00

　　　贷：银行存款　　　　　　　　　　　　　　　300 000.00

③收到变价收入。

借：银行存款　　　　　　　　　　　　　　　50 000.00

　　　贷：在建工程　　　　　　　　　　　　　　　50 000.00

④改造完毕交付使用。

借：固定资产　　　　　　　　　　　　　　　650 000.00

　　　贷：在建工程　　　　　　　　　　　　　　　650 000.00

| 范例解析 |　固定资产日常维修的账务处理

2020年7月1日，甲公司对现有一台设备进行日常维修，修理过程中发生材料费10 000.00元，应支付给维修人员的工资为2 000.00元。此例中主要的会计分录如下。

借：管理费用　　　　　　　　　　　　　　　12 000.00

　　　贷：原材料　　　　　　　　　　　　　　　10 000.00

　　　　　应付职工薪酬　　　　　　　　　　　　2 000.00

3.1.5　处置固定资产

固定资产不再用于生产商品、提供劳务、出租或经营管理的，一般应予以处理。相关准则规定，固定资产满足下列条件之一的，应当予以终止确认：该固定资产处于处置状态；该固定资产预期通过使用或处理不能产生经济利益。

固定资产处置一般通过"固定资产清理"科目进行核算，企业出售、转让、报废固定资产或发生固定资产毁损的，应当将处理收入扣除账面价值和相关税费后的金额计入当期损益。

| 范例解析 | 固定资产处置的账务处理

甲公司将一台不需要的旧设备出售，该设备账面原价为50.00万元，已提折旧20.00万元，支付清理费用1.00万元，出售价款为30.00万元。不考虑相关税费。此例中，主要的会计分录如下。

①将固定资产转入清理。

借：固定资产清理　　　　　　　　　　　　　　300 000.00

　　累计折旧　　　　　　　　　　　　　　　　200 000.00

　　　贷：固定资产　　　　　　　　　　　　　　　　500 000.00

②收到价款。

借：银行存款　　　　　　　　　　　　　　　　300 000.00

　　　贷：固定资产清理　　　　　　　　　　　　　　300 000.00

③支付清理费用。

借：固定资产清理　　　　　　　　　　　　　　 10 000.00

　　　贷：银行存款　　　　　　　　　　　　　　　　 10 000.00

④结转固定资产损益。

借：资产处置损益　　　　　　　　　　　　　　 10 000.00

　　　贷：固定资产清理　　　　　　　　　　　　　　 10 000.00

3.1.6　固定资产盘盈盘亏

企业在期末应对固定资产进行盘点，在盘点清查过程中发现账面金额与实际固定资产库存数不一致的，则要查明原因并根据盘盈、盘亏情况做相应的处理。

（1）固定资产盘盈

固定资产盘盈是指在盘点清查过程中发现未曾入账或超过账面数量的固定资产。对盘盈的固定资产要查明原因，并按规定报主管部门审批，调整账面记录。一般按重置完全价值以及估计的折旧额，计入固定资产账户和折旧账户，同时在固定资产卡片中做相应的增加记录。

| 范例解析 |　固定资产盘盈的账务处理

甲公司在财产清查过程中，发现一台未入账的设备，按同类或类似商品市场价格，减去按该项资产的新旧程度估计的价值损耗后的余额为20 000.00元，根据规定，该盘盈的固定资产作为前期差错进行处理。所得税税率为25%，按净利润的10%计提法定盈余公积。此例中，主要的会计分录如下。

①盘盈固定资产。

借：固定资产　　　　　　　　　　　　　　　　20 000.00

　　贷：以前年度损益调整　　　　　　　　　　　　　20 000.00

②确定应缴纳的企业所得税。

应缴纳企业所得税=20 000.00×25%=5 000.00（元）

借：以前年度损益调整　　　　　　　　　　　　 5 000.00

　　贷：应交税费——应交企业所得税　　　　　　　　 5 000.00

③结转留存收益时。

计提法定盈余公积=（20 000.00−5 000.00）×10%=1 500.00（元）

借：以前年度损益调整　　　　　　　　　　　　15 000.00

　　贷：盈余公积——法定盈余公积　　　　　　　　　 1 500.00

　　　　利润分配——未分配利润　　　　　　　　　　13 500.00

（2）固定资产盘亏

固定资产盘亏（属于营业外支出）指固定资产在盘点清查过程中所发现的短缺。当发现固定资产盘亏时要查明原因，确定责任，并按有关规定报请上级批准后，调整账面记录，保证账实相符。调整账面时，一般贷记"固定资产"科目，借记"累计折旧"科目，冲销固定资产原值和已提折旧额，并将其净值先记入"待处理财产损益"科目。

同时在固定资产卡片上作相应的注销记录，并登记固定资产登记簿。按规定手续报经批准后，再从"待处理财产损益"科目转入"营业外支出"科目，注销盘亏固定资产的净值。

| 范例解析 |　固定资产盘亏的账务处理

　　甲公司在财产清查中发现盘亏设备一台，其账面原值为50 000.00元，已提折旧20 000.00元，经审核批准后，该盘亏的设备作营业外支出处理。此例中，主要的会计分录如下。

　　①盘亏固定资产时，审批前。

借：待处理财产损溢　　　　　　　　　　　　　　30 000.00

　　累计折旧　　　　　　　　　　　　　　　　　20 000.00

　　贷：固定资产　　　　　　　　　　　　　　　　　　50 000.00

　　②经批准转销后。

借：营业外支出——盘亏损失　　　　　　　　　　30 000.00

　　贷：待处理财产损溢　　　　　　　　　　　　　　　30 000.00

| 3.2 |
无形资产的账务处理不简单

　　无形资产是指企业拥有或者控制的没有实物形态的可辨认非货币性资产。无形资产是一种看不见、摸不着，没有实体且不具有流动性，为特定主体所有，并在将来给企业带来额外经济利益的资产。一般常见的有：专利权、版权、特许权和商标权等。无形资产具有非实体性、垄断性、不确定性、共享性和高效性的特征，具体如表3-2所示。

表3-2　无形资产的特征

特征	描述
非实体性	无形资产在使用过程中没有有形损耗，报废时也没有残值，只能从观念上感觉它的存在
垄断性	表现在以下两个方面：1.无形资产一般在法律的保护下，禁止非持有人无偿取得；2.有些无形资产，如专有技术、秘诀等在能确保秘密不泄露的情况下可独自占有

特征	描述
不确定性	由于受技术和市场变化的影响,很难准确确定无形资产的有效期
共享性	无形资产有偿转让后,可以由几个主体同时共有,而固定资产和流动资产不可能同时在两个或两个以上的企业中使用
高效性	无形资产能给企业带来的经济效益远远高于其成本,企业无形资产越丰富,其获利能力越强

注意,因为商誉的存在无法与企业自身分离,且不具有可辨认性,所以不属于无形资产。

3.2.1 取得无形资产怎么做账

在实际工作中,企业可通过购买、自行研发、接受投资或捐赠等方式取得无形资产。取得的方式不同,其入账的成本也就各不相同。无形资产通过"无形资产"科目核算。下面通过实例了解各类方式取得无形资产的账务处理。

│ 范例解析 │ 外购无形资产

甲公司为建造一栋自用厂房购买了一项土地使用权,价值30 000.00万元,款项用银行存款付清。甲公司将该项土地使用权确认为无形资产,会计分录如下。

借:无形资产 　　　　　　　　　　　　　　　300 000 000.00

　贷:银行存款 　　　　　　　　　　　　　　300 000 000.00

│ 范例解析 │ 自行研发无形资产

2019年7月1日,甲公司的董事会批准研发某项新型技术。2019年共发生材料费用500.00万元,人工费用350.00万元,其中符合资本化条件的支出为650.00万元;2020年12月31日共发生材料费用800.00万元,人工费用700.00万元,均符合资本化条件。2020年12月31日研发成功并已达到预定用途。此例中,主要的会计分录如下。

①2019年发生支出。

借:研发支出——费用化支出 　　　　　　　　2 000 000.00

——资本化支出	6 500 000.00
贷：原材料	5 000 000.00
应付职工薪酬	3 500 000.00

②2019年12月31日，将费用化的支出转入当期管理费用。

借：管理费用	2 000 000.00
贷：研发支出——费用化支出	2 000 000.00

③2020年12月31日发生的支出。

借：研发支出——资本化支出	15 000 000.00
贷：原材料	8 000 000.00
应付职工薪酬	7 000 000.00

④2020年12月31日，研发成功。

借：无形资产	21 500 000.00
贷：研发支出——资本化支出	21 500 000.00

| 范例解析 | 接受投资取得的无形资产

甲公司由A、B、C三位股东出资组成，A股东投资20.00万元，用银行存款付清，B股东用小汽车投资，价值27.00万元，C股东用其专利权投资，经协商认定其专利权价值30.00万元。此例中，甲公司的会计分录如下。

借：银行存款	200 000.00
固定资产	270 000.00
无形资产——专利权	300 000.00
贷：实收资本——A	200 000.00
——B	270 000.00
——C	300 000.00

3.2.2　摊销无形资产的账务处理

使用寿命有限的无形资产应进行摊销，应摊销金额是指无形资产的成本扣除残值后的余额。已计提减值准备的无形资产，还应扣除已计提的无形资产减值准备金额。

无形资产的摊销从其达到预定用途开始，当月增加的当月开始摊销，当月减少的当月不摊销。根据无形资产的预期消耗方式可用直线法、产量法等进行摊销，如果预期消耗方式无法可靠确定，则应当采用直线法进行摊销。下面我们来看一个公司进行无形资产摊销的实账处理。

| 范例解析 |　无形资产摊销的账务处理

2020年8月1日，甲公司从外单位购入一项专利技术用于产品生产，支付价款7 500.00万元，款项已支付，该项专利技术法律保护期限为15年，公司预计运用该专利生产的产品在未来10年内会为公司带来经济利益，假定这项无形资产的净残值为零，并按年采用直线法摊销。此例中不考虑相关税费，对应的会计分录如下。

①取得无形资产。

借：无形资产　　　　　　　　　　　　　　　　75 000 000.00

　　贷：银行存款　　　　　　　　　　　　　　75 000 000.00

②按年摊销。

每年摊销额=7 500.00÷10=750.00（万元）

借：制造费用　　　　　　　　　　　　　　　　7 500 000.00

　　贷：累计摊销　　　　　　　　　　　　　　7 500 000.00

3.2.3　处理无形资产的减值问题

对于使用寿命不确定的无形资产，在持有期间内不需要进行摊销，但应当至少在每个会计期末进行减值测试。下面通过例子来说明无形资产减值的账务处理。

| 范例解析 |　无形资产减值的账务处理

2019年1月1日，甲公司自行研发的某项非专利技术已经达到预定可使用状态，累计研究支出为80.00万元，累计开发支出为250.00万元，其中符合资本化条件支出为200.00万元。2020年年底该非专利技术的可收回金额为180.00万元。甲公司的会计分录如下。

①甲公司非专利技术达到预定用途。

借：无形资产　　　　　　　　　　　　　　　　2 000 000.00

贷：研发支出——资本化支出　　　　　　　2 000 000.00

②发生减值20.00万元（200.00-180.00）。

借：资产减值损失——非专利技术　　　　200 000.00

　　贷：无形资产减值准备——非专利技术　　　　200 000.00

3.2.4　处置无形资产的核算

企业出售无形资产，表明企业放弃该无形资产的所有权，应将取得的价款与该无形资产账面价值的差额作为资产处置利得或损失，计入当期损益。

| 范例解析 |　处置无形资产

甲公司将其购买的一项专利权转让给乙公司，专利权成本为50.00万元，已摊销20.00万元，实际取得转让费为35.00万元，不考虑其他税费。甲公司的账务处理如下。

借：银行存款　　　　　　　　　　　350 000.00

　　累计摊销　　　　　　　　　　　200 000.00

　　贷：无形资产　　　　　　　　　　　　500 000.00

　　　　资产处置损益　　　　　　　　　　　50 000.00

| 3.3 |
企业债务的账务处理

除了拥有或控制资产外，在企业的经营活动中还常常会涉及应付账款、应付票据和预收账款等流动负债，以及长期借款、长期应付款等非流动负债。本节将通过实例来分别说明各种负债的账务处理。

3.3.1　企业债务的概述

在企业经营活动中往往会由于资金不足或投资战略活动而产生负债，比如赊购商品、向银行借款以及发生应付职工薪酬等。负债是指企业过去的交易或者事项形成的，预期会导致经济利益流出企业的现时义务。根据负债的定义，负债具有如表 3-3 所示的 3 个特征。

表 3-3　企业负债的特征

条目	特征
1	负债是企业承担的现时义务，是指企业在现行条件下已承担的义务。未来发生的交易或者事项形成的义务，不属于现时义务
2	负债会导致经济利益流出企业
3	负债是由企业过去的交易或者事项形成的。企业在未来发生的承诺、签订的合同等交易或者事项，不形成负债

在会计处理中，只有符合负债确认条件的才能确认为负债。负债的确认条件有以下两点。

◆　与该义务有关的经济利益很可能流出企业

负债的确认应当与经济利益流出的不确定性程度的判断结合起来，如果有确凿证据表明与现时义务有关的经济利益很可能流出企业，就应当将其作为负债予以确认；反之，如果企业承担了现时义务，但是会导致企业经济利益流出的可能性很小，也不符合负债的确认条件。

◆　未来流出的经济利益的金额能够可靠地计量

负债的确认在考虑经济利益流出企业的同时，对于未来流出的经济利益的金额应当能够可靠计量。对于与推定义务有关的经济利益流出的金额，企业应当根据履行相关义务所需支出的最佳数进行估计，并综合考虑有关货币时间价值、风险等因素的影响。

负债一般分为流动负债和长期负债两大类，流动负债是指将在一年或超过一年的一个营业周期内偿还的债务，主要包括短期借款、应付票据、应付账款、应付职工薪酬、应交税费和预收账款等；长期负债是指偿还期在一年或超过一年的一个营业周期以上的债务，包括长期借款、应付债券和长期应付款等。

3.3.2　应付款项的分类和账务处理

企业通常因为购买材料、商品或接受劳务等没有及时支付相应的货款，买卖双方在购销活动中取得物资与支付货款的时间不一致而产生了负债，这种一般称为应付账款，具体是指企业应支付但尚未支付的货款、手续费和佣金。应付款项通过"应付账款"科目核算。下面通过实例来了解具体的账务处理。

| 范例解析 |　应付账款的账务处理

2020年5月1日，某商场从A公司购入一批商品已验收入库，增值税专用发票上列明该批商品的价款为50.00万元，增值税为6.50万元。按照购货协议规定，商场在5月10日付款。2020年5月10日，商场用银行存款付清购货款。某商场的会计分录如下。

①5月1日，赊购一批商品。

借：库存商品　　　　　　　　　　　　　　　　500 000.00

　　应交税费——应交增值税（进项税额）　　　 65 000.00

　　　贷：应付账款　　　　　　　　　　　　　　565 000.00

②5月10日，付清货款。

借：应付账款　　　　　　　　　　　　　　　　565 000.00

　　贷：银行存款　　　　　　　　　　　　　　　565 000.00

3.3.3　预收账款的核算

预收账款是指以买卖双方协议或合同为依据，由购货方预先支付一部分或全部货款给销货方而形成的一项销货方的负债，待企业实际出售商品、产品或者提供劳务时再进行冲减并确认收入。

在会计处理中，通过设置"预收账款"科目核算。该科目贷方登记预收的货款，借方登记销售商品的收入和余款退回；期末贷方余额表示尚未付出产品对应的预收账款，借方余额表示应收而少收的款项。

| 范例解析 |　预收账款的账务处理

甲公司向乙公司销售商品一批，价值70.00万元，增值税为9.10万元，根据销售合同的约定，乙公司在2020年7月1日用银行存款预付10.00万元购货款，商品于7月10日发货，余款在收到货款的当天一次性用银行存款付清。乙公司于7月10日收到商品并验收入库。本例中，甲公司的会计分录如下。

①2020年7月1日，收到预付款。

借：银行存款　　　　　　　　　　　　　　　　　100 000.00
　　贷：预收账款　　　　　　　　　　　　　　　　100 000.00

②2020年7月10日，确认收入。

借：银行存款　　　　　　　　　　　　　　　　　691 000.00
　　预收账款　　　　　　　　　　　　　　　　　100 000.00
　　贷：主营业务收入　　　　　　　　　　　　　　700 000.00
　　　　应交税费——应交增值税（销项税额）　　　 91 000.00

3.3.4　应付职工薪酬的账务处理

职工薪酬是指企业为获得职工向企业提供的服务或解除劳动关系而给予员工的各种形式的报酬或补偿，一般包括短期薪酬、离职后福利、辞退福利和其他长期职工福利。

在会计核算中，设置"应付职工薪酬"科目，主要核算职工薪酬的提取、结算和使用等情况。该科目的贷方登记已分配计入有关成本费用项目的职工薪酬的数额，借方登记实际发放职工薪酬的数额，包括扣还的款项等。该科目期末余额在贷方，反映企业应付未付的职工薪酬。

企业应当在职工为其提供服务的会计期间，将实际发生的短期薪酬确认为负债，并计入当期损益。根据是否以货币支付又有货币性短期薪酬和非货币性福利之分，都要预先计提。

1. 货币性职工薪酬

货币性职工薪酬是指职工为企业提供劳务，而企业向其支付相应的货币性报酬，如用银行存款、现金等货币性资金支付报酬。企业可以根据自身生产模式设定计件工资、计时工资或者月薪。一般企业采用月薪制，每月根据考勤计提工资，借方计入相关成本、费用，贷方记"应付职工薪酬"科目，待实际支付时再转销应付职工薪酬。下面通过实例进行了解。

| 范例解析 |　货币性职工薪酬的账务处理

甲公司2020年8月共发生职工薪酬费用50 000.00元，其中生产部门30 000.00元，管理部门10 000.00元，销售部门10 000.00元，2020年9月5日以银行存款的方式发放。相关会计分录如下。

①2020年8月30日，计提当月工资。

借：生产成本　　　　　　　　　　　　　　　　　　30 000.00

管理费用　　　　　　　　　　　　　　　　　　10 000.00

销售费用　　　　　　　　　　　　　　　　　　10 000.00

贷：应付职工薪酬　　　　　　　　　　　　　　　　50 000.00

②2020年9月5日，发放上月工资。

借：应付职工薪酬　　　　　　　　　　　　　　　　50 000.00

贷：银行存款　　　　　　　　　　　　　　　　　50 000.00

2. 非货币性福利

企业除了按时正常地向职工支付相应的工资外，为了提高职工的积极性，企业也可能给职工发放一些物品作为非货币性福利，可以是自产的商品，也可以是外购的商品，这两种虽然都是给职工的福利，但对企业做账来说却大不相同。

（1）企业以自产的产品作为非货币性福利

企业将自己生产的产品作为非货币性福利发给职工的，应当按照该产品的公允价值和相关税费，计量应计入成本费用的职工薪酬金额，相关收入的确认、销售成本的结转和相关税费的处理，与正常商品销售相同。总的来说，企业将自己生产的产品作为非货币性福利的事项应视同销售。

| 范例解析 |　自产产品作为非货币性福利的账务处理

甲公司是增值税一般纳税人，适用的增值税税率为13%。2020年5月4日，甲公司将自产的300件A产品作为福利发放给职工。该批产品的单位成本为400.00元/件，公允价值和计税价格均为600.00元/件。假定不考虑其他因素，且成本都计入管理费用。本例中，甲公司的会计分录如下。

主营业务收入=300×600.00=180 000.00（元）

增值税销项税额=180 000.00×13%=23 400.00（元）

主营业务成本=300×400.00=120 000.00（元）

借：管理费用　　　　　　　　　　　　　　　　　203 400.00
　　贷：应付职工薪酬——非货币性福利　　　　　　　　203 400.00
借：应付职工薪酬——非货币性福利　　　　　　　203 400.00
　　贷：主营业务收入　　　　　　　　　　　　　　　　180 000.00
　　　　应交税费——应交增值税（销项税额）　　　　　 23 400.00
借：主营业务成本　　　　　　　　　　　　　　　120 000.00
　　贷：库存商品　　　　　　　　　　　　　　　　　　120 000.00

（2）企业以外购的商品作为非货币性福利

企业以外购商品作为非货币性福利提供给职工的，应当按照该商品的公允价值和相关税费计入成本费用，不能抵扣进项税额。

| 范例解析 |　外购商品作为非货币性福利的账务处理

甲公司是增值税一般纳税人，适用的增值税税率为13%。2020年9月25日，购入一批床上用品用作职工福利，价值20 000.00元，增值税为2 600.00元，10月1日全部发给职工。本例中，甲公司的会计分录如下。

①2020年9月25日，购入商品。

借：库存商品　　　　　　　　　　　　　　　　　20 000.00
　　应交税费——应交增值税（进项税额）　　　　　2 600.00
　　贷：银行存款　　　　　　　　　　　　　　　　　　22 600.00

②2020年10月1日，将购入的商品发给职工。

借：应付职工薪酬———非货币性福利　　　　　　　22 600.00

贷：库存商品　　　　　　　　　　　　　20 000.00

应交税费———应交增值税（进项税额转出）　2 600.00

3.3.5　应交税费的账务处理

应交税费是指企业根据在一定时期内取得的营业收入、实现的利润等，按照现行税法规定，采用一定的计税方法计提的应缴纳的各种税费。应交税费种类比较多，一般包括增值税、消费税、企业所得税和资源税等。

企业通过设置"应交税费"科目总括反映各种税费的缴纳情况，根据需要可以设置明细科目。该科目的贷方登记应缴纳的各种税费，借方登记已缴纳的各种税费，期末贷方余额反映尚未缴纳的税费，期末如为借方余额，则反映多缴或尚未抵扣的税费。印花税、耕地占用税等不在本科目核算，这一节主要介绍增值税和消费税。

1.应缴增值税

增值税是以商品或应税劳务在流转过程中产生的增值额作为计税依据而征收的一种流转税，实行价外税。根据企业年销售额和会计核算制度的不同，增值税的处理要分一般纳税人和小规模纳税人两种情形。

（1）一般纳税人

一般纳税人在会计核算中要区分销项税额和进项税额，销项税额是纳税人提供应税服务按照销售额和增值税税率计算的增值税额，进项税额是指纳税人购进货物或者接受加工修理修配劳务和应税服务，支付或者负担的增值税税额，进项税额可以抵扣。增值税税率从 2019 年 4 月起有所调整，一般纳税人税率主要有 13%、9%、6% 和 0 这 4 档。

一般纳税人在计算增值税时，涉及的相关计算公式如下。

销项税额=销售额×适用税率

销售额=含税销售额÷（1+税率）

应纳税额=当期销项税额−当期进项税额

| 范例解析 | 一般纳税人增值税的账务处理

甲公司为一般纳税人，适用的增值税税率为13%。2020年10月1日，甲公司购买一批商品，开具的增值税发票金额50 000.00元，增值税税额6 500.00元。2020年10月3日，出售该产品，含税销售额为62 150.00元，均用银行存款收付。本例中，甲公司的会计分录如下。

①2020年10月1日，购进商品。

借：库存商品   50 000.00

　　应交税费——应交增值税（进项税额）   6 500.00

　　　贷：银行存款   56 500.00

②2020年10月3日，出售商品。

不含税销售额=62 150.00÷（1+13%）=55 000.00（元）

销项税额=55 000.00×13%=7 150.00（元）

借：银行存款   62 150.00

　　贷：主营业务收入   55 000.00

　　　　应交税费——应交增值税（销项税额）   7 150.00

借：主营业务成本   50 000.00

　　贷：库存商品   50 000.00

在本题中，应纳税额=销项税额−进项税额=7 150.00−6 500.00=650.00（元）。

（2）小规模纳税人

小规模纳税人在会计核算中不需要区分销项税额和进项税额，因为小规模纳税人没有抵扣增值税进项税额的说法。换句话说，小规模纳税人在采购环节发生的增值税税额需全部计入采购货物的成本中，会计处理上不单独核算增值税，而销售业务中发生的增值税税额就是最终应缴纳的增值税税额。

小规模纳税人适用的征收率为3%，计算公式如下。

应纳税额=销售额×征收率

不含税销售额=含税销售额÷（1+征收率）

| 范例解析 | **小规模纳税人增值税的账务处理**

甲公司为小规模纳税人，2020年9月25日，甲公司销售一批商品，其成本为20 000.00元，含税销售价为30 900.00元。银行收讫。

本例中，甲公司的不含税销售额=30 900.00÷（1+3%)=30 000.00（元）。

应纳税额=30 000.00×3%=900.00（元）

借：银行存款   30 900.00

    贷：主营业务收入   30 900.00

借：主营业务成本   20 000.00

    贷：库存商品   20 000.00

2. 消费税

消费税是国家为体现消费政策，对生产、委托加工、零售和进口的应税消费品征收的一种流转税，是对特定的消费品和消费行为在特定的环节征收的一种间接税。消费税是价内税，是价格的组成部分。

消费税是在对货物普遍征收增值税的基础上，选择少数消费品再征收的一个税种，主要是为了调节产品结构，引导消费方向和保证国家财政收入。现行消费税的征收范围主要包括：烟、酒、鞭炮、焰火、化妆品、成品油、贵重首饰、珠宝玉石以及高档手表等。

在账务处理过程中，计算应纳消费税的税费时涉及的相关公式如下。

组成计税价格=（成本+利润）÷（1-消费税税率）

应纳税额=组成计税价格×适用税率

| 范例解析 | **消费税的账务处理**

某汽车制造厂将自己生产的一辆汽车自用，计入固定资产。该种汽车有同类

消费品的销售价格，其生产成本为20.00万元，利润率为10%，消费税为5%。用银行存款缴纳消费税。相关计算和会计分录如下。

汽车的组成计税价格=200 000.00×（1+10%）÷（1−5%）=231 578.95（元）

应纳消费税额=231 578.95×5%=11 578.95（元）

借：税金及附加   11 578.95

  贷：应交税费——应交消费税   11 578.95

借：应交税费——应交消费税   11 578.95

  贷：银行存款   11 578.95

3.3.6　借款利息支出的核算

借款利息是指企业向银行或其他金融机构借入资金时发生的利息费用，或企业发行债券的利息费用。

对于企业发生的借款费用，可直接归属于符合资本化条件的资产购建或者生产的，应当予以资本化，计入符合资本化条件的资产成本，如在建工程等。其他借款费用应当在发生时根据其发生额确认为费用，计入当期损益，如财务费用等。

│ 范例解析 │　借款利息支出的账务处理

甲公司为建造一栋办公大楼，向银行借款200.00万元，共计利息2.00万元，其中符合资本化条件的利息费用为15 000.00元，均用银行存款支付。本例中，甲公司的会计分录如下。

借：在建工程——借款利息   15 000.00

  财务费用   5 000.00

  贷：银行存款   20 000.00

3.3.7　长期借款业务的账务处理

长期借款是指借款期限超过一年及以上的借款，是项目投资中的主要资金来源之一。企业应设置"长期借款"科目来核算各种长期借款的借入、应计利息、归还和结欠情况。该科目属于负债类，其贷方登记借入的款项及预计的应付利息；借方登记还本付息的数额，期末余额在贷方，表示尚未偿还的长期借款本息数额。

长期借款按照付息方式与本金的偿还方式不同，可以分为分期付息到期还本的长期借款和到期一次还本付息的长期借款。下面来看一个关于分期付息到期还本的长期借款账务处理的案例。

| 范例解析 |　长期借款利息的分期付息到期还本的账务处理

甲公司于2018年7月1日向银行借人民币50.00万元用于某工程项目建设，期限5年，年利率8%，每年末支付当年借款利息，借款期满后一次还本。该工程项目于2018年12月31日竣工并办理竣工决算和交付。本例中，甲公司具体的会计分录如下。

①2018年7月1日借款。

借：银行存款　　　　　　　　　　　　　　500 000.00

　　贷：长期借款　　　　　　　　　　　　　　500 000.00

②2018年1～12月每月计息。

应付利息=500 000.00×8%÷12=3 333.33（元）

借：在建工程　　　　　　　　　　　　　　3 333.33

　　贷：应付利息　　　　　　　　　　　　　　3 333.33

③2018年12月31日支付当年6个月的利息，同时将这部分利息支出资本化。

借：应付利息　　　　　　　　　　　　　　20 000.00

　　贷：银行存款　　　　　　　　　　　　　　20 000.00

借：固定资产　　　　　　　　　　　　　　20 000.00

　　贷：在建工程　　　　　　　　　　　　　　20 000.00

④2019年1月起，借款利息将费用化。每月计息时编制如下会计分录。

借：财务费用　　　　　　　　　　　　　　3 333.33

　　贷：应付利息　　　　　　　　　　　　　　3 333.33

⑤2019年、2020年、2021年以及2022年各年在年末应支付的利息为40 000.00元（500 000.00×8%）。

借：应付利息	36 666.67	
财务费用	3 333.33	
贷：银行存款		40 000.00

⑥2023年6月30日，偿还本金并支付该年度6个月的利息。

借：应付利息	16 666.67	
财务费用	3 333.33	
长期借款	500 000.00	
贷：银行存款		520 000.00

对于到期一次还本付息的长期借款，账务处理与第一种方式类似，但有些时间节点上的账务处理是完全不同的。以同样的案例为例，讲解其账务处理过程。

| 范例解析 |　长期借款利息的到期一次性还本付息的账务处理

甲公司于2018年7月1日向银行借人民币50.00万元用于某工程项目建设，期限5年，年利率8%，每月计算应付的借款利息，借款期满后一次还本付息。该工程项目于2018年12月31日竣工并办理竣工决算和交付。本例中，甲公司具体的会计分录如下。

①2018年7月1日借款。

借：银行存款	500 000.00	
贷：长期借款		500 000.00

②2018年1～12月每月计息。

应付利息=500 000×8%÷12=3 333.33（元）

借：在建工程	3 333.33	
贷：应付利息		3 333.33

③2018年12月31日，将这部分利息支出资本化。

利息支出=500 000.00×8%÷12×6=20 000.00（元）

借：固定资产	20 000.00	
贷：在建工程		20 000.00

④2019年1月起，借款利息将费用化。每月计息时编制如下的会计分录。

借：财务费用   3 333.33

  贷：应付利息   3 333.33

⑤2023年6月30日，偿还本金和所有借款利息。

借款利息总额=500 000.00×8%×5=200 000.00（元）

最后一个月的利息直接记为财务费用=3 333.33（元）

需要结转的应付利息=200 000.00−3 333.33=196 666.67（元）

借：应付利息   196 666.67

  财务费用   3 333.33

  长期借款   500 000.00

  贷：银行存款   700 000.00

04

企业经营损益和所有者权益的账务处理

　　企业存在的目的就是盈利，通过增加资本或节约成本从而为企业创造更多的价值。这一章我们就来了解一下企业最关键的股东权益和生产经营中的成本费用，即会计要素中的所有者权益、收入、费用和利润。它们各有特点，在会计处理中息息相关。

| 4.1 |
企业费用的确认与核算

费用是指企业在日常经营活动中发生的、会导致所有者权益减少的、与向所有者分配利润无关的经济利益的总流出。通俗地讲，企业在生产商品或者提供劳务过程中发生的各种消耗性费用，都称为费用。根据费用的定义，可以总结出费用的 3 个特征，如下所示。

◆ 费用最终会导致企业资源的减少。

◆ 费用最终会减少企业的所有者权益。

◆ 费用可能表现为资产的减少，或者负债的增加，或二者都有。

费用的发生必须是和企业所发生的具体经济事项相联系的，由于行业、企业的规模不同，涉及的费用性质往往存在一定的差异性，根据费用的内容和用途可以分为成本费用和期间费用两大类。这一节我们将通过实例一起了解这两大类费用的具体内容有哪些，账务处理又有什么不同。

4.1.1　成本费用概述

成本费用一般指企业在生产经营中发生的各种资金耗费，这些耗费直接计入特定核算对象的成本。本节主要通过主营业务成本、其他业务成本和税金及附加三个项目来学习成本费用。

（1）主营业务成本

主营业务成本是指企业销售商品、提供劳务等经营性活动发生的成本。企业一般在销售商品、提供劳务等时确认主营业务收入，同时将已销售商品、已提供劳务的成本转入主营业务成本。

在会计核算中，企业应设置"主营业务成本"科目，按主营业务的种类进行明细核算，用于核算企业因销售商品、提供劳务或让渡资产使用权等日常活动而发生的实际成本，借记"主营业务成本"科目，贷记"库存商品""劳务成本"

等科目。期末，将主营业务成本的余额转入"本年利润"科目，结转后，"主营业务成本"科目无余额。

| 范例解析 | 与销售商品有关的主营业务成本

甲公司为一般纳税人，税率为13%，主要销售A商品。2020年10月3日，销售一批A商品，开具的增值税专用发票显示金额为50 000.00元，增值税额6 500.00元，这批A商品的成本为30 000.00元。甲公司的主要会计分录如下。

借：银行存款　　　　　　　　　　　　　　　56 500.00
　　贷：主营业务收入　　　　　　　　　　　　　　　　50 000.00
　　　　应交税费——应交增值税（销项税额）　　　　　6 500.00
借：主营业务成本　　　　　　　　　　　　　30 000.00
　　贷：库存商品　　　　　　　　　　　　　　　　　　30 000.00

2020年12月31日，将主营业务成本转入"本年利润"科目。

借：本年利润　　　　　　　　　　　　　　　30 000.00
　　贷：主营业务成本　　　　　　　　　　　　　　　　30 000.00

| 范例解析 | 与提供劳务有关的主营业务成本

甲公司2020年10月15日与乙公司签订了一项安装服务协议，甲公司为乙公司提供安装服务，安装服务费用为36 000.00元，签订合同当天预付20 000.00元，并于12月31日收到尾款确认收入。甲公司为乙公司提供服务发生成本费用24 000.00元，假定不考虑相关税费。甲公司的主要会计分录如下。

①甲公司收到预付款。

借：银行存款　　　　　　　　　　　　　　　20 000.00
　　贷：预收账款　　　　　　　　　　　　　　　　　　20 000.00

②甲公司提供劳务发生的成本。

借：劳务成本　　　　　　　　　　　　　　　24 000.00
　　贷：应付职工薪酬　　　　　　　　　　　　　　　　24 000.00

③2020年12月31日，甲公司确认收入并结转成本。

借：预收账款　　　　　　　　　　　　　　　20 000.00
　　银行存款　　　　　　　　　　　　　　　16 000.00

　　　　贷：主营业务收入　　　　　　　　　　　　36 000.00

　　借：主营业务成本　　　　　　　　24 000.00

　　　　贷：劳务成本　　　　　　　　　　　　　　24 000.00

④2020年12月31日，将主营业务成本转入"本年利润"科目。

　　借：本年利润　　　　　　　　　　24 000.00

　　　　贷：主营业务成本　　　　　　　　　　　　24 000.00

（2）其他业务成本

　　其他业务成本是指企业确认的除主营业务活动外的其他日常经营活动发生的支出，包括销售材料的成本、出租固定资产的折旧额和出租无形资产的摊销额等。

　　在会计核算中，企业应设置"其他业务成本"科目，核算企业确认的除主营业务活动外的其他日常经营活动发生的支出。企业发生的其他业务成本借记"其他业务成本"科目，贷记"原材料""周转材料"和"累计折旧"等科目。和主营业务成本一样，期末将"其他业务成本"科目余额转入"本年利润"科目，期末无余额。

│ 范例解析 │　折旧的账务处理

　　甲公司有一台闲置的机器设备，于2020年1月1日对外出租，租金为2 000.00元/月，每月计提折旧500.00元。每半年收取一次租金，银行存款收讫。假定不考虑相关税费。甲公司的会计分录如下。

①2020年6月30日收取租金。

　　借：银行存款　　　　　　　　　　12 000.00

　　　　贷：其他业务收入　　　　　　　　　　　　12 000.00

②结转折旧费，确认为其他业务成本。

　　借：其他业务成本　　　　　　　　3 000.00

　　　　贷：累计折旧　　　　　　　　　　　　　　3 000.00

（3）税金及附加

　　税金及附加是指企业在经营活动中应付的相关税费，如消费税、城市维护建设税、资源税和教育费附加等。在会计核算中，企业应设置"税金及附加"科目，计提时，借方计入"税金及附加"科目，贷方计入"应交税费——教育费附加"等科目，期末结转到"本年利润"科目，账户无余额。

| 范例解析 | 税金及附加的核算

2020年10月，甲公司取得当月全部销售额为56 500.00元（含增值税）。增值税率为13%，消费税为5 000.00元，应缴城市维护建设税805.00元，应缴教育费附加345.00元，月末全部用银行存款付清。甲公司10月的主要会计分录如下。

借：银行存款　　　　　　　　　　　　　　　　56 500.00
　　贷：主营业务收入　　　　　　　　　　　　50 000.00
　　　　应交税费——应交增值税（销项税额）　65 00.00
借：税金及附加　　　　　　　　　　　　　　　6 150.00
　　贷：应交税费——应交消费税　　　　　　　5 000.00
　　　　　　——应交城市维护建设税　　　　　805.00
　　　　　　——应交教育费附加　　　　　　　345.00

期末结转税金及附加。

借：本年利润　　　　　　　　　　　　　　　　6 150.00
　　贷：税金及附加　　　　　　　　　　　　　6 150.00

4.1.2　期间费用的账务处理

期间费用是企业日常经营活动中发生的经济利益的流出，不同于成本费用将费用计入特定核算对象，而是计入发生当期损益的费用。期间费用包括管理费用、销售费用和财务费用。

（1）管理费用

管理费用是指企业行政管理部门为组织和管理生产经营活动而发生的各种费用，包括企业在筹建期间发生的开办费、董事会和行政管理部门在企业的经营管理中发生的或者应由企业统一负担的公司经费。如行政管理部门职工薪酬、物料消耗、办公费和差旅费等。

企业应该设置"管理费用"科目来核算管理费用的发生和结转情况。发生的管理费用记入借方，贷方登记期末转入"本年利润"科目的管理费用，结转后该科目应无余额。管理费用的内容比较多，我们通过实例来了解一般工作中常涉及的管理费用。

| 范例解析 |　业务招待费的账务处理

甲公司因拓展业务需要，于2020年11月发生招待费用共计3 000.00元，用银行存款付讫。甲公司的主要会计分录如下。

借：管理费用——业务招待费　　　　　　　　3 000.00
　　贷：银行存款　　　　　　　　　　　　　　　　3 000.00

| 范例解析 |　行政管理部门职工薪酬计入管理费用

2020年11月，甲公司行政管理部门共发生职工薪酬31 500.00元，用银行存款付讫。会计分录如下。

借：管理费用　　　　　　　　　　　　　　31 500.00
　　贷：应付职工薪酬　　　　　　　　　　　　　　31 500.00
借：应付职工薪酬　　　　　　　　　　　　31 500.00
　　贷：银行存款　　　　　　　　　　　　　　　　31 500.00

| 范例解析 |　办公费的账务处理

甲公司2020年10月共发生办公费用1 000.00元，用银行存款付讫。会计分录如下。

借：管理费用　　　　　　　　　　　　　　1 000.00
　　贷：银行存款　　　　　　　　　　　　　　　　1 000.00

| 范例解析 |　差旅费的核算

甲公司员工张三于2020年10月3日借入一笔现金3 000.00元用于出差，10月10日出差回公司，共发生差旅费2 850.00元，剩余款项用现金还给出纳，相关账务处理如下。

①10月3日借入备用金。

借：其他应收款——备用金——张三　　　　　3 000.00
　　贷：库存现金　　　　　　　　　　　　　　　　3 000.00

②10月10日报销差旅费并归还剩余款项。

借：库存现金 150.00

　　管理费用——差旅费 2 850.00

　　贷：其他应收款——备用金——张三 3 000.00

（2）销售费用

销售费用是指企业销售商品和材料、提供劳务的过程中发生的各种费用，包括企业在销售商品过程中发生的保险费、包装费、展览费和广告费、商品维修费、预计产品质量保证损失、运输费和装卸费等。

销售费用是与企业销售商品活动有关的费用，但不包括销售商品本身的成本和劳务成本。企业在账务处理中，通过设置"销售费用"科目核算销售费用的发生和结转情况。借方登记企业发生的各项销售费用，贷方登记期末转入"本年利润"科目的销售费用，结转后，"销售费用"科目期末无余额。

| 范例解析 | 业务宣传费的核算

甲公司2020年10月生产一种新产品，为提高知名度，甲公司对该产品进行宣传，共花费广告费2 000.00元，销售人员工资15 000.00元。款项均用银行存款付讫。甲公司相关账务处理如下。

借：销售费用——业务宣传费 2 000.00

　　贷：银行存款 2 000.00

借：销售费用 15 000.00

　　贷：应付职工薪酬 15 000.00

借：应付职工薪酬 15 000.00

　　贷：银行存款 15 000.00

| 范例解析 | 装卸费的核算

甲公司销售一批材料，发生装卸费3 000.00元，用银行存款付讫，对应的账务处理如下。

借：销售费用 3 000.00

　　贷：银行存款 3 000.00

（3）财务费用

财务费用是指企业为筹集生产经营所需资金而发生的费用，包括利息支出和收入、汇兑损失以及金融机构手续费等。

│ 范例解析 │ 金融机构手续费的账务处理

甲公司2020年10月1日在A银行开立银行账户，开户费为30.00元，现金付讫，10月用银行存款跨行转账150 000.00元，共发生手续费用15.50元，相关账务处理如下。

①开户时开户费确认为财务费用。

借：财务费用——金融机构开户费   30.00

     贷：库存现金   30.00

②10月发生手续费。

借：财务费用——金融机构手续费   15.50

     贷：银行存款   15.50

│ 范例解析 │ 利息收入的核算

接上例，甲公司2020年12月31日收到银行支付当年第4季度存款利息2 050.00元，相关账务处理如下。

借：银行存款   2 050.00

     贷：财务费用——利息收入   2 050.00

│ 4.2 │
企业收入、利润的确认与核算

前一节内容我们学习了费用的核算，这一节我们将根据会计恒等式"利润 = 收入 - 费用"继续学习收入和利润的确认与核算。

4.2.1　收入的概述

收入和利润息息相关，也是一项直接反映企业盈亏的重要指标，具体是指企业在日常活动中形成的、会导致所有者权益增加的、与所有者投入资本无关的经济利益的总流入。其中，我们常说的"日常活动"是指企业为完成其经营目标所从事的经常性活动以及与之相关的活动，与企业的性质和所属行业均相关。如商品流通企业销售商品、咨询公司提供咨询服务、软件公司为客户开发软件、安装公司提供安装服务以及建筑企业提供建造服务等。

（1）收入的确认

在新的会计准则中，收入的确认和计量可以分为如图 4-1 所示的 5 个步骤，称为五步法。

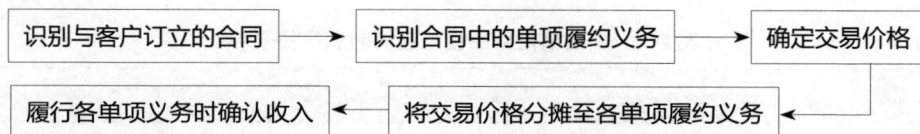

识别与客户订立的合同　→　识别合同中的单项履约义务　→　确定交易价格

履行各单项义务时确认收入　←　将交易价格分摊至各单项履约义务　←

图 4-1　收入的确认计量步骤

（2）收入的分类

在日常工作中，不同的行业、不同的经营范围涉及的收入类别不一样，一般可从日常活动的性质和经营业务的主次分类，如图 4-2 所示。

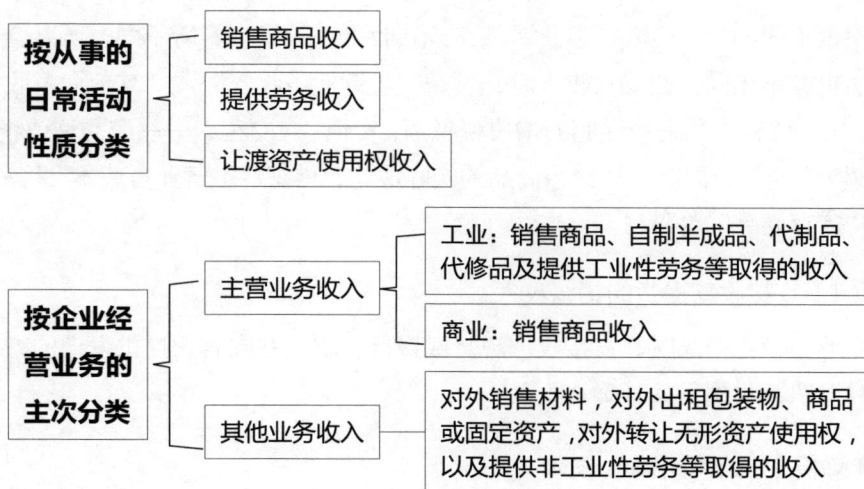

按从事的日常活动性质分类
- 销售商品收入
- 提供劳务收入
- 让渡资产使用权收入

按企业经营业务的主次分类
- 主营业务收入
  - 工业：销售商品、自制半成品、代制品、代修品及提供工业性劳务等取得的收入
  - 商业：销售商品收入
- 其他业务收入
  - 对外销售材料，对外出租包装物、商品或固定资产，对外转让无形资产使用权，以及提供非工业性劳务等取得的收入

图 4-2　收入的分类

4.2.2　收入有关的账务处理

上一节我们了解了收入的确认和种类，这一节我们将通过例题来分别了解销售商品收入、提供劳务收入、让渡资产使用权收入、政府补助收入的概念和在会计处理中的具体运用。

1. 销售商品收入

销售商品收入是指企业通过销售商品实现的收入，如工业企业制造并销售产品、商业企业销售商品等实现的收入。销售商品收入同时满足如表 4-1 所示的 5 个条件时，才能确认为收入。

表 4-1　确认销售商品收入应同时满足的条件

条目	条件
1	企业已将商品所有权上的主要风险和报酬转移给购货方
2	企业既没有保留通常与所有权相联系的管理权，也没有对已售出商品的有效控制权
3	收入的金额能够可靠地计量
4	相关的经济利益很可能流入企业
5	相关的已发生或将发生的成本能够可靠地计量

根据不同的收款方式、发货时间，确认收入的时间也有所不同，所以会计处理方法也各不相同。在确认收入时，贷记"主营业务收入"或"其他业务收入"科目。按增值税专用发票注明的增值税税额，贷记"应交税费——应交增值税（销项税额）"科目，同时，按销售商品的实际成本，借记"主营业务成本"等科目，贷记"库存商品"等科目。

（1）直接收款提货的销售收入

企业在销售商品时，直接收取现金或银行存款，并向客户提供发票的方式，在开具发票、收到货款时确认收入。

| 范例解析 | 销售时确认收入

2020年9月3日，甲公司向乙公司销售一批商品A，甲开具了增值税专用发票，发票金额为30 000.00元，增值税额为3 900.00元，乙公司通过银行转账付清货款。A商品的成本为20 000.00元。本例中，甲公司的会计分录如下。

借：银行存款　　　　　　　　　　　　　33 900.00
　　贷：主营业务收入　　　　　　　　　　　　　30 000.00
　　　　应交税费——应交增值税（销项税额）　　　3 900.00
借：主营业务成本　　　　　　　　　　　20 000.00
　　贷：库存商品　　　　　　　　　　　　　　　20 000.00

（2）预收购货款

企业预收购货款是指在未发出商品时，预先收到购货款，这时不能将预收的购货款确认为收入，应先计入"预收账款"科目，在企业发出商品时确认为收入，再将预收账款进行转销。

| 范例解析 |　预收购货款

2020年10月13日，甲公司与乙公司签订协议，约定甲公司采取预收款方式向乙公司销售一批商品，该商品销售价格为50.00万元，增值税额为6.50万元。乙公司在协议签订当天预付15.00万元货款，剩余款项在2020年12月13日甲公司发出商品并开具增值税发票时付清，均用银行存款收付。该批商品实际成本为27.00万元。本例中，甲公司的会计分录如下。

①10月13日，收到预收款。

借：银行存款　　　　　　　　　　　　　150 000.00
　　贷：预收账款　　　　　　　　　　　　　　　150 000.00

②12月13日，发出商品并开具发票。

借：银行存款　　　　　　　　　　　　　415 000.00
　　预收账款　　　　　　　　　　　　　150 000.00
　　贷：主营业务收入　　　　　　　　　　　　　500 000.00
　　　　应交税费——应交增值税（销项税额）　　65 000.00
借：主营业务成本　　　　　　　　　　　270 000.00
　　贷：库存商品　　　　　　　　　　　　　　　270 000.00

（3）托收承付方式销售

托收承付又称异地托收承付，是指根据购销合同由收款人发货后委托银行向异地购货单位收取货款，由付款人向银行承认付款的结算方式。企业采用托收承付方式付款的，在办妥托收承付手续时确认收入，借记"应收账款"科目，核算应由银行代收的货款。

| 范例解析 | 托收承付方式销售

甲公司采用托收承付方式销售了一批商品，销售价款为50 000.00元，增值税额为6 500.00元，并办好了托收有关的手续。商品的实际成本为20 000.00元。本例中，甲公司的会计分录如下。

借：应收账款　　　　　　　　　　　　　56 500.00
　　贷：主营业务收入　　　　　　　　　　　　50 000.00
　　　　应交税费——应交增值税（销项税额）　　6 500.00
借：主营业务成本　　　　　　　　　　　20 000.00
　　贷：库存商品　　　　　　　　　　　　　　20 000.00

（4）采用商业汇票方式销售商品

商业汇票是指出票人签发的，委托付款人在指定日期无条件支付确定的金额给收款人或持票人的票据。企业在收到商业汇票并开出发票时确认收入，贷记"主营业务收入"科目，借记"应收票据"科目，核算应由付款人支付的货款。

| 范例解析 | 收到商业汇票方式销售

甲公司向乙公司销售一批商品，开具的增值税专用发票上说明金额为50 000.00元，增值税额为6 500.00元。甲公司收到乙公司开出的不带息银行承兑汇票一张，票面金额为56 500.00元，期限为6个月。该批商品已发出，实际成本20 000.00元。本例中，甲公司的会计分录如下。

借：应收票据　　　　　　　　　　　　　56 500.00
　　贷：主营业务收入　　　　　　　　　　　　50 000.00
　　　　应交税费——应交增值税（销项税额）　　6 500.00
借：主营业务成本　　　　　　　　　　　20 000.00

　　　　贷：库存商品　　　　　　　　　　　　　　　20 000.00

（5）采用委托代销方式销售商品

　　委托代销主要是指企业通过支付一定的手续费，将商品委托给其他单位销售的行为。企业在将商品发给受托方时，商品所有权上的主要风险和报酬并未转移给受托方，所以不应确认为商品收入，只有在收到受托方开出的代销清单时确认销售商品收入，同时，将支付的代销手续费计入销售费用。

　　而对应的受托方，在收到商品时不应视为购进，对外销售也不能确认为收入，而是按合同协议约定的方法计算确定代销手续费，确认为劳务收入。下面通过实例来对比委托方和受托方的账务处理。

| 范例解析 |　　委托代销方式销售商品

　　2020年11月30日甲公司委托丙公司销售商品100件，商品已经发出，每件商品成本为500.00元。合同约定丙公司应按每件1 000.00元对外销售，甲公司按售价的10%向丙公司支付手续费。2020年12月丙公司对外实际销售80件，2020年12月26日甲公司收到丙公司开具的代销清单时，向丙公司开具一张增值税专用发票。2020年12月31日甲公司收到货款。

1.本例中，委托方甲公司的会计分录如下。

①2020年11月30日发出商品。

　　借：发出商品——委托代销商品　　　　　　　50 000.00
　　　　贷：库存商品　　　　　　　　　　　　　　　50 000.00

②2020年12月26日收到代销清单时，确认收入。

增值税销项税额=1 000.00×80×13%=10 400.00（元）

商品成本=80×500.00=40 000.00（元）

　　借：应收账款　　　　　　　　　　　　　　　　90 400.00
　　　　贷：主营业务收入　　　　　　　　　　　　　80 000.00
　　　　　　应交税费——应交增值税（销项税额）　　10 400.00
　　借：主营业务成本　　　　　　　　　　　　　　40 000.00
　　　　贷：发出商品　　　　　　　　　　　　　　　40 000.00

手续费=80×1 000.00×10%=8 000.00（元）

借：销售费用   8 000.00

  贷：应收账款   8 000.00

③2019年12月31日收到货款。

借：银行存款   82 400.00

  贷：应收账款   82 400.00

2.本例中，受托方丙公司的会计分录如下。

①2020年11月30日收到委托代销的商品。

借：受托代销商品   100 000.00

  贷：受托代销商品款   100 000.00

②2020年12月对外销售商品。

借：银行存款   90 400.00

  贷：受托代销商品   80 000.00

    应交税费——应交增值税（销项税额） 10 400.00

③2020年12月26日收到增值税专用发票。

借：应交税费——应交增值税（销项税额） 10 400.00

  贷：应付账款   10 400.00

借：受托代销商品款   80 000.00

  贷：应付账款   80 000.00

④2020年12月31日支付货款并计算代销手续费。

代销手续费=80 000.00×10%=8 000.00（元）

借：应付账款   90 400.00

  贷：银行存款   82 400.00

    其他业务收入   8 000.00

受托方和委托方是相对立的角度，会计处理完全不同，在核算时要注意区分。

（6）已发出商品但不满足销售收入确认条件

企业在销售商品的过程中，如果已经发出商品，但是不满足收入确认条件的，不应该确认收入，通过设置"发出商品"科目来核算已经发出商品但未确认收入的成本。需要注意的是，虽然发出的商品不符合收入确认条件，但如果销售该商品的纳税义务已经发生，开出了增值税专用发票，则应确认应缴的增值税销项税额。借方记"应收账款"等科目，贷方记"应交税费——应交增值税（销项税额）"科目。如果没有发生纳税义务，则不进行账务处理。

| 范例解析 |　已发出商品但不满足收入确认条件的账务处理

2020年10月15日，甲公司向乙公司销售一批商品，甲公司在销售时得知乙公司资金周转困难，但为了减少存货积压，也为了维持长期以来友好的商业关系，甲公司将商品发出并开具增值税专用发票，发票金额为30.00万元，增值税额为3.90万元，商品成本为18.00万元。2020年12月10日，乙公司经营状况发生好转，并承诺近期付款，2020年12月15日，甲公司收到货款。本例中甲公司的会计分录如下。

①2020年10月15日发出商品。

借：发出商品　　　　　　　　　　　　　　　180 000.00

　　贷：库存商品　　　　　　　　　　　　　　　180 000.00

借：应收账款　　　　　　　　　　　　　　　39 000.00

　　贷：应交税费——应交增值税（销项税额）　　39 000.00

②2020年12月10日乙公司承诺付款。

借：应收账款　　　　　　　　　　　　　　　300 000.00

　　贷：主营业务收入　　　　　　　　　　　　　300 000.00

借：主营业务成本　　　　　　　　　　　　　180 000.00

　　贷：发出商品　　　　　　　　　　　　　　　180 000.00

③2020年12月15日，甲公司收到货款。

借：银行存款　　　　　　　　　　　　　　　339 000.00

　　贷：应收账款　　　　　　　　　　　　　　　339 000.00

（7）其他业务收入

其他业务收入是指企业因主营业务以外的其他日常活动取得的收入，一般情况下，其他业务活动的收入不大、发生的频率不高，在收入中所占比重较小。其他业务收入的账务处理与主营业务相似。

| 范例解析 | 销售原材料收入

甲公司是增值税一般纳税人，2020年11月1日销售一批原材料，开出的增值税专用发票上注明的销售价格是10.00万元，增值税额为1.30万元，款项已通过银行存款收讫，该批原料成本为7.00万元。本例中，甲公司的会计分录如下。

借：银行存款　　　　　　　　　　　　　　　113 000.00
　　贷：其他业务收入　　　　　　　　　　　　100 000.00
　　　　应交税费——应交增值税（销项税额）　　13 000.00
借：其他业务成本　　　　　　　　　　　　　 70 000.00
　　贷：原材料　　　　　　　　　　　　　　　 70 000.00

（8）发生销售折扣、销售折让和销售退回的收入

企业在销售过程中，为了不积压存货，往往会采取一定的方法提高销售数量。一般经常用到的方法有销售折扣和销售折让，而销售折扣又分为商业折扣和现金折扣。当然，销售活动中也难免会遇到商品被要求退回的情况，这是购买方发现商品存在重大问题时所做的合理要求。这些特殊的销售活动有其各自的账务处理规则，如表4-2所示。

表4-2　商业折扣、现金折扣、销售折让和销售退回

特殊销售	概念	账务处理
商业折扣	企业为了促销而在标价上给予的价格扣除	按照扣除商业折扣后的金额确认收入
现金折扣	企业为了鼓励购货方尽快付款而提供的债务扣除。一般现金折扣的表示方法为：2/10，1/20，n/30	采用总价法处理，按照扣除现金折扣前的金额确定销售商品收入金额，在实际发生现金折扣时确认为财务费用，计入当期损益
销售折让	企业因售出商品的质量不合格等原因而在售价上给予的减让	已确认收入的售出商品发生销售折让的，在发生时冲减当期销售商品收入；属于资产负债表日后事项的，应按照有关资产负债表日后事项的相关规定进行处理

续表

特殊销售	概念	账务处理
销售退回	企业销售商品后，顾客在规定期限内退回商品，企业并退还货款	已确认销售商品收入的，在发生时冲减当期销售商品收入

│ 范例解析 │ 发生商业折扣的收入

甲商场主要销售电器，A冰箱售价为12 000.00元，成本为8 000.00元。2020年10月1日~7日，甲商场进行促销活动，在此期间购买A冰箱可享受商业折扣。10月3日，乙购买了一台A冰箱，促销价为10 000.00元，甲开具的增值税专用发票上注明的售价为10 000.00元，增值税额为1 300.00元。本例中，甲商场的会计分录如下。

借：银行存款　　　　　　　　　　　　　　11 300.00
　　贷：主营业务收入　　　　　　　　　　　　10 000.00
　　　　应交税费——应交增值税（销项税额）　　1 300.00
借：主营业务成本　　　　　　　　　　　　　8 000.00
　　贷：库存商品　　　　　　　　　　　　　　8 000.00

│ 范例解析 │ 发生现金折扣的收入

甲公司于2020年10月7日向乙赊销一批商品，开出的增值税发票注明售价为80 000.00元，增值税额为10 400.00元。为了鼓励乙公司及时付清货款，甲公司规定的现金折扣条件为：2/10，1/20，n/30，分别核算甲公司在10月15日、10月22日和11月27日收到货款的账务处理。本例中，甲公司的会计分录如下。（假设财务费用的核算要包括增值税）

借：应收账款　　　　　　　　　　　　　　90 400.00
　　贷：主营业务收入　　　　　　　　　　　　80 000.00
　　　　应交税费——应交增值税（销项税额）　10 400.00

①若甲公司10月15日收到货款，则财务费用为1 808.00元（90 400.00×2%）。

借：银行存款　　　　　　　　　　　　　　88 592.00
　　财务费用　　　　　　　　　　　　　　　1 808.00

贷：应收账款	90 400.00

②若甲公司10月22日收到货款，则财务费用为904.00元（90 400.00×1%）。

借：银行存款	89 496.00
财务费用	904.00
贷：应收账款	90 400.00

③若甲公司11月27日收到货款，则不发生财务费用。

借：银行存款	90 400.00
贷：应收账款	90 400.00

| 范例解析 |　发生销售折让的收入

2020年9月，甲公司向乙公司销售一批商品，开具的增值税专用发票上注明销售价格为10.00万元，增值税税额为1.30万元，产品成本为7.00万元，款项尚未收到。同年10月，乙公司在验收过程中发现商品质量不合格，要求甲公司在价格上给予5%的折让。发生的销售折让允许扣减当期增值税税额，不考虑其他因素。本例中，甲公司的会计分录如下。

①2020年9月销售商品。

借：应收账款	113 000.00
贷：主营业务收入	100 000.00
应交税费——应交增值税（销项税额）	13 000.00
借：主营业务成本	70 000.00
贷：库存商品	70 000.00

②2020年10月发生销售折让，折让金额为5 650.00元（113 000.00×5%）。

需扣减的主营业务收入=100 000.00×5%=5 000.00（元）

需扣减的增值税销项税额=5 000.00×13%=650.00（元）

借：主营业务收入	5 000.00
应交税费——应交增值税（销项税额）	650.00
贷：应收账款	5 650.00

③甲公司实际收到款项107 350.00元（113 000.00−5 650.00）。

借：银行存款   107 350.00

  贷：应收账款   107 350.00

| 范例解析 | 发生销售退回的收入

甲公司在2020年5月1日向乙公司销售一批商品，开具的增值税专用发票上注明的售价为50 000.00元，增值税税额为6 500.00元，该批商品的成本为28 000.00元。甲公司为及早收回货款，与乙公司约定的现金折扣条件为2/10，1/20，n/30。乙公司在5月10日支付货款。2020年8月5日，乙公司因为商品质量问题退回商品，甲公司当日支付有关退货款。假定计算现金折扣时不考虑增值税。本例中，甲公司的会计分录如下。

①5月1日，销售商品确认收入。

借：应收账款   56 500.00

  贷：主营业务收入   50 000.00

    应交税费——应交增值税（销项税额） 6 500.00

借：主营业务成本   28 000.00

  贷：库存商品   28 000.00

②5月10日，收到货款核算财务费用。

计入财务费用的现金折扣金额=50 000.00×2%=1 000.00（元）

借：银行存款   55 500.00

  财务费用   1 000.00

  贷：应收账款   56 500.00

③8月5日，乙公司退回商品时冲减有关收入、税费和成本费用。

借：主营业务收入   50 000.00

  应交税费——应交增值税（销项税额） 6 500.00

  贷：应收账款   55 500.00

    财务费用   1 000.00

借：库存商品   28 000.00

  贷：主营业务成本   28 000.00

2. 提供劳务收入

提供劳务收入是指纳税人通过提供劳务而取得的收入，一般包括建筑安装、修理修配、仓储服务、咨询经纪和文化体育等。一项劳务的时间有长有短，对于劳务的发生和完成是否在同一会计期间，其会计处理也各不相同，下面我们从这两个方面来详细描述。

（1）劳务的开始和完成同属于一个会计期间

对于一次就能完成的劳务，或在同一会计期间内开始并完成的劳务，应在提供劳务交易并完成时确认收入及相关成本；对于持续一段时间内开始并完成的劳务，企业应在为提供劳务发生相关支出时确认劳务成本，劳务完成时再确认劳务收入，并结转相关劳务成本。

| 范例解析 |　提供劳务收入的核算

甲公司为乙公司提供一项安装服务，属于甲公司的主营业务，于2020年8月开始，8月末完成，合同总价款为10.00万元，实际发生安装成本为6.00万元，均为职工薪酬；若于2020年8月开始，10月10日安装完成。分别处理两种业务，假定以银行存款收讫，暂不考虑税费。

本例中，2020年8月开始业务，8月末结束时的账务处理如下。

借：银行存款　　　　　　　　　　　　　　　　100 000.00
　　贷：主营业务收入　　　　　　　　　　　　　　　100 000.00
借：主营业务成本　　　　　　　　　　　　　　　60 000.00
　　贷：应付职工薪酬　　　　　　　　　　　　　　　60 000.00

若2020年8月开始业务，10月10日才结束，账务处理如下。

①8～10月发生成本。

借：劳务成本　　　　　　　　　　　　　　　　60 000.00
　　贷：应付职工薪酬　　　　　　　　　　　　　　　60 000.00

②完成劳务确认收入。

借：银行存款　　　　　　　　　　　　　　　　100 000.00

　　　　贷：主营业务收入　　　　　　　　　　　　100 000.00

　　借：主营业务成本　　　　　　　　　　60 000.00

　　　　贷：劳务成本　　　　　　　　　　　　　　60 000.00

（2）劳务的开始和完成不属于一个会计期间

如果一项劳务的开始和完成不属于一个会计期间，又可以根据企业在资产负债表日提供劳务交易的结果是否能够可靠估计而采用不同的方法，具体的说明如表 4-3 所示。

表 4-3　劳务的开始与完成不在同一会计期间的处理

分类	方法	内容
能够可靠估计	完工百分比法	本期确认的收入 = 劳务总收入 × 本期末止劳务的完工进度 − 以前期间已确认的收入
		本期确认的费用 = 劳务总成本 × 本期末止劳务的完工进度 − 以前期间已确认的费用
不能可靠估计	预计发生的劳务成本能否得到补偿	已发生的成本完全能够补偿的，按照已发生的劳务成本金额确认提供劳务收入，并按相同金额结转劳务成本
		已发生的成本只有部分得到补偿的，应按照能够得到补偿的劳务成本金额确认收入，并按已经发生的劳务成本结转成本
		已发生的成本完全不能得到补偿的，应当将已经发生的劳务成本计入当期损益，不确认劳务收入

| 范例解析 |　完工百分比法核算劳务收入

2018 年 4 月 1 日，甲公司为乙公司提供一项咨询服务，属于甲公司的主营业务，合同期限为两年，合同收入为 100.00 万元，总成本为 60.00 万元，全部为职工薪酬。2018 年实际发生劳务支出 25.00 万元，预收款项 40.00 万元，2019 年实际发生劳务支出 30.00 万元，预收款项 52.00 万元；2020 年实际发生劳务支出 5.00 万元，预收款项 8.00 万元，采用已提供的劳务量占应提供劳务量的百分比法确认收入，编制 2018 年～2020 年的会计分录。

①本例中，2018 年的会计分录如下。

　　借：劳务成本　　　　　　　　　　　　　　　250 000.00

贷：应付职工薪酬	250 000.00
借：银行存款	400 000.00
贷：预收账款	400 000.00

2018年应确认的收入=100.00×9÷24=37.50（万元）

2018年应确认的成本=60.00×9÷24=22.50（万元）

借：预收账款	375 000.00
贷：主营业务收入	375 000.00
借：主营业务成本	225 000.00
贷：劳务成本	225 000.00

②2019年的会计分录如下。

借：劳务成本	300 000.00
贷：应付职工薪酬	300 000.00
借：银行存款	520 000.00
贷：预收账款	520 000.00

2019年应确认的收入=100.00×（12+9）÷24-37.50=50.00（万元）

2019年应确认的成本=60.00×（12+9）÷24-22.50=30.00（万元）

借：预收账款	500 000.00
贷：主营业务收入	500 000.00
借：主营业务成本	300 000.00
贷：劳务成本	300 000.00

③2020年的会计分录如下。

借：劳务成本	50 000.00
贷：应付职工薪酬	50 000.00
借：银行存款	80 000.00
贷：预收账款	80 000.00

2020年应确认的收入=100.00-37.50-50.00=12.50（万元）

2020年应确认的成本=60.00-22.50-30.00=7.50（万元）

借：预收账款　　　　　　　　　　　　　　125 000.00

　　贷：主营业务收入　　　　　　　　　　　　　　125 000.00

借：主营业务成本　　　　　　　　　　　　　75 000.00

　　贷：劳务成本　　　　　　　　　　　　　　　　75 000.00

3. 让渡资产使用权收入

让渡资产使用权收入包括利息收入和使用费收入，其中使用费收入主要指让渡无形资产等资产使用权的使用费收入、出租固定资产取得的租金、进行债权投资收取的利息以及进行股权投资取得的现金股利等。本节主要介绍让渡无形资产等资产使用权的使用费收入的核算。

如果合同或协议规定一次性收取使用费，且不提供后续服务，应视同销售该项资产，一次性确认收入；提供后续服务的，应在合同或协议规定的有效期内分期确认收入；如果合同或协议规定分期收取使用费的，应按合同或协议规定的收款时间和金额或规定的收费方法计算确定的金额分期确认收入。

企业通过设置"其他业务收入"科目来核算让渡资产使用权的使用费收入，"其他业务成本"科目核算让渡资产所有权计提的摊销额等。

| 范例解析 |　核算让渡资产使用权收入

甲公司转让某专利权给乙公司，专利权的原值为500.00万元，预计折旧年限为10年，预计净残值为0，每年年末收取使用费50.00万元，通过银行存款收取款项，假定不考虑相关税费。本例中，会计分录如下。

①每年末收取使用费。

借：银行存款　　　　　　　　　　　　　　　500 000.00

　　贷：其他业务收入　　　　　　　　　　　　　　500 000.00

②计提专利权摊销额，每年摊销50.00万元（500.00÷10）。

借：其他业务成本　　　　　　　　　　　　　500 000.00

　　贷：累计摊销　　　　　　　　　　　　　　　　500 000.00

4. 政府补助收入

政府补助收入是指非营利组织接受政府拨款或者政府机构给予补助而取得的收入，企业可以无偿取得货币性或非货币性资产，但不包括政府作为企业所有者投入的资本。政府补助具有如表 4-4 所示的特征。

表 4-4　政府补助的特征

条目	特征
1	政府补助是无偿的，政府不享有企业的所有权，企业未来也不需要偿还
2	政府补助通常是附有条件的，主要包括政策条件和使用条件
3	政府补助不包括政府的资本性投入

◆　与资产相关的政府补助

与资产相关的政府补助是指企业取得的、用于构建或以其他方式形成长期资产的政府补助。企业取得与资产相关的政府补助应当确认为递延收益，然后从相关资产可供使用时起，在该项资产使用寿命内平均分配，计入当期营业外收入。

| 范例解析 |　核算与资产相关的政府补助

甲公司准备购买大型科研设备，政府拨付给甲公司100.00万元。本例中，甲公司的会计分录如下。

借：银行存款　　　　　　　　　　　　　1 000 000.00

　　贷：递延收益　　　　　　　　　　　　　1 000 000.00

◆　与收益相关的政府补助

与收益相关的政府补助，用于补偿企业以后期间费用或损失的，在取得时先确认为递延收益，然后在确认相关费用的期间计入当期营业外收入；用于补偿企业已发生费用或损失的，在取得时就直接计入当期营业外收入。

| 范例解析 |　核算与收益相关的政府补助

甲公司生产一种产品，按照国家相关规定，该企业的这种产品适用增值税先征后返政策，具体按实际缴纳增值税税额返还70%。2020年10月，该企业实际缴

纳增值税税额50.00万元。2020年11月，该企业实际收到返还的增值税税额35.00万元。本例中，暂不考虑其他税费的处理，甲公司的会计分录如下。

借：银行存款　　　　　　　　　　　　　　350 000.00
　　贷：营业外收入　　　　　　　　　　　　350 000.00

4.2.3　利润的账务处理

利润是指企业在一定会计期间的经营成果，本质是企业盈利的表现。利润包括收入减去费用后的净额、直接计入当期利润的利得和损失等。企业在核算时一般会涉及营业利润、营业外收支、所得税费用和本年利润等相关内容，下面分别了解这几个方面。

1. 营业利润

经营中常见的就是营业利润，它是指企业从事生产经营活动取得的利润，是企业利润的主要来源。常涉及以下几个公式。

营业收入=主营业务收入+其他业务收入

营业成本=主营业务成本+其他业务成本

营业利润=营业收入-营业成本-税金及附加-销售费用-管理费用-财务费用-资产减值损失-信用减值损失+公允价值变动收益（-公允价值变动损失）+投资收益（-投资损失）+资产处置收益（-资产处置损失）+其他收益

营业利润率=营业利润÷营业收入×100%

| 范例解析 |　计算营业利润

A企业是一家制造业企业，2020年10月主营业务收入为20.00万元，其他业务收入为5.00万元，主营业务成本为12.00万元，管理费用为3.00万元，投资收益为3.00万元。假定不考虑其他因素，计算A企业2020年10月的营业利润和营业利润率。

A企业10月营业收入=20.00+5.00=25.00（万元）

A企业10月营业利润=20.00+5.00−12.00−3.00+3.00=13.00（万元）

A企业10月营业利润率=13.00÷25.00×100%=52%

2. 营业外收支

企业在经营活动中，除了日常经营会发生收入和支出外，还会涉及和经营无直接关系的收益和支出，称为营业外收支，它是企业财务成果的组成部分。

（1）营业外收入

营业外收入是指企业发生的与其日常活动无直接关系的各项利得。营业外收入包含如表4-5所示的内容。

表4-5 营业外收入的内容

内容	说明
非流动资产处置利得	包括固定资产处置利得和无形资产处置利得。处置利得＝取得价款−账面价值−相关税费
政府补助	指企业从政府无偿取得货币性资产或非货币性资产形成的利得
盘盈利得	指企业清查盘点现金等资产时发生盘盈，经批准后计入营业外收入的金额
捐赠利得	指企业接受捐赠产生的利得

| 范例解析 | 营业外收入的核算

甲公司在2020年9月现金清查中盘盈现金150.00元，经批准后转入营业外收入。本例中，甲公司在批准前和批准后分别应编制的会计分录如下。

①批准前。

借：库存现金　　　　　　　　　　　　　　　　150.00

　　贷：待处理财产损溢　　　　　　　　　　　　　150.00

②批准后。

借：待处理财产损溢　　　　　　　　　　　　　150.00

　　贷：营业外收入　　　　　　　　　　　　　　　150.00

（2）营业外支出

营业外支出是指企业发生的与其日常活动无直接关系的各项损失。营业外支出包含如表 4-6 所示的内容。

表 4-6　营业外支出的内容

内容	说明
非流动资产处置损失	包括固定资产处置损失和无形资产处置损失
公益性捐赠支出	指企业对外进行公益性捐赠发生的支出
盘亏损失	指在对财产清查盘点中盘亏的资产，查明原因报经批准后计入营业外支出的损失
非常损失	指企业对于因客观因素造成的损失，扣除保险公司或责任人赔偿等后计入营业外支出的净损失
罚款支出	指行政罚款、税务罚款及其他违反法律法规、合同协议等而支付的罚款、赔偿金等支出

| 范例解析 |　营业外支出的核算

甲公司在 2020 年 10 月出售一项专利技术，取得价款为 25.00 万元，原价为 50.00 万元，出售时已累计摊销 20.00 万元，假定不考虑其他因素，出售时应如何处理呢？相关的会计分录如下。

处置损益 = 25.00 - (50.00 - 20.00) = -5.00（万元）

借：银行存款　　　　　　　　　　　　　　250 000.00

　　累计摊销　　　　　　　　　　　　　　200 000.00

　　营业外支出　　　　　　　　　　　　　 50 000.00

　　贷：无形资产　　　　　　　　　　　　　　　　500 000.00

3. 所得税费用

所得税费用是指企业获得经营利润应缴纳的所得税，是当期应交所得税和递延所得税之和。所得税费用涉及如下公式。

应纳税所得额 = 税前会计利润（利润总额）+ 纳税调整增加额 - 纳税调整减少额

当期应交所得税 = 应纳税所得额 × 所得税税率

所得税费用=当期应交所得税+递延所得税

递延所得税=（递延所得税负债的期末余额–递延所得税负债的期初余额）–（递延所得税资产的期末余额–递延所得税资产的期初余额）

其中，纳税调整增加额主要包括税法规定允许扣除项目中企业已计入当期费用但超过税法规定扣除标准的金额（如超过税法规定标准的职工福利费、工会经费和职工教育经费等），以及企业已计入当期损失但税法规定不允许扣除项目的金额（如税收滞纳金、罚金和罚款等）。

企业应通过设置"所得税费用"科目，核算企业所得税费用的确认及结转情况，期末将"所得税费用"科目的余额转入"本年利润"科目，借记"本年利润"科目，贷记"所得税费用"科目，结转后本科目期末无余额。

| 范例解析 | 计算应交所得税

甲公司2020年的税前会计利润为150.00万元，全年工资为100.00万元，发生的职工福利费为20.00万元，工会会费为1.80万元，职工教育经费为2.80万元。当年有2.00万元的罚款支出。税法规定，企业发生的合理工资、薪金总额准予据实扣除，企业发生的职工福利费支出，不超过工资、薪金总额14%的部分准予扣除；工会经费不超过工资、薪金总额2%的部分准予扣除，职工教育经费不超过工资、薪金总额8%的部分予以扣除。当年所得税税率为25%。相关账务处理如下。

当年职工福利费最多应扣除额=100.00×14%=14.00（万元）

当年工会经费最多应扣除额=100.00×2%=2.00（万元）

当年职工教育经费最多应扣除额=100.00×8%=8.00（万元）

当年纳税调整数=（20.00–14.00）+2.00=8.00（万元）

当年应纳所得额=150.00+8.00=158.00（万元）

当年应交所得税额=158.00×25%=39.50（万元）

借：所得税费用　　　　　　　　　　　　　　　　395 000.00

　　贷：应交税费——应交企业所得税　　　　　　　　　　395 000.00

| 范例解析 |　所得税费用的处理

接上例，当期应交企业所得税为39.50万元，递延所得税负债年初数为10.00万元，年末数为15.00万元，递延所得税资产年初数为9.00万元，年末数为6.00万元。

递延所得税负债发生额=15.00−10.00=5.00（万元）

递延所得税资产发生额=6.00−9.00=−3.00（万元）

递延所得税费用=5.00+3.00=8.00（万元）

所得税费用=当期所得税+递延所得税费用=39.50+8.00=47.50（万元）

借：所得税费用　　　　　　　　　　　　475 000.00

　　贷：应交税费——应交企业所得税　　　　　395 000.00

　　　　递延所得税负债　　　　　　　　　　　50 000.00

　　　　递延所得税资产　　　　　　　　　　　30 000.00

4. 本年利润

本年利润是指企业某个会计年度的净利润或净亏损，它是由企业的各项利润组成内容计算确定的。本年利润是一个汇总类账户，其贷方登记企业当期实现的各项收入，包括主营业务收入、其他业务收入、投资收益和营业外收入等；借方登记企业当期发生的各项费用与支出，包括主营业务成本、税金及附加、其他业务成本和管理费用等。

会计期末，需要结转本年利润，一般分为表结法和账结法两种。表结法下，各损益类科目每月月末只需结出本月发生额和月末累计余额，只有在年末时才将全年累计余额结转至"本年利润"科目；而账结法下，每月月末均需要编制转账凭证，将在账上结出的各损益类科目的余额结转至"本年利润"科目，结转后"本年利润"科目若为贷方余额，表示当年实现净利润。若为借方余额，表示当年发生的净亏损。年度终了，企业还应将"本年利润"科目的本年累计余额转入"利润分配——未分配利润"科目，若为贷方余额，则转入"利润分配——未分配利润"科目的贷方。若为借方余额，则做相反的会计分录。结转后，"本年利润"科目应无余额。

| 4.3 |
所有者权益的核算

　　所有者权益是指企业资产扣除负债后，由所有者享有的剩余权益。企业的所有者权益也可称为股东权益，权益是所有者对企业资产的剩余索取权，既可以反映所有者投入资本的保值增值情况，又体现了保护债权人权益的理念。所有者权益具有如下所示的特征。

◆ 所有者权益在企业经营期内可供企业长期、持续地使用，企业不必向投资人返还资本金。

◆ 企业的所有者凭其对企业投入的资本，享受税后分配利润的权利。

◆ 企业的所有者有权行使企业经营管理权，或授权管理人员行使经营管理权。

◆ 企业的所有者对企业的债务和亏损负有无限的责任或有限的责任。

　　所有者权益包括投入资本、资本公积和留存收益三大类，下面我们结合实际的案例分别了解。

4.3.1　关于实收资本的账务处理

　　实收资本是指投资人按照企业章程或合同、协议的约定，实际投入到企业中的各种资产的价值，一般无需偿还，可以长期周转使用，是企业注册登记的法定资本总额的来源，它表明所有者对企业的基本产权关系。

1. 接受投资

　　企业可以接受投资者以现金或非现金形式的投资，如表4-7所示。通过设置"实收资本"科目来核算企业接受的投资，增加时计入该科目贷方。

表4-7　企业接受投资的形式

形式	说明
投资者以货币投资	投资者直接以现金或现金等价物的方式投资，并享有企业相应的权利
投资者以非货币投资	投资者除了用货币投资外，还可以用存货、固定资产和无形资产等非货币性资产投资，应按投资合同或协议约定价值确定资产价值，如果合同或协议没有约定的，则按其公允价值确定投资金额

| 范例解析 |　企业接受投资的账务处理

甲公司是由A、B、C这3位股东投资成立的公司，其中A以银行存款投入30.00万元，B以一间房屋投资作为办公地点，C以其一项专利权作为投资。合同约定，B出资的房屋公允价值为50.00万元，C出资的专利权约定价款为40.00万元，按各自出资比例享有权利。本例中，甲公司的会计分录如下。

借：银行存款　　　　　　　　　　　　　　　　　300 000.00
　　固定资产　　　　　　　　　　　　　　　　　500 000.00
　　无形资产　　　　　　　　　　　　　　　　　400 000.00
　　贷：实收资本——A　　　　　　　　　　　　　　　300 000.00
　　　　实收资本——B　　　　　　　　　　　　　　　500 000.00
　　　　实收资本——C　　　　　　　　　　　　　　　400 000.00

2. 实收资本变动

企业在经营过程中，由于扩大经营或经营不善等原因，企业的实收资本可能发生增加或减少。

（1）增加实收资本

企业经营状况良好，为了扩大经营，接受投资者追加投资，或者由资本公积和盈余公积转增资本。

| 范例解析 |　股东追加投资的核算

甲公司是由A、B、C这3位股东投资成立的公司，注册资本为120.00万元，A、B、C持股比例分别为30%、45%和25%。甲公司为扩大经营，股东决定按持股比例再追加投资共80.00万元。股东A、B、C分别再追加投资24.00万元、36.00万元和20.00万元，均以银行存款投资。本例中，甲公司的会计分录如下。

借：银行存款　　　　　　　　　　　　　　　800 000.00
　　贷：实收资本——A　　　　　　　　　　　　　　240 000.00
　　　　实收资本——B　　　　　　　　　　　　　　360 000.00
　　　　实收资本——C　　　　　　　　　　　　　　200 000.00

（2）实收资本的减少

企业减少实收资本应按照法定程序报经批准。股份有限公司采用收购本公司股票方式减少投资的，按股票面值和注销股数计算的股票面值总额冲减股本，按注销库存股的账面余额与所冲减股本的差额冲减股本溢价，股本溢价不足冲减的，再冲减盈余公积和未分配利润。

| 范例解析 |　股东减少投资的核算

2019年12月31日甲公司股东权益的股本为300.00万元（面值为1.00元），资本公积为90.00万元，盈余公积为75.00万元，未分配利润为0元，经董事会批准回购本公司股票并注销。2020年3月7日，以每股2.00元的价格回购本公司股票30.00万股，2020年5月1日，注销本公司回购的股票。本例中，甲公司的会计分录如下。

①2020年3月7日，回购本公司股票。

借：库存股　　　　　　　　　　　　　　　　600 000.00
　　贷：银行存款　　　　　　　　　　　　　　　　600 000.00

②2020年5月1日，注销本公司回购的股票。

注销股本＝1×300 000.00＝300 000.00（元）

借：股本　　　　　　　　　　　　　　　　　300 000.00
　　资本公积　　　　　　　　　　　　　　　　300 000.00
　　贷：库存股　　　　　　　　　　　　　　　　600 000.00

4.3.2　资本公积的核算

资本公积是企业收到投资者出资额超过其注册资本中所占份额的部分，以及直接计入所有者权益的利得和损失等。资本公积可以分为资本溢价（或股本溢价）和其他资本公积，具体通过例题来了解一下。

| 范例解析 |　资本溢价的核算

甲公司由A、B两位股东共同投资100.00万元成立，每人各出资50.00万元。一年后，为扩大经营规模，经批准，A公司注册资本增加到200.00万元，按照协议约定，A、B各再投资55.00万元。均以银行存款支付。本例中，增加投资后的会计分录如下。

注册资本增加100.00万元（200.00-100.00），多出的10.00万元投资额计入资本公积。

借：银行存款　　　　　　　　　　　　　　　　1 100 000.00
　　贷：实收资本——A　　　　　　　　　　　　　500 000.00
　　　　实收资本——B　　　　　　　　　　　　　500 000.00
　　　　资本公积——资本溢价　　　　　　　　　　100 000.00

| 范例解析 |　股本溢价的核算

甲股份有限公司委托乙证券公司发行普通股，股票面值总额为100.00万元，发行总额为400.00万元，发行费为8.00万元。股票发行净额收入全部以银行存款收讫。本例中，甲公司的会计分录如下。

股本溢价金额=400.00-8.00-100.00=292.00（万元）

借：银行存款　　　　　　　　　　　　　　　　3 920 000.00
　　贷：股本　　　　　　　　　　　　　　　　　1 000 000.00
　　　　资本公积——股本溢价　　　　　　　　　2 920 000.00

| 范例解析 |　其他资本公积的核算

甲公司对乙公司投资，享有乙公司20%的股份，具有重大影响，采用权益法核算长期股权投资，如果2020年乙公司除净损益之外的所有者权益增加了100.00万元，则甲怎样进行账务处理呢？本例中，甲公司的会计分录如下。

借：长期股权投资——其他权益变动　　　　　　200 000.00
　　贷：资本公积——其他资本公积　　　　　　　200 000.00

4.3.3 盈余公积的提取与用途

盈余公积是指企业按照有关规定从净利润中提取的积累资金。公司制企业的盈余公积包括法定盈余公积和任意盈余公积，法定盈余公积是指企业按照相关法律规定的比例从净利润中提取的盈余公积，任意盈余公积是指企业按照股东会或股东大会决议比例提取的盈余公积。企业提取的盈余公积可用于弥补亏损及扩大生产经营、转增资本等。

| 范例解析 | 盈余公积的账务处理

甲公司2020年实现净利润100.00万元，按10%提取法定盈余公积。累计盈余公积金额为30.00万元，经公司决定，用盈余公积弥补2019年的亏损10.00万元，同时转增资本10.00万元。本例中，甲公司的会计分录如下。

①提取法定盈余公积。

借：利润分配——提取法定盈余公积   100 000.00
  贷：盈余公积   100 000.00

②用盈余公积弥补2019年亏损。

借：盈余公积   100 000.00
  贷：利润分配——盈余公积补亏   100 000.00

③用盈余公积转增资本。

借：盈余公积   100 000.00
  贷：实收资本   100 000.00

4.3.4 未分配利润的核算

未分配利润是指企业实现的净利润经过弥补亏损、提取盈余公积和向投资者分配利润后留存在企业的、历年结存的利润。相对于所有者权益的其他部分，企业对于未分配利润的使用有较大的自主权，其所涉及的公式如下。

可供分配的利润=年初未分配利润（-年初未弥补亏损）+当年实现的净利润+其他转入

| 范例解析 | 计算未分配利润

甲公司2020年1月1日实收资本200.00万元，资本公积10.00万元，盈余公积30.00万元，未分配利润50.00万元。2020年度实现利润为100.00万元，企业所得税税率为25%，假定不存在其他纳税调整事项及其他因素，计算甲公司2020年的可分配利润。

2020年甲公司净利润=100.00×（1−25%）=75.00（万元）

2020年可分配利润=50.00+75.00=125.00（万元）

| 4.4 |
产品成本的账务处理

在这一章前面我们了解了费用是属于广义的产品成本，这一节我们一起来学习狭义的产品成本，它是指企业在生产环节为生产和管理而发生的各种耗费，主要有原材料、燃料和动力，生产工人工资和各项制造费用。

4.4.1 生产业务核算的主要内容和账户设置

成本管理的一个重要环节就是要加强对生产费用的审核和成本核算的控制。并不是企业发生的所有费用支出都属于产品的生产成本，为了正确核算产品的生产成本，我们必须正确区分各项费用，具体内容如下。

◆ 正确区分资本支出和收益支出。

◆ 正确区分产品生产费用支出与期间费用支出。

◆ 正确划清各月份的费用界限。

◆ 正确划清各种产品的费用界限。

◆ 正确区分完工产品和在产品的成本。

（1）产品成本项目

产品成本项目一般是指计入产品的费用按经济用途划分的项目，是对产品成本构成内容所作的分类，可以反映产品成本的构成情况，满足成本管理的目的和要求，有利于了解企业生产费用的经济用途，便于企业分析和考核产品成本计划的执行情况。产品成本项目具体可分为如下所示的几部分。

◆ 直接材料：是指企业在生产产品和提供劳务过程中消耗的直接用于产品生产并构成产品实体的原料、主要原料、外购半成品以及有助于产品形成的辅助材料等。

◆ 直接人工：是指企业在生产产品和提供劳务过程中直接参加产品生产的工人工资以及其他各种形式的职工薪酬。

◆ 燃料及动力：是指企业直接用于产品生产的外购和自制的燃料及动力。

◆ 制造费用：是指企业为生产产品和提供劳务而发生的各项间接成本，包括生产车间管理人员的工资等职工薪酬、折旧费和办公费等，如果企业不设置"燃料及动力"成本项目，则外购的动力计入制造费用。

（2）成本费用总分类账户

企业在核算过程中，为了按照经济用途归集生产费用，划清有关成本的界限，正确计算产品成本，可以根据企业自身情况设置总分类账户，一般可以设置"生产成本""辅助生产成本"和"制造费用"等科目核算一般的成本业务，必要时还可以增设"待摊费用"和"预提费用"等科目。如表4-8所示的是这些总分类账户的记账说明。

表4-8　成本费用的总分类账户

总分类账户	记账说明
生产成本	企业设置"生产成本"账户是为了归集核算企业基本生产车间发生的各项费用和计算基本生产产品成本。借方登记为生产产品而发生的直接材料、直接人工、其他直接支出及制造费用；贷方登记验收入库的完工产品成本；借方余额为基本生产的在产品成本。该账户下可以按产品品种、步骤和类别设置明细账户
辅助生产成本	"辅助生产成本"账户是为了归集和核算辅助生产车间发生的各项生产费用和计算辅助生产提供的产品、劳务成本。该账户借方登记辅助生产车间发生的各项生产费用；贷方登记辅助生产完工产品或劳务成本；借方余额反映辅助生产在产品成本及尚未转出的劳务成本。该账户下按辅助生产车间设置明细账户

续表

总分类账户	记账说明
制造费用	"制造费用"账户是为了归集和分配基本生产车间为组织和管理生产活动而发生的各项费用。该账户借方登记发生的各项制造费用；贷方登记分配转出的制造费用；除季节性企业外，该账户月末无余额。该账户下按车间设置明细账户
待摊费用	"待摊费用"账户用于核算已经支付但应分期摊销计入各月产品成本的费用。该账户借方登记已发生的待摊费用；贷方登记按月摊销并计入各项产品成本的费用；借方余额为尚未摊销的待摊费用。该账户下按费用种类设置明细账户
预提费用	"预提费用"账户用于核算尚未支付但应计入本期产品而预先提取的费用。该账户贷方登记预提的费用，借方登记已预提的费用，余额一般在贷方，反映已预提而尚未支付的费用。该账户下按费用种类设置明细账户

4.4.2　生产成本的归集与分配处理

基本生产车间发生的各项成本最终都要计入产品生产成本，包括料、工、费。不同的企业，由于生产的工艺过程、生产组织以及成本管理要求不同，成本计算的方法也不一样。不同成本计算方法的区别主要表现为：一是成本计算对象不同，二是成本计算期不同，三是生产费用在产成品和半成品之间的分配情况不同。常用的成本计算方法主要有品种法、分批法和分步法，具体特点和适用范围如表4-9所示。

表 4-9　3 种成本计算方法介绍

方法	特点	适用范围
品种法	是以产品品种作为成本计算对象来归集生产费用、计算产品成本的一种方法，该方法计算过程比较简单	主要适用于大批量、单步骤生产的企业，如发电、采掘等，或者虽属于多步骤生产，但不要求计算半成品成本的小型企业，如水泥、制砖等
分批法	也称订单法，是以产品的批次或订单作为成本计算对象来归集生产费用、计算产品成本的一种方法	主要适用于单件和小批的多步骤生产，如重型机床、精密仪器和专用设备等
分步法	是按产品的生产步骤归集生产费用、计算产品成本的一种方法	适用于大量或大批的多步骤生产，如机械、纺织和造纸等

1. 直接材料成本的核算

基本生产车间发生的直接用于产品生产的材料成本，包括直接用于产品生产的燃料和动力成本，应专门设置"直接材料"成本项目。领用的材料若能区分，则直接计入"直接材料"明细科目；若不能区分材料的价值，则先进行分配再计入"直接材料"明细科目。在消耗定额比较稳定、准确的情况下，通常采用材料定额消耗量比例或材料定额成本比例进行分配，计算公式如下。

分配率=材料实际总消耗量÷各种产品材料定额消耗量之和

某种产品应分配的成本=该种产品的材料定额消耗量×分配率

| 范例解析 |　直接材料成本的分配

甲公司准备生产A产品1 000件，B产品800件，甲公司从其基本生产车间领用生产A、B用的原材料共1 000千克，单价为10.00元，材料成本合计为10 000.00元。2020年8月，甲公司生产一件A产品消耗原材料12千克，一件B产品消耗原材料10千克。计算原材料分配给产品A、B的成本并进行会计处理。

甲公司8月共发生原材料成本10 000.00元，生产A、B产品分别1 000件和800件。

分配率=10 000.00÷（1 000×12+800×10）=0.5

A产品应分配原材料成本=1 000×12×0.5=6 000.00（元）

B产品应分配原材料成本=800×10×0.5=4 000.00（元）

甲公司应编制如下会计分录。

借：生产成本——直接材料——A产品　　　　　6 000.00

　　　　　　　　　　　　——B产品　　　　　4 000.00

　　贷：原材料　　　　　　　　　　　　　　　　　　10 000.00

2. 直接人工成本的核算

直接人工成本核算的是直接进行产品生产的生产工人工资、福利费等职工薪酬。如果一个生产车间同时生产几种产品，则其发生的直接人工成本应采用一定的方法分配计入各产品的成本中。由于工资形成的方式不同，直接人工的分配方法也不同，可以分为按计时工资分配和按计件工资分配法。

◆ 计时工资分配法

计时工资一般是依据生产工人出勤记录和月标准工资计算，因而不能反映生产工人工资的用途，以产品生产耗用的生产工时为分配标准，其计算公式如下。

直接人工成本分配率=本期发生的直接人工成本÷各产品耗用的实际工时之和

某产品应负担的直接人工成本=该产品耗用的实际工时数×直接人工成本分配率

| 范例解析 | 直接人工成本的分配

甲公司的一车间员工可以生产A、B两种产品，2020年11月共发生人工费为50 000.00元，其中生产A产品共耗用10 000小时，生产B产品耗用15 000小时，计算应分配给A、B产品的人工成本并进行会计处理。

甲公司在11月共发生的人工费为50 000.00元，生产A、B产品耗时分别为10 000小时和15 000小时。

直接人工成本分配率=50 000.00÷（10 000+15 000）=2

A产品应分配的直接人工成本=10 000×2=20 000.00（元）

B产品应分配的直接人工成本=15 000×2=30 000.00（元）

借：生产成本——直接人工——A产品　　　　　　20 000.00

　　　　　　　　　　——B产品　　　　　　30 000.00

　　贷：原材料　　　　　　　　　　　　　　　　　50 000.00

◆ 计件工资分配法

计件工资下，直接人工成本的分配可根据产量和每件人工费率，区分产品进行汇总，计算出每种产品应负担的直接人工成本。为了按工资的用途和发生地点归集并分配工资，月末应区分生产部门根据工资结算单和有关的生产工时记录编制"工资成本分配表"，再根据分配表登记总账和有关明细账。

3. 辅助生产成本的核算

辅助生产成本是指为基本生产服务而进行的产品生产和劳务供应。辅助生产有的只生产一种产品或提供一种劳务，如供电、供气和运输等辅助生产，有的则生产多种产品或提供多种劳务，如从事工具、模型、备件的制造以及机器设备的修理等辅助生产。

辅助生产提供的产品和劳务，主要是为基本生产车间和管理部门服务的，但在某些辅助生产车间之间也有相互提供产品和劳务的情况，这样就存在一个辅助生产成本在各辅助生产车间交互分配的问题。辅助生产成本的分配，应通过"辅助生产成本分配表"进行。分配辅助生产成本常用的方法有直接分配法和交互分配法。

（1）直接分配法

采用直接分配法，不考虑辅助生产车间内部相互提供的劳务量，即不经过辅助生产成本的交互分配，直接将各辅助生产车间发生的成本分配给辅助生产以外的各个受益单位或产品，分配计算公式如下。

辅助生产的单位成本=辅助生产成本总额÷辅助生产的产品或劳务总量

各受益部门应分配的成本=辅助生产的单位成本×该部门的耗用量

| 范例解析 | 直接分配法核算辅助生产成本

甲公司设有供水、供电两个辅助生产车间，2020年9月，供电车间的供电量情况为：供水车间3 000度，生产车间9 000度，管理部门7 000度，本月产生费用共10 000.00元；供水车间的供水量情况为：供电车间4 000立方米，生产车间15 000立方米，管理部门5 000立方米，本月共产生费用18 000.00元。用直接分配法计算各受益部门应分摊的辅助生产成本并做会计处理。

甲公司2020年9月供电车间和供水车间分别产生费用10 000.00元和18 000.00元。

供电车间的受益部门总用电量=9 000+7 000=16 000（度）

供水车间的受益部门总用水量=15 000+5 000=20 000（立方米）

供电车间的分配率=10 000.00÷16 000=0.625

供水车间的分配率=18 000.00÷20 000=0.9

生产车间应分摊的辅助生产成本=9 000×0.625+15 000×0.9=19 125.00（元）

管理部门应分摊的辅助生产成本=7 000×0.625+5 000×0.9=8 875.00（元）

借：制造费用——生产车间　　　　　　　　　19 125.00

　　管理费用　　　　　　　　　　　　　　　8 875.00

　　　贷：辅助生产成本——供电车间　　　　　　　10 000.00

　　　　　　　　　　　——供水车间　　　　　　　18 000.00

（2）交互分配法

采用交互分配法分配辅助生产成本，应先根据各辅助生产车间内部相互供应的数量和交互分配前的成本分配率，进行一次交互分配，再将各辅助生产车间交互分配后的实际成本，按对外提供的劳务数量，在辅助生产以外的各个受益单位或产品之前进行分配。

| 范例解析 |　交互分配法核算辅助生产成本

接上例，所有生产情况不变，用交互分配法计算各受益部门应分摊的辅助生产成本并做会计处理。

甲公司2020年9月供电车间和供水车间分别产生费用10 000.00元和18 000.00元。

供电车间总用电量=3 000+9 000+7 000=19 000（度）

供水车间总用水量=4 000+15 000+5 000=24 000（立方米）

供电车间的分配率=10 000÷19 000=0.526

供水车间的分配率=18 000÷24 000=0.75

①下面进行两个辅助部门之间的交互分配，即对内分配。

供电车间应分配给供水车间的电费=3 000×0.526=1 578.00（元）

供水车间应分配给供电车间的水费=4 000×0.75=3 000.00（元）

②辅助生产部门相互分配后，计算交互分配后的实际应分配费用。

供电部门实际费用=10 000.00+3 000.00-1 578.00=11 422.00（元）

供水部门实际费用=18 000.00+1 578.00−3 000.00=16 578.00（元）

③根据直接分配法对外进行分配，计算出各个受益部门应分摊的费用。

9月供电车间和供水车间实际应分摊的费用分别为11 422.00元和16 578.00元。

供电车间的受益部门总用电量=9 000+7 000=16 000（度）

供水车间的受益部门总用水量=15 000+5 000=20 000（立方米）

供电车间的分配率=11 422÷16 000=0.7139

供水车间的分配率=16 578÷20 000=0.8289

生产车间应分摊的辅助生产成本=9 000×0.7139+15 000×0.8289≈18 859.00（元）

管理部门应分摊的辅助生产成本=7 000×0.7139+5 000×0.8289≈9 141.00（元）

借：制造费用——生产车间   18 859.00

  管理费用   9 141.00

  贷：辅助生产成本——供电车间   10 000.00

      ——供水车间   18 000.00

4.4.3　制造费用的归集与分配处理

制造费用指企业为生产产品和提供劳务而发生的各项间接费用，包括生产车间发生的机物料消耗、管理人员工资和福利费等职工薪酬、折旧费、办公费及水电费等。制造费用属于应计入产品成本但不专设成本项目的成本。

制造费用归集和分配应通过"制造费用"科目进行，该科目应根据有关凭证和成本分配表登记。如果一个车间生产多种产品，要采用合理的分配方法将制造费用分配计入各种产品成本。企业应根据制造费用的性质、产品的性质以及生产方式，结合自身的实际情况对正常生产活动发生的制造费用选择合适的分配方法，如生产工人工时比例法、生产工人工资比例法、机器工时比例法、耗用原材料的数量或成本比例法、直接成本比例法和产品产量比例法。方法一经确定不得随意变更，如需变更，应在财务报告附注中予以说明。

◆ 生产工人工时比例法

企业采用生产工人工时比例法是指按照各种产品耗用生产工人实际工时数的比例分配制造费用，计算公式如下。

制造费用分配率=制造费用总额÷车间生产工人实际工时总数

某产品应负担的制造费用=该产品的生产工人实际工时数×制造费用分配率

◆ 生产工人工资比例法

企业采用生产工人工资比例法是指按照各种产品耗用生产工人实际工资的比例分配制造费用。由于工资成本分配表可以直接提供生产工人工资数据，因此，采用这种分配方法时核算工作比较简便，计算公式如下。

制造费用分配率=制造费用总额÷车间生产工人实际工资总额

某产品应负担的制造费用=该产品的生产工人实际工资数×制造费用分配率

◆ 机器工时比例法

企业采用机器工时比例法是指按照生产各种产品所耗用机器设备运转时间的比例分配。这种方法适用于产品生产机械化程度较高的车间，采用这种方法必须具备各种产品所用机器工时的原始记录，计算公式如下。

制造费用分配率=制造费用总额÷机器运转总时数

某产品应负担的制造费用=该产品的实际机器工时数×制造费用分配率

◆ 耗用原材料的数量或成本比例法

耗用原材料的数量或成本比例法是指企业按照各种产品耗用的原料数量或成本的比例分配制造费用的方法，计算公式如下。

制造费用分配率=制造费用总额÷耗用原材料的数量总额

某产品应负担的制造费用=该产品的实际原材料耗用数×制造费用分配率

◆ 直接成本比例法

直接成本比例法是指企业按照计入各种产品的直接成本的比例分配制造费用的方法，计算公式如下。

制造费用分配率=制造费用总额÷各种产品的直接成本总额

某产品应负担的制造费用=该产品的实际直接成本数×制造费用分配率

◆ 产成品产量比例法

产成品产量比例法是指企业按各种产品的实际产量的比例分配制造费用的方法，其中某种产品的标准产量是通过将该产品的实际产量乘以换算标准产量的系数而求得的，计算公式如下。

制造费用分配率=制造费用总额÷各种产品的实际产量总数

某产品应负担的制造费用=该产品的实际产量数×制造费用分配率

| 范例解析 | 分配制造费用

甲公司为工业企业，设有一个生产车间专门生产A、B两种产品，该车间在2020年10月共发生制造费用20 000.00元，甲公司采用工时比例法分配制造费用，其中A产品生产工时为1 500小时，B产品生产工时为2 500小时，计算A、B分别应分配的制造费用并进行账务处理。

制造费用分配率=20 000.00÷（1 500+2 500）=5

A产品应分配的制造费用=1 500×5=7 500.00（元）

B产品应分配的制造费用=2 500×5=12 500.00（元）

借：生产成本——A产品　　　　　　　　　　7 500.00

　　　　　　——B产品　　　　　　　　　　12 500.00

　　贷：制造费用　　　　　　　　　　　　　　20 000.00

4.4.4　生产成本在完工产品和在产品之间的分配

什么是在产品呢？在产品是指没有完成全部生产过程、不能作为商品销售的产品，包括在车间加工中的在产品和已经完成一个或几个生产步骤但还需要继续加工的半成品两类，不包括对外销售的自制半成品。

前面几节讲述了各项生产成本的归集和分配，这些成本都是本月发生的生产成本，而不是本月完工产品的成本，如果本月有完工产品，则完工产品的成本就需要加上月初在产品成本，再将总的成本在本月完工产品和月末在产品之间进行分配。

本月发生的生产成本和月初、月末在产品成本及本月完工产品成本 4 项成本的关系可用下列公式表达。

月初在产品成本+本月发生的生产成本=本月完工产品成本+月末在产品成本

月初在产品成本+本月发生的生产成本-月末在产品成本=本月完工产品成本

企业应当根据在产品数量的多少、各月在产品数量变化的大小、各项成本比重的大小以及定额管理基础的好坏等具体条件，选用适当的分配方法将生产成本在完工产品和在产品之间进行分配。

常用的分配方法有：不计算在产品成本法、在产品按固定成本计价法、在产品按所耗直接材料成本计价法、在产品按定额成本计价法、定额比例法和约当产量比例法等。

（1）不计算在产品成本法

不计算在产品成本法是指在生产过程中，这种产品每月发生的成本全部由完工产品负担，每月发生的成本之和即为每月完工产品成本。这种方法适用于月末在产品数量很少的产品。

（2）在产品按固定成本计价法

采用在产品按固定成本计价法，各月末在产品的成本固定不变。某种产品本月发生的生产成本就是本月完工产品的成本，但在年末，在产品成本不应再按固定不变的金额计价，否则会使按固定金额计价的在产品成本与其实际成本有较大的差异，影响产品成本计算的正确性。

这种方法适用于月末在产品数量较多但各月变化不大的产品或月末在产品数量很少的产品。

（3）在产品按所耗直接材料成本计价法

采用在产品按所耗直接材料成本计价法，月末在产品只计算其所耗直接材料成本，不计算直接人工等加工成本。这种方法适用于各月月末在产品数量较多、各月在产品数量变化也较大、直接材料成本在生产成本中所占比重较大且材料在生产开始时一次性就全部投入的产品。

（4）在产品按定额成本计价法

采用在产品按定额成本计价法，月末在产品成本按定额成本计算，某种产品的全部成本减去按定额成本计算的月末在产品成本，余额作为完工产品成本；每月生产成本脱离定额的节约差异或超支差异全部计入当月完工产品成本。

这种方法是事先经过调查研究、技术测定或按定额资料，对各个加工阶段上的产品直接确定一个单位定额成本。这种方法适用于各项消耗定额或成本定额比较准确、稳定，而且各月末在产品数量变化不是很大的产品。

月末在产品成本=月末在产品数量×在产品单位定额成本

完工产品总成本=（月初在产品成本+本月发生的生产成本）–月末在产品成本

完工产品单位成本=完工产品总成本÷产成品产量

（5）定额比例法

采用定额比例法，产品的生产成本在完工产品和月末在产品之间按照两者的定额消耗量或定额成本比例分配。其中直接材料成本按直接材料的定额消耗量或定额成本比例分配；直接人工等加工成本可以按各定额成本的比例分配，也可按定额工时比例分配。

这种方法适用于各项消耗定额或成本定额比较准确、稳定，但各月末在产品数量变动较大的产品。

直接材料成本分配率=（月初在产品实际材料成本+本月投入的实际材料成本）÷（完工产品定额材料成本+月末在产品定额材料成本）

完工产品应负担的直接材料成本=完工产品定额材料成本×直接材料成本分配率

月末在产品应负担的直接材料成本=月末在产品定额材料成本×直接材料成本分配率

直接人工成本分配率=（月初在产品实际人工成本+本月投入的实际人工成本）÷（完工产品定额工时+月末在产品定额工时）

完工产品应负担的直接人工成本=完工产品定额工时×直接人工成本分配率

月末在产品应负担的直接人工成本=月末在产品定额工时×直接人工成本分配率

（6）约当产量比例法

采用约当产量比例法，应将月末在产品数量按照完工程度折算为相当于完工产品的产量，即约当产量，然后将产品应负担的全部成本按照完工产品数量和月末在产品约定产量的比例分配计算完工产品成本和月末在产品成本。

这种方法适用于月末在产品数量较多，各月在产品数量变化也较大，且生产成本中直接材料成本和直接人工等加工成本的比重相差不大的产品。

在很多加工生产活动中，材料是生产开始时一次性投入的，这时在产品无论完工程度如何，都应和完工产品负担同样的材料成本。

如果材料是随着生产过程的进行陆续投入的，则应按照各工序投入的材料成本在全部材料成本中所占的比例计算在产品的约当产量，相关计算公式如下。

在产品约当产量=在产品数量×完工程度

单位成本=（月初在产品成本+本月发生的生产成本）÷（产成品产量+月末在产品约当产量）

月末在产品成本=单位成本×月末在产品约当产量

完工产品成本=单位成本×完工产品数量

| 范例解析 | 约当产量法分配在产品和完工产品成本

甲公司2020年8月生产A产品，月末完工产品20件，在产品60件，完工程度50%，8月生产费用发生3 000.00元，月初在产品1 000.00元，用约当产量法分配月末在产品和完工产品成本。

约当产量=60×50%=30（件）

费用分配率=（1 000.00+3 000.00）÷（20+30）=80

完工产品应分配的成本=20×80=1 600.00（元）

在产品应分配的成本=30×80=2 400.00（元）

4.4.5 联产品和副产品的成本分配

（1）联产品成本的分配

联产品是指使用同种原料，经过同一生产过程同时生产出来的两种或两种以上的主要产品。联产品在生产开始时，各产品尚未分离，同一加工过程中对联产品联合加工，当生产过程进行到一定步骤时产品才会分离，在分离点以前发生的生产成本称为联合成本。分离点是指联产品生产中投入相同原料，经过同一生产过程，分离为各种联产品的时点。分离后的联产品有的可以直接销售，有的还需要进一步加工才可销售。

联产品成本的计算通常分为两个阶段，一是联产品分离前发生的生产成本即为联合成本，可按一个成本核算对象设置一个成本明细账进行归集，然后将其总额按一定分配方法在各联产品之间分配；二是分离后按各种产品分别设置明细账，归集分离后发生的加工成本。联产品成本计算的一般程序如图 4-3 所示。

第一步，将联产品作为成本核算对象，设置成本明细账

联产品的特点决定了联产品在分离之前不可能按各种产品分别计算成本，只能按联产品作为成本核算对象。

第二步，归集联产品成本，计算联合成本

联产品发生的成本为联合成本。联产品的在产品一般比较稳定，可不计算期初、期末在产品成本，本期发生的生产成本全部为联产品的完工产品成本。联产品的联合成本在分离点后，各产品的成本可按一定分配方法进行分配，分别确定各种产品的成本，一般有售价法、实物数量法等。

图 4-3　联产品成本的计算过程

下面具体介绍用售价法和实物数量法分配联产品成本的相关内容。

◆ **售价法**：在售价法下，联合成本是按分离点上每种产品的销售价格比例进行分配的，采取这种方法时要求每种产品在分离点时的销售价格能可靠地计量。

| 范例解析 |　售价法分配联产品成本

甲公司生产A、B两种产品，A、B为联产品，2020年10月发生的加工成本为30 000.00元，A、B产品在分离点上的销售价格总额为80 000.00元。其中，A产品的销售价格总额为35 000.00元，B产品的销售价格总额为45 000.00元，采用售价法分配联合成本。

A产品应分配的成本=30 000.00÷（35 000.00+45 000.00）×35 000.00=13 125.00（元）

B产品应分配的成本=30 000.00÷（35 000.00+45 000.00）×45 000.00=16 875.00（元）

◆ **实物数量法**：采用实物数量法时，联合成本是以产品的实物数量为基础分配的。这里的实物数量可以是数量、重量。实物数量法通常适用于所生产的产品价格很不稳定或无法直接确定。计算公式为"单位成本＝联合成本÷各联产品的总数量"。

| 范例解析 |　实物数量法分配联产品成本

甲公司生产A、B两种产品，A、B为联产品，2020年10月发生的加工成本为

30 000.00元，A、B产品在分离点上的销售价格总额为80 000.00元。本月生产A产品200件，B产品300件，销售价格无法直接确定，采用实物数量法分配联合成本。

A产品应分配的成本=30 000.00÷（200+300）×200=12 000.00（元）

B产品应分配的成本=30 000.00÷（200+300）×300=18 000.00（元）

（2）副产品成本的分配

副产品是指在同一生产过程中，使用同种原料在生产主要产品的同时附带生产出来的非主要产品。它的产量取决于主产品的产量，即其产量随主产品产量的变动而变动。

由于副产品价值相对较低，而且在全部产品生产中所占的比重较小，因而可以采用简化的方法确定其成本，将副产品和主产品作为一个成本核算对象，从总成本中扣除副产品的成本，其余额就是主产品的成本。

在分配主产品和副产品的生产成本时，通常先确定副产品的生产成本，然后确定主产品的生产成本。

| 范例解析 | 分配副产品成本

甲公司在生产主要产品的同时，还生产了某种副产品，该种副产品可直接对外出售，公司规定的售价为每件50.00元。在2020年11月，甲公司生产的主要产品和副产品的生产成本总额为30 000.00元，副产品的产量为100件，甲公司采用预先规定的副产品售价确定副产品的成本，计算甲公司11月主要产品的生产成本。

副产品的成本=50.00×100=5 000.00（元）

甲公司主要产品的成本=30 000.00—5 000.00=25 000.00（元）

企业完工产品经产成品仓库验收入库后，其成本应从"生产成本——基本生产成本"科目及所属产品成本明细账的贷方转出，转入"库存商品"科目的借方。"生产成本——基本生产成本"科目的月末余额就是基本生产的在产品成本，也就是占用在基本生产过程中的生产资金，应与所属各种产品成本明细账中月末在产品成本之和核对相符。

05

填制和管理会计凭证

　　会计凭证是记录经济业务发生或完成情况的书面证明，是登记账簿的依据，其填制工作可以加强经济责任制，也明确了经济责任。会计凭证按编制程序和用途的不同，可以分为原始凭证和记账凭证两大类，本章将详细讲解这两种类型的会计凭证的填制和管理。

| 5.1 |
原始凭证是第一手会计凭证

原始凭证是对已经发生、执行或完成的经济业务进行记录的最初的书面证明文件，它的作用是明确业务双方的经济责任，作为记账的依据。

5.1.1 原始凭证的种类

车船票、采购材料的发货票以及到仓库领料的领料单等都属于原始凭证。各行各业记录经济业务的方式不同，填制的原始凭证也有所差异，可以根据来源、内容和格式这 3 个不同的方向来区分原始凭证。

◆ 按照来源区分

原始凭证可以根据不同的来源划分为外来原始凭证和自制原始凭证，具体内容如表 5-1 所示。

表 5-1　按来源划分原始凭证

类型	说明
外来原始凭证	企业在和外单位发生经济往来业务时，从外单位取得的凭证。如飞机票、购买材料的发票等
自制原始凭证	在经济业务事项发生或完成时，由本单位内部经办人员填制的凭证，如领料单、出库单等

◆ 按照填制手续及内容区分

按照填制手续及内容不同的分类，主要是针对自制的原始凭证，具体可以分为一次凭证、累计凭证、汇总凭证和记账编制凭证 4 种，具体如表 5-2 所示。

表 5-2　按填制手续及内容划分原始凭证

类型	说明
一次凭证	是指反映一项经济业务的凭证，若要同时反映若干项同类性质的经济业务，那么其填制手续必须是一次性完成的。企业的"收据""领料单"和"借款单"等都属于一次凭证

续表

类型	说明
累计凭证	是指在一定期间内，对若干不断重复发生的同类经济业务进行连续多次记载的凭证，累计凭证以期末累计数作为经济业务的记账依据，因此要到期末，该类凭证的填制手续才能完成，如常用的限额领料单就属于累计凭证
汇总凭证	是指将一定时期内若干份记录同类经济业务的原始凭证汇总，按要求编制成一张汇总凭证，进行会计核算，这样可以简化记账凭证的编制。"发料凭证汇总表""收料凭证汇总表"和"现金收入汇总表"等都属于汇总原始凭证
记账编制凭证	是指先把某一项经济业务进行归类和整理，然后根据会计账簿重新编制记账的一种凭证。例如在计算产品成本时编制的"制造费用分配表"就是根据制造费用明细账记录的数字按费用的用途填制的记账编制凭证

◆ 按照格式区分

原始凭证的格式具有多样性，按照格式的特点可以分为通用凭证和专用凭证。具体内容如表 5-3 所示。

表 5-3　按格式划分原始凭证

类型	说明
通用凭证	是指由有关部门统一印制、在一定范围内使用的具有统一格式和使用方法的原始凭证，如全国通用的增值税发票、银行回单等
专用凭证	是指由单位自行印制、仅在本单位内部使用的原始凭证。如收料单、折旧计算表等

原始凭证的种类繁杂多样，企业应根据自身特点和经济业务类型，合理地选择适合本企业的凭证类型，便于记账，也便于凭证使用者理解，更可提高工作效率。

5.1.2　原始凭证的填制与审核

经办人员对取得的原始凭证具有直接责任，所以在取得时要严格审核，在填制时还要根据规范要求认真填写，并交于财务部门再次复核，再根据审核无误的原始凭证登记入账形成记账凭证。本节将具体讲述凭证的填制与审核要求。

（1）原始凭证的填制

原始凭证大部分都是由本单位业务经办部门和人员填制或取得的。为了完整、清晰、准确、及时地记录经济业务，使原始凭证真正具有法律效力，必须使经办人员充分认识到原始凭证在经营管理中的作用，了解和掌握原始凭证的填制要求与方法。原始凭证的填制要求主要有以下 4 个方面。

◆ 数据真实，手续完备

原始凭证的数据真实要求做到：对各项业务的实际发生和完成情况进行认真、真实和完整的记录；凭证上的信息都必须真实可靠（包括日期、编号、经济业务内容和有关人员的签名盖章等）；对于从外部取得的凭证，凭证上必须有填制单位公章或有关部门的专用章；从个人处取得的凭证，必须有填制人员的签字或盖章；如果是单位对外开出的凭证，那么要求凭证上必须加盖本单位的公章或有关部门的专用章，否则凭证是无效的；单位购买实物的原始凭证必须要有验收证明；支付款项的原始凭证必须有收款单位和收款人的证明。若以上事项中有一项不能确认或不真实，则凭证不合规，单位都应该拒收。

◆ 内容完整，书写清楚

要严格按照规定的格式和内容逐项规范填写经济业务的完成情况，不得遗漏或简略。一式几联的凭证，必须用双面复写纸（发票和收据本身备用复写纸功能的除外）套写，单页凭证必须用蓝黑墨水书写或打字机打印。凭证上的文字要工整、清晰、易于辨认，要符合文字和数字书写规范。

◆ 连续编号，及时填制

单位内部的所有凭证都要进行连续编号，并完整保存以便查考。编号的重要凭证因为某些原因需要作废的，要在作废凭证上加盖"作废"戳记，并连同存根一起保存，不得随意撕毁，要保持编号的连续性。此外，原始凭证的填制或取得必须及时，经办人员须在经济业务发生或完成的第一时间进行记录，日期均以填制当日日期为准，在填制完成后应及时按规定的程序将原始凭证送交财会部门。

◆ 发现错误，规范修改

原始凭证出现错误时，不能随意涂改、挖补，而应按规定方法或程序进行修改，否则将被视为无效凭证。对于记载的内容有错误的凭证，应当由出具单位重开或更正，并在更正处加盖出具单位的印章；对于凭证上记载金额出错的，不得在原始凭证上更正，必须由出具单位重新开具。

| 范例解析 |　甲公司员工李四报销办公费用填制报销单

2019年9月13日，甲公司员工李四借备用金3 000.00元准备购买办公用的笔记本电脑，2019年9月14日，李四购买一台电脑共花费3 200.00元。根据收到的发票填制了费用报销单。

①2019年9月13日，李四借备用金，应根据借款金额填制借款单，再由各个相关部门签字并加盖公司的财务专用章，如图5-1所示。

借 款 单

日期：　2019 年　9 月　13 日

部　门	办公室	姓名	李四
借款事由	购买电脑		
借款金额	（大写）零拾零万叁仟零佰零拾零元零角零分		
预计还款报销日期	2019年9月14日	¥　3000.00	
审批意见	⇩ 公司经理填审核意见并签字	借款人	李四　2019 年 9 月 13日

发据单位盖章 公司财务章　　会计：公司会计签字　　出纳：公司出纳签字

①存根（白）②收据（红）③记账（黄）

图 5-1　填制的借款单

②2019年9月14日，李四购买电脑，收到外来原始凭证发票，并根据发票填制费用报销单，如图5-2和5-3所示。

费 用 报 销 单　　№6001141

报销部门：办公室　　日期：2019 年 9 月 14 日　　单据及附件共 1 页

报销项目	摘　要	金额									
		十	万	千	百	十	元	角	分	备注	
办公费	购买电脑一台		¥	3	2	0	0	0	0		
										领导审批	相关领导审核意见
合　计			¥	3	2	0	0	0	0		
金额大写：零拾零万叁仟贰佰零拾零元零角零分		原借款：3000.00 元								应退（补）款：200.00元	

发据单位盖章　　会计：　　出纳：　　报销人：李四

图 5-2　填制的费用报销单

四川增值税专用发票

| | | | 发 票 联 | | | 开票日期：2019年9月14日 | | |

图 5-3　开具的增值税发票

（2）原始凭证的审核

原始凭证是各单位经济业务发生的最初原始记录，它的正确与否直接影响会计信息的真实性，因此，原始凭证的审核是一项十分重要的工作。会计人员必须坚持原则、遵守制度，认真严格地审核原始凭证。原始凭证的审核一般包括如表 5-4 所示的 3 个方面的内容。

表 5-4　原始凭证的审核内容

审核标准	具体内容
合法性	根据国家有关财经法规、法令、制度和单位的合同、预算、计划等，审核经济业务是否符合规定，有无弄虚作假、违法乱纪和贪污舞弊等行为
合理性	主要审核经济业务的办理是否符合相关的审批权限；财产物资的收发、领退和报废是否符合有关的手续；费用的开支是否符合成本开支范围和规定的开支标准，是否贯彻了勤俭节约的原则，有无挥霍浪费、私费公报等现象
合规性	主要审核原始凭证的填制是否符合要求，项目是否填写齐全，数字是否计算正确，大小金额是否一致，日期是否相符，数字和文字是否清晰，有无涂改、挖补现象，有关签名、盖章是否齐全等

| 5.2 |
记账凭证是加工后的会计凭证

记账凭证的填制依据是经过审核后确认无误的原始凭证或汇总原始凭证，会计人员据此进行记账，它可以用来确定经济业务中应借、应贷的会计科目和金额，可以作为登记账簿的直接依据。

5.2.1 填制记账凭证前先认识其类型

由于原始凭证来自不同的单位，种类繁多、数量庞大、格式不一，不能清楚地表明应记入的会计科目名称和方向。

为了便于登记账簿，需根据原始凭证反映的不同经济业务，对其加以归类和整理，填制具有统一格式的记账凭证，确定会计分录，并将相关的原始凭证附在后面。这样不仅可以简化记账工作、减少差错，也有利于原始凭证的保管，便于对账和查账，提高会计工作质量。

◆ 按用途分类

记账凭证可以根据用途不同分为专用记账凭证和通用记账凭证，具体内容如表 5-5 所示。

表 5-5 按用途划分记账凭证

分类	具体内容
专用记账凭证	指分类反映经济业务的记账凭证，这种记账凭证按其反映经济业务内容不同，分为收款凭证、付款凭证和转账凭证
通用记账凭证	指用来反映所有经济业务的记账凭证

◆ 按填列会计科目的数目分类

记账凭证可以根据会计科目的数目不同，分为单式记账凭证和复式记账凭证两类，具体内容如表 5-6 所示。

表5-6　按会计科目填列数目划分记账凭证

分类	具体内容
单式记账凭证	指每张记账凭证只填列经济业务事项涉及的一个会计科目及其金额的记账凭证。填列借方科目的称借项凭证，填列贷方科目的称贷项凭证
复式记账凭证	指将每一笔经济业务事项涉及的全部会计科目及其发生额均在同一张记账凭证中反映

◆　按记账凭证包括的内容分类

记账凭证根据其包括的内容可以分为单一记账凭证、汇总凭证和科目汇总表3类，具体内容如表5-7所示。

表5-7　按用途划分记账凭证

分类	具体内容
单一记账凭证	指只包括一笔会计分录的记账凭证，专用记账凭证和通用记账凭证都属于单一记账凭证
汇总记账凭证	指根据一定时期内的同类单一记账凭证加以汇总而重新编制的记账凭证，可以分为汇总收款凭证、汇总付款凭证和汇总转账凭证
科目汇总表	指根据一定时期内所有的记账凭证定期加以汇总而重新编制的记账凭证，其目的也是简化总分类账的登记手续

5.2.2　常用记账凭证的填制

和原始凭证一样，记账凭证的填写也有一定的要求和规范，并且要进行审核，只有审核无误的记账凭证才能用于进行下一步会计处理。下面具体介绍记账凭证的填制及审核工作。

（1）记账凭证的填制

记账凭证的填制必须以审核无误的原始凭证为依据，做到内容完整、科目运用正确、摘要简练、字迹工整、书写清晰且编写及时。具体应符合如表5-8所示的要求。

表 5-8　记账凭证的填制要求

填制要求	具体内容
格式应相对稳定	各种记账凭证的使用格式应相对稳定，特别是同一会计年度内，不宜随便更换，以免引起编号、装订和保管方面的不便和混乱
不同业务内容的凭证不能汇总填制	记账凭证可以根据每一张原始凭证填制，也可以根据若干张反映同类经济业务的原始凭证填制，还可以根据原始凭证汇总表填制，但不得将反映不同业务内容的原始凭证汇总填制在一张记账凭证上
填制日期的确定和要求	记账凭证的填写日期一般是会计人员填制凭证的当天日期，也可以根据管理需要，填写经济业务发生的日期或月末日期，年月日应填写齐全
凭证按月连续编号	记账凭证必须按月连续编号，以便于记账、查账，防止散落、丢失
摘要简单且明了	记账凭证的摘要应简明扼要、概括清楚。对现金、银行存款的收付业务应写明收付对象、结算种类、支票号码和款项主要内容等信息，不能将重要信息省略不写
会计科目正确、完整，方向正确，关系清晰	应按照会计制度的规定，正确填写使用的会计科目，包括总分类科目和明细分类科目，不得只写科目编号而不写科目名称。同时应保证借贷科目记账方向正确，对应关系清晰
金额相符	记账凭证的金额必须与原始凭证的金额相符。在填写金额数字时，阿拉伯数字要靠右下方书写，且不能连笔书写，行次、栏次的内容要对应明确、对位准确
按规范进行修正	除期末转账和更正错误的记账凭证可以不附原始凭证外，其他记账凭证必须附有原始凭证，并注明张数；记账凭证在填制时，如果发生错误，应当重新填制，已经登记入账的记账凭证发生错误，应用专门的错账更正法予以更正
签字或签章完整，责任明确	记账凭证上必须有填制人员、复核人员、记账人员和会计主管等的签章。对于收付款凭证，还必须有出纳人员的签章，以明确经济责任
款项收付和入账手续要规范	对于已经办理完收、付款手续的凭证，出纳人员应当即加盖"收讫""付讫"戳记，以免重收、重付。另外，对于已经登记入有关账簿的记账凭证，登账人员可以在凭证的相应位置画"√"，用来表示该张记账凭证已经入账

| 范例解析 |　员工李四报销办公费用时会计填制记账凭证

　　2019 年 9 月 13 日，甲公司员工李四借备用金 3 000.00 元购买电脑，2019 年 9 月 14 日，购买一台电脑共花费 3 200.00 元。出纳根据收到的发票协助李四填制了费用报销单并用现金支付了剩余款项。根据本章5.1.2节的案例中展示的原始凭证，会计分别填制了如图5-4和图5-5所示的记账凭证。

记 账 凭 证

2019年 9月 13日　　　　　　　　　　　字第 1 号

摘要	总账科目	明细科目	记账√	借方金额 千百十万千百十元角分	记账√	贷方金额 千百十万千百十元角分	记账符号
付李四借备用金	备用金	张三		3 0 0 0 0 0			
付李四借备用金	库存现金					3 0 0 0 0 0	
大写：叁仟元整				¥3 0 0 0 0 0		¥3 0 0 0 0 0	

会计主管　××　　　　记账　××　　　　出纳　××　　　　制单　××

附件1张

图5-4　9月13日填制的记账凭证

记 账 凭 证

2019年 9月 14日　　　　　　　　　　　字第 2 号

摘要	总账科目	明细科目	记账√	借方金额 千百十万千百十元角分	记账√	贷方金额 千百十万千百十元角分	记账符号
付李四报办公费	管理费用	办公费		3 2 0 0 0 0			
付李四报办公费	库存现金					2 0 0 0 0	
付李四报办公费	其他应收款	备用金				3 0 0 0 0 0	
大写：叁仟贰佰元整				¥3 2 0 0 0 0		¥3 2 0 0 0 0	

会计主管：××　　　　记账：××　　　　出纳：××　　　　制单：××

附件2张

图5-5　9月14日填制的记账凭证

（2）记账凭证的审核

为保证记账凭证的准确性，除编制人员应认真规范填写和审核外，必须由专人在登记账簿前，对已编制好的记账凭证进行严格的审核。审核的主要内容如下。

◆ 要审核记账凭证中是否附有原始凭证，若有，则按相关审核要求对原始凭证进行审核。

◆ 审核记账凭证与所附的原始凭证内容是否相符、金额是否相等以及对于需要单独保管的原始凭证和文件是否已经在凭证中加注说明。

◆ 审核记账凭证中应借、应贷科目和金额是否正确，账户的对应关系是否清楚。

◆ 审核记账凭证所需填写的项目是否齐全、完整，有关人员是否都已签字或盖章。

在审核中如发现记录不全或错误时，应重新填制或按规定办理更正手续。只有经过审核无误的记账凭证才能作为登记账簿的依据。

5.2.3　做好记账凭证附件的处理

填制记账凭证是根据所有的原始凭证进行的汇总会计处理，对于一笔业务中有多张原始凭证的，我们都将其称为记账凭证的附件，且在记账凭证中写明附件张数，附件能全面反映每笔经济业务活动情况。

根据财政部《会计基础工作规范》第五十一条规定，对记账凭证附件应当区别不同情况进行处理。

1. 可以不附原始凭证的是：结账的记账凭证和更正错误的记账凭证。

2. 一张原始凭证只对应一张记账凭证的，将原始凭证直接附在记账凭证后面。

3. 一张原始凭证涉及几张记账凭证的，有两种方法可以使用：一种是将原始凭证附在一张主要的记账凭证后面，然后在其他记账凭证上注明附有该原始凭证的记账凭证编号，便于查找；另一种是将原始凭证附在一张主要的记账凭证后面，然后在其他记账凭证后面附上该原始凭证的复印件。

4. 一张原始凭证所列支的费用需要几个单位共同负担的，该原始凭证由本单位保留，附在本单位的有关记账凭证后面，给共同负担费用的其他单位开出原始凭证分割单，供其结算使用。原始凭证分割单必须具备原始凭证要求的基本内容，包括：凭证名称、填制凭证日期、填制凭证的单位名称或填制人的姓名、经办人的签名或盖章、接受凭证单位的名称、经济业务的内容、数量、单价、金额和费用分摊情况等。

| 5.3 |
管理好会计凭证

在认识了原始凭证和记账凭证，并知道了这些会计凭证的填制要求和审核规则后，财会人员还需要掌握它们的管理方法。本节主要说明虚假会计凭证的形式、会计凭证的传递、装订与保管等方面知识。

5.3.1 认识虚假会计凭证的形式

虚假会计凭证主要是指凭证记录的会计信息虚假。虚假会计凭证的背后隐藏着重大违规、违法问题或严重犯罪线索，在审计工作中要重视虚假会计凭证的识别与查处。

（1）虚假会计凭证的基本形式

会计实务中，通过修改金额、冒充签章等手段形成虚假会计凭证，具体内容如表5-9所示。

表5-9　虚假会计凭证的形成手段及说明

形成手段	说明
伪造、篡改、不如实填写原始凭证	指行为人使用涂改等手法更改凭证日期、摘要和数量等内容，来制造证明经济业务的原始凭证
白条顶库	指行为人开具或索取不符合正规凭证要求的发货票和收付款证据，以逃避监督或偷漏税款的一种舞弊手段
取得虚假发票	包括发票本身是假的以及发票所记载的内容是虚假的
自制假单据、虚开发票	指行为人在开具发票时，除在金额上采用"阴阳术"外，还开列虚假品名、价格、数量和日期等
用假发票记录真实业务	通过开具不真实的销货发票，虚减库存，真实的货物在销售后的收入不入账，作为本单位的小金库
账证不符	在工作中，财务人员将金额多记或漏记造成账证不符
记账凭证上账户对应关系不正常	单位在经济活动中进行会计核算时，通过使用一些往来账科目来偷逃税款，隐瞒收入

续表

形成手段	说明
虚构经济业务，编造虚假记账凭证	单位为了体现业绩而虚构一些经济业务来为大众呈现一种虚盈实亏的表象
假账真做	无原始凭证而凭空填制记账凭证，或在填制记账凭证时余额与原始凭证不符，并将其混杂在众多凭证之中
真账假做	故意用错会计科目或忽略某些业务中涉及的中间科目，来混淆记账凭证中账户的对应关系

（2）虚假会计凭证识别方法

一是在理念上，审计人员应做到凭借职业敏感而大胆假设联想，并能够集中精力仔细查阅凭证，不要因资料多、杂等原因而急躁，确信自己的头脑中能够记得很多信息，如能进入审计状态，自然会前后联想，融会贯通，效果才会较好。

二是在查阅大量的凭证时要有侧重。应根据实际情况灵活运用审核、重点审核和抽样审核等方法。通常，凭证数量较少、时间允许的，可逐一审核；凭证数量较多、时间允许的，可重点审核，且重点审核的内容主要是时间和金额，时间应放在年终或该单位重大事件的前后月份，金额应放在连续、大额的款项收付。

三是审核发现一些有疑问的凭证后，进行一套系统的核对，其方法如下。

第一，直接核对询问。 即直接向财务、经办、审批人员及其有关人员提出询问，请其解释，直到解除疑点为止，但不要多说，尽量让被询问者多说，寻找突破口。一项经济业务的凭证签字人可能知情，也可能不知情，假凭据更是如此，先找谁、后找谁只能灵活对待，但有一点必须做到，单独核对询问。

第二，走访，座谈核对，当场取证。 即有针对性地走访有关单位或找有关人员进行座谈了解，取得第一手资料，往往能收到事半功倍的效果。

第三，证、物核对。 也就是按照怀疑有问题的凭证上标明的日期、品名、规格、数量和价格等来查看实物，看是否真实，核对可分买方或卖方，无论与哪一方核对，在核对前心中要有数，对核对的实物要有一定的了解，以防张冠李戴。

第四，比较核定，延伸审计。就是将可疑凭证中所载明列支的项目、金额与前后年度、前后月份以及左右单位类似项目的金额发生情况进行核算比较，从而揭开虚假会计凭证的庐山真面目。在必要时，还可请有关专业人员参照国家制定的相关标准来确定。最后，快速、直接、不失时机地延伸审计或调查。

5.3.2 会计凭证的传递和装订

会计凭证包括原始凭证和记账凭证，为了便于资料的查阅与传递，我们应该按日期、凭证号的顺序依次排列好并按统一的厚度装订成册，放入专门的文件柜中保存。本节主要讲述会计凭证的装订与管理。

会计凭证按日期和凭证号依次排列好，月末在记账或结账完毕后，按一定日期进行装订，并要求厚度适中，尽量做到厚度的一致性，使外观整齐、美观，更方便、快捷地查阅会计资料。

（1）会计凭证的整理

会计凭证进行装订前，要对会计资料按纸张面积与记账凭证的纸张面积的大小进行整理、排序、粘贴和折叠，以便装订，对于不同大小的纸张面积和凭证面积，具体的整理方式也不一样，有如表 5-10 所示的 3 种情况。

表 5-10 整理会计凭证的 3 种情况

情况	整理规范
原始凭证的纸张面积大于记账凭证	按记账凭证的面积尺寸，先从右向后，再从下向后两折叠。注意应把凭证的左上角或左侧面留出来，以便装订后还可展开查阅
原始凭证的纸张面积小于记账凭证	一般不能和记账凭证一起直接装订，应将原始凭证按纸张和金额的大小排列粘贴在票据粘贴纸上，粘贴纸和记账凭证纸张的大小一样，粘贴时应将票据从小到大，再以从右至左，从下至上的顺序粘贴。如果票据过多，可以分成几张粘贴纸粘贴，不宜粘得过厚，并在粘贴纸上注明票据的张数和合计金额
面积大且张数多的原始凭证	这类原始凭证可以单独装订，并做好登记工作，注明会计凭证号，便于查阅。如工资表、材料消耗表等

（2）会计凭证的装订

会计凭证的装订是指把定期整理完毕的会计凭证按照编号顺序，外加封面、封底，装订成册，并在装订线上加贴封签的过程。封面上应写明单位名称、年度、月份、凭证名称、起讫日期、起讫编号以及记账凭证和原始凭证的张数，并在封签处加盖会计主管的骑缝图章。会计凭证封面格式如图 5-6 所示。

凭　证　封　面

年　月

单位名称	
凭证名称	
册数	第　册　共　册
起讫编号	自第　号至第　号止共计　张
起讫日期	自　年　月　日　至　年　月　日

财会主管　　　　　　　　装订

图 5-6　会计凭证的封面

会计凭证的装订应按照相应的流程逐项处理，这样才能保证凭证的装订规范和完整，方便保存和查阅。具体的装订程序如下所示。

【第一步】将原始凭证和记账凭证整理成大小一样的尺寸后，再根据日期和凭证编号顺序进行排列，摘掉凭证上的大头针等，然后将记账凭证汇总表、银行存款余额调节表等放在最前面，并放上封面和封底。

【第二步】在已经整理好的记账凭证左上角放一张 8cm×8cm 大小的包角纸。包角纸要厚一点，其左边和上边与记账凭证对齐。

【第三步】包角纸上沿距左边 5cm 处和左沿距上边 4cm 处包角纸上划一条直线，并用两点将此直线等分，在等分直线的两点处将包角纸和记账凭证打上两个装订孔。

【第四步】绳沿虚线方向穿绕扎紧（在背后扎结）。

【第五步】从正面折叠包角纸并粘贴好，再将多余部分剪掉。

【第六步】将包角纸向后折叠并粘贴。

【第七步】将装订线印章盖于骑缝处，并注明年、月、日和册数的编号。

5.3.3　牢记会计凭证的保管期限和要求

为了加强会计档案的管理，有效保护和利用会计档案，根据《中华人民共和国会计法》和《中华人民共和国档案法》等有关法律和行政法规，中华人民共和国财政部特制定了《会计档案管理办法》。在实际业务中，我们要严格按照档案管理办法执行。

（1）会计档案的保管

单位会计档案完整性和安全性至关重要，因此，各单位都应该加强对会计档案保管工作的重视和执行。

◆ **在制度上**：单位应明确制定和完善有关会计档案的收集、整理、保管、利用和鉴定销毁的管理制度。

◆ **在防护措施上**：单位应采取一些保证会计档案真实、安全、可用的防护措施或技术。

◆ **在人员上**：单位应成立档案机构或档案工作人员负责本单位的会计档案管理工作，对于没有条件的单位，可以将其会计档案委托给具备档案管理条件的机构代为管理。此外，任何单位的出纳人员不得参与会计档案的管理。

单位可以利用计算机、网络通信等信息技术手段管理会计档案，形成电子会计档案，但必须同时满足如表 5-11 所示的条件。

表 5-11　利用信息技术手段管理会计档案应满足的条件

条件	具体内容
资料来源真实有效	形成的电子会计资料的来源真实有效，由计算机等电子设备形成和传输
有效的会计核算系统	使用的会计核算系统能够准确、完整、有效地接收和读取电子会计资料，能够输出符合国家标准归档格式的会计凭证、会计账簿和财务会计报表等会计资料，设定了经办、审核和审批等必要的审签程序

续表

条件	具体内容
有效的电子档案管理系统	使用的电子档案管理系统能够有效地接收、管理和利用电子会计档案，符合电子档案的长期保管要求，并建立了电子会计档案与相关联的其他纸质会计档案的检索关系
防止篡改的措施	采取有效措施，防止电子会计档案被篡改
建立备份制度	建立电子会计档案备份制度，能够有效防范自然灾害、意外事故和人为破坏的影响
会计资料不存在永久或重要保存价值	形成的电子会计资料不属于具有永久保存价值或者其他重要保存价值的会计档案

单位的会计档案在形成后应及时交由单位档案管理机构保管，档案的移交应规范。会计管理机构应编制会计档案移交清册，记录所需移交的档案，并按国家档案管理办法的有关规定将档案移交给单位的档案管理机构。

有时会计档案也存在需要推迟移交的情形，对此，需按以下要求执行：对于当年形成的会计档案，在会计年度终了后，在移交给单位档案管理机构之前，可以由单位会计管理机构临时保管一年；对于因工作需要，不得不推迟移交的档案，应当经单位档案管理机构同意，且推迟时间不得超过 3 年。

知识延伸｜会计档案的对外出借规定

单位保存的会计档案一般不得对外借出。确因工作需要且根据国家有关规定必须借出的，应当严格按照规定办理相关手续。会计档案借用单位应当妥善保管和利用借入的会计档案，确保借入的会计档案安全、完整，并在规定时间内归还给所属单位。

（2）会计档案的保管年限

会计档案的保管期限从会计年度终了后的第一天算起，可分为永久和定期两类。其中定期保管期限一般分为 10 年和 30 年。各类别的会计资料保管期限明细如表 5-12 所示。

表 5-12　各种会计档案的保管期限

序号	档案名称	最低保管期限
一	会计凭证	
1	原始凭证	30 年
2	记账凭证	30 年
二	会计账簿	
3	总账	30 年
4	明细账	30 年
5	日记账	30 年
6	固定资产卡片	固定资产报废清理后保管 5 年
7	其他辅助性账簿	30 年
三	财务会计报告	
8	月度、季度、半年度财务会计报告	10 年
9	年度财务会计报告	永久
四	其他会计资料	
10	银行存款余额调节表	10 年
11	银行对账单	10 年
12	纳税申报表	10 年
13	会计档案移交清册	30 年
14	会计档案保管清册	永久
15	会计档案销毁清册	永久
16	会计档案鉴定意见书	永久

06

登记账簿并对账、结账

在会计业务处理中，填制好会计凭证后，还要对全部经济业务进行全面、系统、连续、分类地记录和核算，形成会计账簿，月末再根据会计账簿进行对账和结账。这就是我们这一章要讲的最后的会计账务处理。

| 6.1 |
了解账簿的类型特征

账簿是由具有一定格式、相互联系的账页所组成，用来序时、分类地全面记录一个企业、单位经济业务事项的会计簿籍。设置和登记会计账簿是重要的会计核算基础工作，是连接会计凭证和会计报表的中间环节。做好这项工作，对于加强经济管理具有十分重要的意义。

6.1.1　账簿的基本概述

在会计核算中，都是通过取得和填制会计凭证来记录每一笔经济业务，对于某些业务，没有一定的连续性就不便于查阅。为了全面、连续、系统地反映和监督一个经济单位在一定时期内某一类和全部经济业务活动的情况，各单位必须在填制凭证的基础上设置和运用账簿。下面先了解账簿的基本内容和设置账簿的意义。

（1）账簿的基本内容

各单位可结合本单位经济业务的特点和经营管理要求，按照会计核算的基本要求和会计工作规范的有关规定，设置必要的账簿，并做好登记工作。账簿的形式虽多种多样，但也具有最基本的组成内容。账簿的基本内容如表 6-1 所示。

表 6-1　账簿的基本组成内容

基本内容	说明
封面	主要标明账簿的名称，如总分类账簿、现金日记账、银行存款日记账等
扉页	主要标明会计账簿的使用信息，如科目索引、账簿启用表和经管人员一览表等
账页	是用来记录经济业务事项的载体，主要包括账户的名称、日期栏、记账凭证的种类和号数栏、摘要栏、金额栏、总页次和分户页次栏等

尽管各个单位的业务不可能完全一样，所涉及的账簿信息也有所不同，但账簿的基本内容都是一样的，各个单位应该严格按照会计核算规定的要求进行设置，

而且规定的基本内容必须要设置全面。

（2）账簿的主要意义

在实际业务中，账簿对财务工作起到了重要作用，通过登记账簿，汇总会计业务信息，更能全面地反映财务信息。账簿主要有以下意义。

◆　通过账簿的设置和登记，记载、储存会计信息

将会计凭证记录的经济业务记入有关账簿，可以全面反映会计主体在一定时期内所发生的各项资金运动，储存所需要的各项会计信息。

◆　通过账簿的设置和登记，分类、汇总会计信息

账簿由不同的相互关联的账户所构成，通过账簿记录，一方面可以分门别类地反映各项会计信息，提供一定时期内经济活动的详细情况；另一方面可以通过发生额、余额计算，提供各方面所需的总括会计信息，反映财务状况及经营成果。

◆　通过账簿的设置和登记，检查、校正会计信息

账簿记录是将零散的会计凭证信息进行进一步检查、校正，进一步整理登记。

◆　通过账簿的设置和登记，编表、输出会计信息

为了反映一定日期的财务状况及一定时期的经营成果，应定期进行结账工作，进行有关账簿之间的核对，计算出本期发生额和余额，据以编制会计报表，向有关各方提供所需要的会计信息。

6.1.2　不同的账簿种类

为了适应各单位的经济业务和使用账簿的习惯，账簿根据不同的需求可以分为不同的类别。在经济业务中，单位可以按照实际经济业务选择适合自己的账簿。下面通过几个方面来讲述账簿的种类。

（1）按不同的用途分类

因为各个单位所属行业不同，性质不同，有些业务繁杂，有些业务比较少，对于这种情况，可以使用不同的账簿类型。按照账簿对单位的用途可以分为如表

6-2 所示的类别。

表 6-2　按用途划分账簿类型

分类	细分类	定义
序时账簿	普通日记账	又称日记账，是按照经济业务发生或完成时间的先后顺序逐日逐笔进行登记的账簿
	特种日记账	
分类账簿	总分类账	对全部经济业务事项按照会计要素的具体类别设置分类账户进行登记的账簿
	明细分类账	
备查账簿	又称辅助账簿，是对某些在序时账簿和分类账簿等主要账簿中都不予登记或登记不够详细的经济业务事项进行补充登记时使用的账簿	

（2）按不同的账页格式分类

账簿的用途有所不同，账页的格式设计也会根据账簿的用途有所不同，有两栏式、三栏式、多栏式和数量金额式等账簿类型，具体分类如表 6-3 所示。

表 6-3　按账页格式划分账簿类型

类型	格式
两栏式账簿	只有借方和贷方两个基本金额栏的账簿（各种收入、费用类账户都可以采用两栏式账簿）
三栏式账簿	设有借方、贷方和余额 3 个基本栏目的账簿（如日记账、总分类账、资本、债权、债务明细账等）
多栏式账簿	在账簿的两个基本栏目及借方和贷方按需要分设若干专栏的账簿（如收入、费用明细账）
数量金额式账簿	借方、贷方和金额 3 个栏目内都分设数量、单价和金额 3 个小栏，借以反映财产物资的实物数量和价值量（如原材料、库存商品和产成品等明细账通常采用数量金额式账簿）
横线登记式账簿	在同一张账页的同一行，记录某一项经济业务从发生到结束的相关内容

（3）按不同的外形特征分类

账簿是由账页一页一页组成的，根据一开始使用时账页的不同保存状态，可划分不同的账簿类型，具体分类见表 6-4 所示。

表 6-4　按外形特征划分账簿类型

类型	内容	优缺点
订本账	订本式账簿，简称订本账，是在启用前将编有顺序页码的一定数量账页装订成册的账簿。这种账簿一般适用于重要的和具有统驭性的总分类账、现金日记账和银行存款日记账	优点：可以避免账页散失，防止账页被抽换，比较安全。 缺点：同一账簿在同一时间只能由一人登记，这样不便于会计人员分工协作记账，也不便于计算机打印记账
活页账	活页式账簿，简称活页账，是将一定数量的账页置于活页夹内，可根据记账内容的变化而随时增加或减少部分账页的账簿。活页账一般适用于明细分类账	优点：可以根据实际需要增添账页，不会浪费账页，使用灵活，并且便于同时分工记账。 缺点：账页容易散失和被抽换
卡片账	卡片式账簿，简称卡片账，是将一定数量的卡片式账页存放于专设的卡片箱中，账页可以根据需要随时增添的账簿。卡片账一般适用于低值易耗品、固定资产等的明细核算（在我国一般只对固定资产明细账采用卡片账形式）	优点：记账方便。 缺点：账页容易散失和被抽换

6.1.3　账簿的启用和登记要求

任何单位，不论经济业务的多少，都应该按照规定并结合本单位实际经济业务的特点和经营管理的需要，设置一定种类和数量的账簿。一般要设置总账、明细账和出纳账簿。设置账簿有如下几个原则。

◆ 账簿的设置要能保证全面、系统地反映和监督各单位的经济活动情况，为经营管理提供系统、分类的核算资料。

◆ 设置账簿要在满足实际需要的前提下，考虑人力和物力的节约，力求避免重复记账。

◆ 账簿的格式要按照所记录的经济业务的内容和需要提供的核算指标进行设计，要力求简便实用，避免烦琐重复。

（1）账簿的启用

对于账簿的启用，企业若要启用一本新的账簿，首先应在账簿封面上写明单位名称和账簿名称，然后应填写扉页上的内容，注明启用日期、账簿起止页数以及记账人员、会计机构负责人和会计主管人员等相关人员的姓名，并加盖公章。账簿的封面样本如图 6-1 所示。

单位名称							
账簿册数	本年共	册	本册是第	册			
账簿页数	本册自	页至	页共	页			
会计年度	自	年	月	日至	年	月	日
单位负责人			财务负责人				

图 6-1　账簿的封面

账簿扉页样本如图 6-2 所示。

<table>
<tr><td colspan="13">账簿启用表</td></tr>
<tr><td>单位名称</td><td colspan="11"></td><td rowspan="8">单位盖章</td></tr>
<tr><td>账簿名称</td><td colspan="11"></td></tr>
<tr><td>账簿编号</td><td colspan="11">年 总 册第 册</td></tr>
<tr><td>账簿页数</td><td colspan="11">本账簿共计 页 第 页</td></tr>
<tr><td>启用日期</td><td colspan="11">年 月 日至 年 月 日</td></tr>
<tr><td rowspan="3">经管人员</td><td colspan="3">负责人</td><td colspan="4">主办会计</td><td colspan="4">记账</td></tr>
<tr><td>职别</td><td>姓名</td><td>盖章</td><td>职别</td><td>姓名</td><td colspan="2">盖章</td><td>职别</td><td>姓名</td><td colspan="2">盖章</td></tr>
<tr><td></td><td></td><td></td><td></td><td></td><td colspan="2"></td><td></td><td></td><td colspan="2"></td></tr>
<tr><td rowspan="7">交接记录</td><td rowspan="2">职别</td><td rowspan="2" colspan="2">姓名</td><td colspan="4">接管</td><td colspan="4">移交</td><td rowspan="7">印花税票粘贴处</td></tr>
<tr><td>年</td><td>月</td><td>日</td><td>盖章</td><td>年</td><td>月</td><td>日</td><td>盖章</td></tr>
<tr><td></td><td colspan="2"></td><td></td><td></td><td></td><td></td><td></td><td></td><td></td><td></td></tr>
<tr><td></td><td colspan="2"></td><td></td><td></td><td></td><td></td><td></td><td></td><td></td><td></td></tr>
<tr><td></td><td colspan="2"></td><td></td><td></td><td></td><td></td><td></td><td></td><td></td><td></td></tr>
<tr><td></td><td colspan="2"></td><td></td><td></td><td></td><td></td><td></td><td></td><td></td><td></td></tr>
<tr><td></td><td colspan="2"></td><td></td><td></td><td></td><td></td><td></td><td></td><td></td><td></td></tr>
</table>

图 6-2　账簿的扉页

当记账人员或者会计机构负责人、会计主管人员调动工作时，也要在“启用表"上注明交接日期、接办人员和监交人员姓名，并由交接双方签字或盖章。这样做是为了明确有关人员的责任，加强有关人员的责任感，维护会计账簿记录的严肃性。

（2）账簿的基本要求

对于账簿的登记，《会计基础工作规范》也提出了基本要求，对有关账簿中的符号、文字颜色、字迹清晰度和金额等都作了明确的规定。为了便于适用，企业可以根据自身业务特点制定设置账簿的要求，但必须是在《会计基础工作规范》的基本要求的前提下制定，不得与其相悖。

规范地登记账簿也能使账簿使用者更直观地了解信息，也便于统一管理。账簿的基本登记要求如表 6-5 所示。

表 6-5　登记账簿的基本要求

要求	具体内容
准确完整	登记会计账簿时，应当将会计凭证日期、编号、业务内容摘要、金额和其他有关信息逐项记入账内，做到数字准确、摘要清楚、登记及时和字迹工整
注明记账符号	登记完毕后，要在记账凭证上签名或者盖章，并注明已经登账的符号，表示已经记账。在记账凭证上设有专门的栏目供注明记账的符号，以免发生重记或漏记
顺序连续登记	各种账簿按页次顺序连续登记，不得跳行、隔页。如果发生跳行、隔页，不得随便更换账页和撤出账页（即使作废的账页也要留在账簿中），而应当将空行、空页划线注销，或者注明"此行空白""此页空白"字样，并由记账人员签名或者盖章
结出余额	凡需要结出余额的账户，结出余额后应当在"借或贷"等栏内写明"借"或者"贷"等字样。没有余额的账户，应当在"借或贷"等栏内写"平"字，并在余额栏内用"0"表示
过次承前	每一张账页登记完毕结转下页时，应当结出本页合计数及余额，写在本页最后一行和下页第一行有关栏内，并在摘要栏内注明"过次页"和"承前页"字样；也可以将本页合计数及金额只写在下页第一行有关栏内，并在摘要栏内注明"承前页"字样

| 6.2 |
出纳负责日记账的账簿登记

出纳账簿是会计账簿的一种，是出纳人员在工作中经常使用的，常见的出纳账簿有现金日记账、银行存款日记账等。本节主要通过对出纳账簿的基本知识和登记方法的学习，以及实际案例的解析，更加深入地了解出纳日记账。

6.2.1　登记日记账的规则

由于出纳人员会经常使用现金和银行存款，因此应根据每日的业务及时登记现金日记账和银行存款日记账，它们的登记规则基本相同，具体内容如表 6-6 所示。

表 6-6　日记账的登记规则

等级规则	具体内容
复核收、付款凭证	出纳人员在办理收、付款时，应当对收款凭证和付款凭证进行仔细的复核，并以经过复核无误的收、付款记账凭证和其所附原始凭证作为登记日记账的依据。如果原始凭证上注明"代记账凭证"字样，经有关人员签章后，也可作为记账的依据
内容与会计凭证一致	每一笔账都要记明记账凭证的日期、编号、摘要、金额和对应科目等信息。经济业务的摘要不能过于简略，应以能够清楚地表述业务内容为度，便于事后对查。日记账应逐笔分行记录，不得将收款凭证和付款凭证合并登记，也不得将收款付款相抵后以差额登记。登记完毕后应当逐项复核，复核无误后在记账凭证上的"过账"一栏内做出过账符号"√"，表示已经登记入账
逐笔登记，日清月结	为了及时掌握现金或银行存款的收、付和结余情况，日记账必须当日账务当日记录，并于当日结出余额；有些款项收、付业务频繁的单位，还应随时结出余额，以掌握收、支计划的执行情况
每日结出余额	每月月末必须按规定结账。比如，现金日记账不得出现贷方余额（或红字余额），上日余额 + 本日收入 − 本日支出 = 本日余额，与库存现金实存数核对，以检查每日现金收付是否有误
使用蓝、黑墨水书写	按照红字冲账凭证冲销错误记录及会计制度中规定用红字登记的业务可以用红色墨水记账外，其余所有会计信息均用蓝、黑墨水书写

续表

等级规则	具体内容
连续登记，不得跳页	日记账采用订本式账簿，其账页不得以任何理由撕去，作废的账页也应留在账簿中。在一个会计年度内，账簿尚未用完时不得以任何借口更换账簿或重抄账页。记账时必须按页次、行次、位次顺序登记，不得跳行或隔页登记，如不慎发生跳行、隔页时，应在空页或空行中间划线加以注销，或注明"此行空白""此页空白"字样，并由记账人员盖章，以示负责

6.2.2　明细账的格式与登记方法

（1）现金日记账的登记

现金日记账是用来逐日反映库存现金的收入、付出及结余情况的特种日记账。企业应按币种设置现金日记账进行明细分类核算。现金日记账的格式一般有"三栏式""多栏式"和"收付分页式" 3 种。在实际工作中最常使用的是"三栏式"账页格式。

| 范例解析 |　登记现金日记账

2020年9月，甲公司发生以下关于现金收支的业务。

①2020年9月13日，记第1号凭证。张三借备用金3 000.00元用于办公支出。

借：其他应收款——备用金——张三　　　　　3 000.00

　　贷：库存现金　　　　　　　　　　　　　　　3 000.00

②2020年9月14日，记第2号凭证。支付张三报账200.00元。

借：管理费用——办公费　　　　　　　　　3 200.00

　　贷：其他应收款——备用金——张三　　　　　3 000.00

　　　　库存现金　　　　　　　　　　　　　　　200.00

出纳人员复核当日现金业务的所有附件与金额，逐笔登记现金日记账，如图6-3所示。

现 金 日 记 账

2020年		凭证		对方科目	摘要	借方									贷方									余额									核对
月	日	种类	号数			百	十	万	千	百	十	元	角	分	百	十	万	千	百	十	元	角	分	百	十	万	千	百	十	元	角	分	
9					承前页余额																				1	1	5	0	0	0	0	0	√
9	13	记	001	备用金	张三借备用金												3	0	0	0	0	0	0			8	5	0	0	0	0	0	√
9	13				本日合计												3	0	0	0	0	0	0			8	5	0	0	0	0	0	√
9	14	记	002	管理费用	支付办公用品费													2	0	0	0	0	0			8	3	0	0	0	0	0	√
9	14				本日合计													2	0	0	0	0	0			8	3	0	0	0	0	0	√

图 6-3　登记现金日记账

（2）银行存款日记账的登记

银行存款日记账是专门用来记录银行存款收支业务的一种特种日记账。银行存款日记账必须采用订本式账簿，其账页格式一般为"收入"（借方）"支出"（贷方）和"余额"三栏式。银行存款收入数额应根据有关的现金付款凭证登记。每日业务终了时，应计算、登记当日的银行存款收入合计数、银行存款支出合计数以及账面结余额，以便检查监督各项收入和支出款项，避免坐支现金的出现，以便定期同银行送来的对账单核对。

| 范例解析 |　登记2020年9月12日和13日的银行存款日记账

2020年9月12日，甲公司发生以下关于银行收支的业务。

①2020年9月12日，记第4号凭证，出纳取现10.00万元作为备用金。

借：库存现金　　　　　　　　　　　　　　　　100 000.00

　　贷：银行存款　　　　　　　　　　　　　　100 000.00

②2020年9月12日，记第7号凭证，收到营业款80 000.00元。（假设不涉及税费）

借：银行存款　　　　　　　　　　　　　　　　80 000.00

　　贷：主营业务收入　　　　　　　　　　　　80 000.00

③2020年9月12日，记第9号凭证，甲公司购入一批材料共计50 000.00元。（假设不涉及税费）

借：原材料　　　　　　　　　　　　　　　　　　　50 000.00

　　贷：银行存款　　　　　　　　　　　　　　　　50 000.00

2020年9月13日，甲公司发生以下关于银行收支的业务。

①2020年9月13日，记第11号凭证，收到营业款84 000.00元。（假设不涉及税费）

借：银行存款　　　　　　　　　　　　　　　　　　84 000.00

　　贷：主营业务收入　　　　　　　　　　　　　　84 000.00

②2020年9月13日，记第16号凭证，支付供应商欠款30 000.00元。

借：应付账款　　　　　　　　　　　　　　　　　　30 000.00

　　贷：银行存款　　　　　　　　　　　　　　　　30 000.00

出纳人员复核当日银行存款业务的所有附件与金额，逐笔登记银行存款日记账如图6-4所示。

银 行 存 款 日 记 账

开户行　商业银行
账　号　61240999712*****

2020年		凭证		对方科目	摘要	借方									贷方									余额									核对
月	日	种类	号数			百	十	万	千	百	十	元	角	分	百	十	万	千	百	十	元	角	分	百	十	万	千	百	十	元	角	分	
9					承前页余额																					4	5	8	7	0	0	0	✓
9	12	记	004	库存现金	取现作为备用金												1	0	0	0	0	0	0			3	5	8	7	0	0	0	✓
9	12	记	007	主营业务收入	收到营业款				8	0	0	0	0	0												4	3	8	7	0	0	0	✓
9	12	记	009	原材料	购入原材料一批													5	0	0	0	0	0			3	8	8	7	0	0	0	✓
9	12				本日合计				8	0	0	0	0	0			1	5	0	0	0	0	0			3	8	8	7	0	0	0	✓
9	13	记	011	主营业务收入	收到营业款				8	4	0	0	0	0												4	7	2	7	0	0	0	✓
9	13	记	016	应付账款	支付供应商欠款													3	0	0	0	0	0			4	4	2	7	0	0	0	✓
9	13				本日合计				8	4	0	0	0	0				3	0	0	0	0	0			4	4	2	7	0	0	0	✓
					过次页																													

图 6-4　登记的银行存款日记账

6.2.3　定期编制银行存款余额调节表

由于企业和银行之间存在时间性记账差异，可能引起企业银行存款的账面余额与开户行提供的银行对账单不一致，这时就需要对银行日记账和银行流水一笔一笔地核对，直至找到问题并填制银行余额调节表说明差异情况。银行提供的对账单必须要加盖业务章。

| 范例解析 | 编制银行存款余额调节表

甲公司2020年10月31日，账面余额为96 300.00元，而在银行打印的银行对账单余额为95 000.00元。出纳对银行流水明细和银行日记账逐笔核对，发现少记一笔付款业务，银行流水显示2020年10月28日，付零星材料款1 300.00元。出纳人员编制了如图6-5所示的银行存款余额调节表。

银 行 存 款 余 额 调 节 表

编制单位：甲公司　　　　　　　　　　　2020年10月份　　　　　　　　　金额单位：元
银行账号：62220XXXXXXXXXX　　　开户行：中国建设银行XX支行　　　币种：人民币

项　目	金　额				金　额
企业银行存款账面余额	96300.00	银行对账单余额			95000.00
加：银行已收而企业未收的款项	0.00	加：企业已收而银行未收的款项			0.00
序号	记账日期	票据号码	摘　要		
减：银行已付而企业未付的款项	1300.00	减：企业已付而银行未付的款项			0.00
序号	记账日期	票据号码	摘　要		
1	2020-10-28		付零星材料款	1300.00	
调节后的存款余额：	95000.00	调节后的存款余额：			95000.00

财务主管：李某　　　　　　　　　　出纳：张三　　　　　　2020年10月31日

图6-5　编制的银行存款余额调节表

| 6.3 |
会计负责总账和明细账的账簿登记

财务工作分工明确，出纳人员登记出纳账簿，而会计则负责登记总账和明细账，它们的格式和登记方法又是怎样的呢？下面通过实例来讲解。

6.3.1　总账的格式与登记方法

总分类账简称总账，它是根据总分类科目开设账户，用来登记全部经济业务，进行总分类核算，提供总括核算资料的分类账簿。总分类账提供的核算资料是编制会计报表的主要依据，任何单位都必须设置总分类账。总分类账样本的格式如图 6-6 所示。

总　账

会计科目及编号名称：_____

年		记账凭证号数	摘要	页数	借方								贷方								借或贷	余额							
月	日				百	十	万	千	百	十	元	角	分	百	十	万	千	百	十	元	角	分		百	十	万	千	百	十	元	角	分

图 6-6　总分类账账页格式

总分类账一般采用订本式账簿，账页格式一般采用"借方""贷方"和"余额"三栏式，根据实际需要，也可以在"借方"和"贷方"两栏内增设"对方科目"栏。总分类账的账页格式也可以采用多栏式，如把序时记录和总分类记录结合在一起的联合账簿，即日记总账。

总分类账的登记依据和方法主要取决于所采用的会计核算形式，它可以直接根据各种记账凭证逐笔登记，也可以先把记账凭证按照一定方式进行汇总，编制成科目汇总表或汇总记账凭证等后，再据以登记总分类账。

6.3.2　明细分类账的格式与登记方法

明细分类账是根据二级账户或明细账户开设账页，分类、连续地登记经济业务以提供明细核算资料的账簿，其格式有三栏式、多栏式、数量金额式和横线登记式（或称平行式）等多种。

（1）三栏式明细分类账

三栏式明细分类账是设有借方、贷方和余额 3 个栏目，用以分类核算各项经济业务，提供详细核算资料的账簿，其格式与三栏式总账格式相同，适用于只进行金额核算的账户。三栏式明细分类账的样本如图 6-7 所示。

明细账

年		记账凭证号数	摘要	页数	借方									贷方									借或贷	余额								
月	日				百	十	万	千	百	十	元	角	分	百	十	万	千	百	十	元	角	分		百	十	万	千	百	十	元	角	分

图 6-7　三栏式明细分类账账页格式

（2）多栏式明细分类账

多栏式明细分类账是将属于同一总账科目的各明细科目合并在一张账页上登记，适用于成本费用类科目的明细核算。多栏式明细分类账的样本如图 6-8 所示。

明细账

年		记账凭证号数	摘要	借方																					贷方																				借或贷	余额						
				合计							进项税额							已交税额							合计							销项税额							进项税额转出													
月	日			万	千	百	十	元	角	分	万	千	百	十	元	角	分	万	千	百	十	元	角	分	万	千	百	十	元	角	分	万	千	百	十	元	角	分	万	千	百	十	元	角		万	千	百	十	元	角	分

图 6-8　多栏式明细分类账账页格式

（3）数量金额式明细分类账

数量金额式明细分类账的借方（收入）、贷方（发出）和余额（结存）栏都分别设有数量、单价和金额 3 个专栏，适用于既要进行金额核算又要进行数量核算的账户。数量金额式明细分类账的样本如图 6-9 所示。

					收　入				发　出				结　存			

明细账

存货仓名：_____　　规格：_____　　单位：_____

年月日	记账凭证号数	摘要	页数	收　入 数量 单价 金额（百十万千百十元角分）	发　出 数量 单价 金额（百十万千百十元角分）	结　存 数量 单价 金额（百十万千百十元角分）

图 6-9　数量金额式明细分类账账页格式

（4）横线登记式明细分类账

横线登记式明细分类账是采用横线登记，即将每一相关的业务登记在一行，从而可依据每一行各个栏目的登记是否齐全来判断该项业务的进展情况的明细账。该明细分类账适用于登记材料采购业务、应收票据和一次性备用金业务。横线登记式明细分类账的样本如图 6-10 所示。

_____ 明细账

年月日	记账凭证号数	摘要	计量单位	发票数量	实收数量	借　方 发票价格（十万千百十元角分）运杂费等（万千百十元角分）合计（十万千百十元角分）	贷　方 （十万千百十元角分）	余　额 （十万千百十元角分）

图 6-10　横线登记式明细分类账账页格式

不同类型经济业务的明细分类账可根据管理需要，依据记账凭证、原始凭证或汇总原始凭证逐日逐笔或定期汇总登记。固定资产、债权、债务等明细账应逐日逐笔登记；库存商品、原材料、产成品收发明细账以及收入、费用明细账等可以逐笔登记，也可定期汇总登记。

| 6.4 |
核对账目无误后做结账处理

每月末，财务人员应对当月的会计凭证、会计账簿进行核对，做到账实相符、账账相符和账证相符，全部无误后就对当月的账进行结转，再记录下月的业务。

6.4.1　对账工作的三大内容

对账是对前一个核算周期的交易信息进行核对，以确认交易信息的一致性和正确性的过程。按照《会计基础工作规范》的要求，各单位应当定期将会计账簿记录的有关数据与库存实物、货币资金、有价证券往来单位或个人等进行相互核对，保证账证相符、账账相符和账实相符。

而要确认这 3 个"相符"的对账结果，需要在对账簿和账户所记录的有关数据加以检查和核对时坚持对账制度，通过对账工作检查账簿记录内容是否完整，有无错记或漏记，总分类账与明细分类账数字是否相等。

（1）账证相符

账证相符是指核对总账、明细账、现金日记账和银行存款日记账的账面记录与原始凭证、记账凭证的日期、凭证字号、金额和记账方向等应该保持一致。账证相符是保证账账相符和账实相符的基础。核对账证相符时的方法如下。

◆ 核对总账与记账凭证汇总表的各项内容是否一致。

◆ 核对记账凭证汇总表与记账凭证的各项内容是否一致。

◆ 核对明细账与记账凭证及所涉及的支票号码和其他结算票据种类等是否一致。

（2）账账相符

账账相符是指各种账簿之间的有关记录应保持一致，主要包括本单位设置的各种类型的账簿，也包括本单位同其他单位的往来账款相符。核对账账相符的具体方法如下。

◆ 核对总账是否符合"资产＝负债＋所有者权益"

这是总账之间的核对，首先要符合会计恒等式"资产＝负债＋所有者权益"，根据这个等式核对总账中资产类科目的余额是否与负债、所有者权益类科目的余额之和相符；其次核对总账的各账户借贷方的发生额合计是否相等。

◆ 核对总账与其所属明细账是否相符

总分类账户应与其所对应的明细分类账户之间的期初数、本期发生额的合计数和期末余额相等。

◆ 核对总账、明细账与有关部门的账是否相符

会计部门的账应及时与各相关部门进行核对，具体核对内容如图 6-11 所示。

1	会计部门的有关财产物资的明细分类账的余额应该同财产物资保管部门和使用部门经管的明细记录的余额定期核对相符。
2	各种有关债权、债务明细账的余额应当经常或定期同有关的债务人、债权人的账目核对相符。
3	现金日记账、银行存款日记账的余额应该同总分类账有关账户的余额定期核对相符。
4	已缴国库的利润、税金以及其他预算缴款等应该同征收机关按照规定的时间核对相符。

图 6-11　总账、明细账与各部门账目的核对方法

（3）账实相符

账实相符是指核对单位内部各项财产物资、债权债务等账面余额与实有数额是否相符。核对的内容主要包括现金日记账账面金额与现金实际库存数，银行存款日记账账面余额与银行对账单余额，应收、应付款项明细账与应收、应付款项实存数，以及材料物资、固定资产明细账与各自的实存数是否相符。

◆ 现金日记账账面金额与现金实际库存数核对

现金日记账要做到日清月结，有发生额时及时登记并结出余额，再根据余额与库存现金的实有数核对，要做到一致。到了月末时，再次对现金进行盘点，盘点时出纳人员必须在场，重点清查现金是否短缺，或以白条抵充现金等非法挪用、舞弊现象，或库存现金有无超过限额等。盘点结束后，根据盘点结果编制"现金盘点报告表"，并由盘点人员与出纳人员共同签名盖章。

◆ 银行存款日记账账面余额与银行对账单余额核对

当银行收付款业务较少时，可以一个月到单位开户行打印银行对账单，再根据对账单和银行存款日记账逐笔核对，存在未达账项时，要编制银行存款余额调节表进行分析说明。

◆ 应收、应付款项明细账与应收、应付款项实存数的核对

应收、应付款项是单位与外部单位、供应商发生业务所产生的账，要及时与对方单位核对。首先，检查本单位各项应收、应付账簿记录的正确性和完整性；再根据审核无误的金额编制对账单，可通过信函邮寄的方式交给对方。如果发现有误，则应立即查明原因，并按规定及时改正。

◆ 材料物资及固定资产明细账与各自的实存数核对

对于材料物资及固定资产两类资产来讲，因为它们存在实物形态，因此可通过实物盘点的方法来确定其实存数量和金额，并与有关明细账进行核对。

6.4.2 检查错账并用合适的方法进行更正

在会计工作中，可能会由于记账人员的疏忽等导致经济业务多记、漏记或者

金额错误等。俗话说"记账容易查账难"，特别是对于经济业务较多的单位，到月末发现借贷不平，如果一笔一笔查找，不仅会费时费力，到最后还不一定能找到错账。

当出现错账时要及时查找，虽然查找比较费事，但也有一定的规律，只要掌握了错账发生的规律，查起来就比较容易。但实务中主要还是防患于未然，细心做好每一步。下面讲述在会计工作中常见的错账查找方法和技巧。

1. 错账查找方法

在会计工作中经常发生的错账具有一定的规律，可根据特定的公式或方法很快查到，主要方法有除二法、除九法和差额法。下面具体介绍 3 种方法的运用。

（1）除二法

除二法是指将账账之间的差额除以二，根据取得的商数在有关账户与记账凭证中查找记账错误的方法。

当记账时，不小心将借贷方向的金额记反或红蓝字记反，账面会出现一个特定的规律，即借贷不平，且其差数一定是偶数。这时就可以运用除二法来查找错账金额，将借贷方的差数除以"2"得的商就是错账数，然后根据错账数查看是否有关于错账金额的这笔业务，这样就可以很快查出错账。

| 范例解析 |　除二法查错账

某公司2020年9月12日，支付了一笔员工报账款1 500.00元，记账时误将借方金额也记入贷方，月末编制资产负债表时，发现借贷方余额不相等，借方合计金额为130 000.00元，贷方合计金额为133 000.00元。

解析： 记账人员发现借贷方合计金额不平，且差额为3 000.00元，是一个偶数，选择运用除二法查错账。先用差额除以2，即3 000.00÷2=1 500.00（元）。再查找发生额是1 500.00元的经济业务，这样很快就能找出错账并及时改正。

（2）除九法

除九法是指将账账之间的差额除以九，如能被除尽，然后根据取得的商数分析查找记账错误的方法。除九法能查找的记账错误有以下两种。

一是搞错数字的位数。如百位数记成千位数或者将千位数记成百位数，其差数都可以被9整除，然后根据商数查找与之对应的经济业务。

| 范例解析 | 除九法查数字位数错误的错账

在登记日记账时，误将29.00元记成了92.00元。

解析：记账人员发现借贷方差额为63.00元，是9的倍数，决定采用除九法查找错账。首先计算其商：63÷9=7，那么错数前后两数之差是7，可以推测是两数之差是7的错账，如70，81，92及其各自的"个数"，再根据所发生的经济业务很快就可以查出来是将29.00记成了92.00。

二是邻数倒置。在记账时，如果将两位数或三位数的相邻的数字顺序颠倒，这时也可以采用除九法查找错账。这是日常工作中较容易发生的差错，它的特点是差数和差数的每个数字之和是九的倍数。

| 范例解析 | 除九法查数字位数倒置的错账

记账时，将5 000.00误记成了500.00元。

解析：在资产负债表日，记账人员发现借贷方有差额4 500.00元，根据分析发现4 500.00是9的倍数，且每个数字相加等于9，符合除九法查错账的特点。首先利用差数4 500.00除以9等于500.00元，再根据所得的商数500.00元查找与之对应的经济业务。这样很快就能查到错账。

登账时，数字颠倒的危害很大，如果向前移位的话，相当于总数就虚增了9倍，向后移一位就虚减了90%，如不及时发现并查处，就会对会计核算有严重影响。因此，对此类错账一定要提高警惕，及早发现并纠正，以确保会计核算结果的正确性。

（3）差额法

差额法是指直接根据账账之间的差额在有关账户与记账凭证中查找记账错误的方法。若账面金额小于应记金额，则可能是遗漏记账，若账面金额大于应记金额，则可能是重复记账。通常使用差额法查找遗漏记账和重复记账。

| 范例解析 | **差额法查找错账**

某公司2020年7月，支出了3笔材料款，均为5 000.00元，收到两笔营业款，均为5 000.00元，当月科目汇总时，发现总额少了5 000.00元。

解析：根据差额5 000.00元，查找当月所有发生额为5 000.00元的经济业务，逐笔查找核对，发现少登记一笔业务，补记即可。

2. 错账查找技巧

除了以上介绍的常见的查找错账的方法外，在实际会计工作中，有些错误并不能通过以上方法查找，这就需要我们学习更多的查找错账的技巧，更好地提升业务能力。

（1）象形法

在会计核算中都会用到阿拉伯数字，有些数字形状比较相似，如果书写比较潦草很容易将数字写错，从而造成记账错误。根据数字形状象形的规律可以总结出如表6-7所示的技巧。

表6-7 象形法查找错账的技巧

错账差数	情形
差数为1	有可能是 3 与 2，5 与 6 之间书写错误
差数为2	有可能是 3 与 5，7 与 9 之间书写错误
差数为3	有可能是 3 与 6，6 与 9 之间书写错误
差数为4	有可能是 1 与 5，4 与 8 之间书写错误
差数为5	有可能是 1 与 6，2 与 7，3 与 8 之间书写错误
差数为6	有可能是 0 与 6，1 与 7，3 月 9 之间书写错误
对于连续数字的账，很容易发生少记或多记一位同数，如 25 550.00 容易误记为 25 555.00 或误记为 25 500.00 元，此类数字应该着重查找	

（2）追根法

若为了一笔错账已查了半天，并且查明本期发生额都正确无误，但就是不平衡，在这种情况下不妨运用追根法去追查一下上期结转的数字，进行逐笔核对，看是否为结转差错，很可能问题恰恰出在那个源头。这是因为会计账表的平衡关系是绝对的，假如本期发生额确实查明是正确无误，那么必然是期初数（上期结转数）在结转记账时有差错。只要对期初数认真追查，必能发现问题。

（3）母子法

在核对明细分类账与总分类账账户余额发现不相符时，如果用了以上方法均未查到错账，那么可以用母子法查找。母子法就是以记入总账借贷方的数额为母数，记入对应明细账的借贷方金额为子数，各子数相加的总和应和母数相等，如果不相等就说明有问题，必然发生了漏记、错记或者重记。

| 范例解析 |　母子法查找错账

某公司2020年9月的应收账款总账余额为4 500.00元，而所有明细账余额相加是3 000.00元。

解析：总账与明细账不相等，明细账小于总账，差额为1 500.00元，说明应收账款明细账少记1 500.00元，根据记账顺序逐笔查找有关1 500.00元的往来款项经济业务，即可查出错账。

（4）顺查法

当错账发生笔数较多，各种错账混杂一起时，不能用一种方法查出，那就必须用顺查法来查，这是查错账最后的绝招。查账程序基本上与记账程序一样，每查对一笔就必须在账的后面做一个符号，这样一笔笔查下去就一定能查出。在顺查时一定要仔细认真，且还必须结合以上方法同时应用。总之不要被错账的假象蒙蔽而蒙混过去，如有漏查又必须从头查起，只要仔细认真去查，错账一定会暴露出来。

3. 错账更正方法

不论什么原因导致的错账，我们应该及时查找并改正，但并不是在原来的基础上涂改、挖补、刮擦或者用涂改药水消除字迹，而是必须按照会计规定的方法进行更正。常用的更正方法有划线更正法、红字更正法和补充登记法3种。本节将详细讲述这3种方法在更正错账工作中的具体运用。

（1）划线更正法

划线更正法是指用划红线注销原来有错误的记录，然后在错误记录的上方写上正确记录的方法。在会计核算中，用划线注销原有记录来更正错误，进行错账处理时，必须要求处理后还可以对原来的字迹进行辨认，在划线的上方正确填写相应的文字和数字，更正以后，记账人员必须在更正的地方进行盖章。

如果是数字出现错误，应将全部数字用红线划掉，不可以只是修改出现错误的数字；如果是文字出现错误，可以不用将全部文字划掉，只将相应的错误文字划去并在上方改正盖章即可。然而并不是所有错账的更正都能用划线更正法，具体适用范围有如下两种情形。

◆　在登账以前发现的记账凭证上的文字或数字的笔误。

◆　在结账前发现的账簿的文字或数字的笔误，且记账凭证无误。

| 范例解析 |　更正记账凭证上的错误

2019年10月末，会计发现10月借贷方不平，通过仔细查找，发现2019年10月18日，记15号凭证明细科目和金额写错。会计分录和错误凭证如图6-12所示。

借：管理费用——办公费　　　　　　　　1 800.00

　　贷：库存现金　　　　　　　　　　　　　　1 800.00

图 6-12　填制错误的记账凭证

原支付给王某的不是办公费，而是差旅费，所以正确的会计分录如下。

借：管理费用——差旅费　　　　　　　　1 880.00

贷：库存现金　　　　　　　　　　　　　　　　　1 880.00

会计发现后及时改正会计凭证，将摘要栏的办公费用红笔划去，用黑笔改为差旅费；将金额栏的金额用红线划去，并在上方用黑笔填写正确的数字，在改正的地方都盖上了会计的私章，如图6-13所示。

图 6-13　更正后的记账凭证

| 范例解析 | 更正账簿上的错误

复核账簿数据时，发现现金日记账金额有误，通过查找发现是2019年11月6日18号记账凭证付李某借备用金，用现金付讫，凭证无误，只是登记账簿时数字和文字写错，其会计分录如下。

借：其他应收款——备用金　　　　　　　　　　　300.00

贷：库存现金　　　　　　　　　　　　　　　　300.00

登记现金日记账时，将对方科目其他应收款错写成了银行存款，金额误写成3 000.00元。因为会计凭证无误，可以用划线更正法改正现金日记账上的金额。其方法与更正会计凭证的方法一致，如图6-14所示。

图 6-14　更正账簿登记错误

（2）红字更正法

在记账以后，如果在当年内发现记账凭证所记的科目或金额有错，可以采用红字更正法进行更正。红字更正法是指先用红字填制一张与原来错误的凭证完全相同的记账凭证，用红字登记入账，金额用红色表示负数，可以将错误的金额冲销，并注明"注销×年×月×日×号凭证"；之后再重新编制一张正确的记账凭证，并注明"订正×年×月×日×号凭证"。这样就可把之前的错误凭证改正过来。当然，红字更正法也不能适用于所有错账的改正，一般适用于如下两种情况。

◆ 记账以后，发现账簿记录的错误是记账凭证中的会计科目或记账方向有错误而引起的，应用红字更正法进行更正。

◆ 记账以后，发现记账凭证和账簿记录金额大于应记的正确金额，而会计科目没有错误，应用红字更正法进行更正。

| 范例解析 | 红字更正法更正会计科目错误

2019年11月10日第9号凭证，甲公司购买一批办公用品共花费2 300.00元，现金付讫。会计记账时不小心将现金误记成银行存款，编制了如下会计分录，错误凭证如图6-15所示。

借：管理费用——办公费　　　　　　　　　　　　2 300.00
　　贷：银行存款　　　　　　　　　　　　　　　　　2 300.00

记 账 凭 证																				
2019 年 11 月 10 日																	字第 9 号			
摘要	总账科目	明细科目	借方金额								贷方金额									
			千	百	十	万	千	百	十	元	角	分	千	百	十	万	千	百	十	元	角	分
付赵某报购买办公用品费	管理费用	办公费					2	3	0	0	0	0								
付赵某报购买办公用品费	银行存款																2	3	0	0	0	0
合计（大写）贰仟叁佰元整						¥	2	3	0	0	0	0			¥	2	3	0	0	0	0
会计主管　　　　记账　　　　出纳　　　　制单 张会计																				

图 6-15　错误的记账凭证

2019年11月12日，财务主管审核发现科目有误，适用于红字更正法更正。于是会计人员用红字编制了如下会计分录，红字凭证如图6-16所示。

　　借：管理费用——办公费　　　　　　　　　　　　2 300.00

　　　　贷：银行存款　　　　　　　　　　　　　　　　　2 300.00

记 账 凭 证

2019 年 11 月 12 日　　　　　　　　字第 13 号

摘要	总账科目	明细科目	借方金额									贷方金额									附件
			千	百	十	万	千	百	十	元	角	分	千	百	十	万	千	百	十	元	角	分	
付赵某报购买办公用品费	管理费用	办公费					2	3	0	0	0	0											
付赵某报购买办公用品费	银行存款																	2	3	0	0	0	0	2
注销2019年11月10日第9号凭证																							张
合计（大写）贰仟叁佰元整						¥	2	3	0	0	0	0		¥	2	3	0	0	0	0		

会计主管　　　　　记账　　　　　出纳　　　　　制单 张会计

图 6-16　编制红字凭证注销错账

再用蓝字编制了正确的会计分录，正确的凭证如图6-17所示。

　　借：管理费用——办公费　　　　　　　　　　　　2 300.00

　　　　贷：库存现金　　　　　　　　　　　　　　　　　2 300.00

记 账 凭 证

2019 年 11 月 12 日　　　　　　　　字第 14 号

摘要	总账科目	明细科目	借方金额									贷方金额									附件
			千	百	十	万	千	百	十	元	角	分	千	百	十	万	千	百	十	元	角	分	
付赵某报购买办公用品费	管理费用	办公费					2	3	0	0	0	0											
付赵某报购买办公用品费	库存现金																	2	3	0	0	0	0	2
备注：订正2019年11月10日第9号凭证																							张
合计（大写）贰仟叁佰元整						¥	2	3	0	0	0	0		¥	2	3	0	0	0	0		

会计主管　　　　　记账　　　　　出纳　　　　　制单 张会计

图 6-17　填制的正确记账凭证

▲ 知识延伸｜红字与蓝字的区别

　　在更正错账时有红字与蓝字的说法，但并不是都用红色或蓝色的笔书写。红字代表冲销原来的错账，即将金额用负数表示；而蓝字是指用蓝色或者黑色墨水填制的正常记录的凭证。

（3）补充登记法

除了前面所讲的两种方法外，对于另一类少记金额的会计错账，可以采用补充登记法更正。补充登记法是指在会计核算中，用补记金额以更正原错误记录的一种方法。在科目对应关系正确时，将少记的金额填制一张记账凭证，在"摘要"栏中注明"补记 × 年 × 月 × 日第 × 号凭证少计数"，据以登记入账。

| 范例解析 |　补充登记法更改错账

某工厂于2019年12月11日购买了一批原料，实际花费了30 000.00元，用银行存款付讫。会计于2019年12月11日记账第30号凭证，将金额误记成了3 000.00元，会计分录如下，错误的会计凭证如图6-18所示。

借：原材料　　　　　　　　　　　　　　　　3 000.00

　　贷：银行存款　　　　　　　　　　　　　　　3 000.00

记 账 凭 证

2019 年 12 月 11 日　　　　　　　　　　　　　字第 30 号

摘要	总账科目	明细科目	借方金额									贷方金额								
			千	百	十	万	千	百	十	元	角	分	千	百	十	万	千	百	十	元	角	分
付购买原料款	原材料						3	0	0	0	0	0								
付购买原料款	银行存款																3	0	0	0	0	0
合计（大写）叁仟元整							¥	3	0	0	0	0	0					¥	3	0	0	0	0	0

附件 2 张

会计主管　　　　　　　记账　　　　　　　出纳　　　　　　　制单

图6-18　少记金额的错误记账凭证

这种情况是账面金额小于实际应记金额，可以采用补充登记法登记少记的金额27 000.00元（30 000.00-3 000.00），并在摘要栏注明"补记2019年12月11日第30号凭证少记金额27 000.00元"，涉及的会计分录具体如下，补充编制的会计凭证如图6-19所示。

借：原材料　　　　　　　　　　　　　　　　27 000.00

　　贷：银行存款　　　　　　　　　　　　　　　27 000.00

记 账 凭 证

2019 年 12 月 11 日　　　　　　　　字第 31 号

摘要	总账科目	明细科目	借方金额									贷方金额									附件
			千	百	十	万	千	百	十	元	角	分	千	百	十	万	千	百	十	元	角	分	
付购买原料款	原材料				2	7	0	0	0	0	0	0											
付购买原料款	银行存款														2	7	0	0	0	0	0	0	件 2 张
备注：补充2019年12月11日第30号凭证少记金额27000.00元																						
合计（大写）贰万柒仟元整					¥	2	7	0	0	0	0	0	0		¥	2	7	0	0	0	0	0	0	

会计主管　　　　　　　记账　　　　　　　出纳　　　　　　　制单

图 6-19　补充编制的记账凭证

6.4.3　期末结账工作不能少

在确保账与凭证之间、账与账之间、账与实物之间所有的内容都能核对相符后，就开始结账，将本月的本期发生额与期末余额都结转到次月，然后根据下月的经济业务继续记账、登记、核对和结账。这是一个重复的过程，也是相互制约与联系的过程，所以在结转时一定要确保金额的正确性。

结账是为了总结某一个会计期间内的经济活动的财务收支状况，据以编制财务会计报表，而对各种账簿的本期发生额和期末余额进行的计算总结工作。下面分别介绍结账的内容、规范、怎样结账以及一些注意事项。

（1）结账的内容

直白地说，结账就是结算各种账簿记录，它是在将一定时期内所发生的经济业务全部登记入账的基础上，将各种账簿的记录结算出本期发生额和期末余额的过程。主要结转内容如下所示。

◆ 检查本期内日常发生的经济业务是否已全部登记入账，若发现漏账、错账，应及时补记、更正。

◆ 在实行权责发生制的单位，应按照权责发生制的要求，进行账项调整的账务处理，以计算确定本期的成本、费用、收入和财务成果。

◆ 将损益类科目转入"本年利润"科目，结平所有损益类科目。

◆　在本期全部经济业务登记入账的基础上，结算出所有账户的本期发生额和期末余额。计算登记各种账簿的本期发生额和期末余额。

（2）结账的规范

会计人员应按照规定，对现金、银行存款日记账按日结账，对其他账簿按月、季、年结账。

◆　月结

月结时，在账簿的最后一笔经济业务下面划上一条通栏单红线，并在红线下"摘要"栏内注明"本月合计"字样，在相应栏内填入本月合计数和月末余额。最后，在这一行的下面再划一条通栏单红线。下月的经济业务再接着往下登记即可。如图 6-20 所示。

现　金　日　记　账

2019年		凭证		对方科目	摘要	借方									贷方									余额									核对
月	日	种类	号数			百	十	万	千	百	十	元	角	分	百	十	万	千	百	十	元	角	分	百	十	万	千	百	十	元	角	分	
					承前页																					4	5	7	0	6	5	0	
12	6	记	8	银行存款	提取现金			5	0	0	0	0	0	0												9	5	7	0	6	5	0	
12	10	记	15	其他应收款	付张三借备用金												3	0	0	0	0	0	0			9	2	7	0	6	5	0	
12	18	记	24	差旅费	付李四报差旅费													7	9	7	0	0	0			9	1	9	0	9	5	0	
12					本月合计			5	0	0	0	0	0	0			3	7	9	7	0	0	0			9	1	9	0	9	5	0	
12																																	

图 6-20　月结

◆　季结

季结时，在每个季度的最后一个月月结的下一行"摘要"栏内注明"本季合计"，同时结出借贷方发生的总额及季末余额。然后在这一行的下面划一条通栏单红线，表示季结结束，下个季度再接着登记即可。如图 6-21 所示。

现　金　日　记　账

2019年		凭证		对方科目	摘要	借方									贷方									余额									核对
月	日	种类	号数			百	十	万	千	百	十	元	角	分	百	十	万	千	百	十	元	角	分	百	十	万	千	百	十	元	角	分	
					承前页																					4	5	7	0	6	5	0	
12	6	记	8	银行存款	提取现金			5	0	0	0	0	0	0												9	5	7	0	6	5	0	
12	10	记	15	其他应收款	付张三借备用金												3	0	0	0	0	0	0			9	2	7	0	6	5	0	
12	18	记	24	差旅费	付李四报差旅费													7	9	7	0	0	0			9	1	9	0	9	5	0	
12					本月合计			5	0	0	0	0	0	0			3	7	9	7	0	0	0			9	1	9	0	9	5	0	
12					本季合计			5	0	0	0	0	0	0			3	7	9	7	0	0	0			9	1	9	0	9	5	0	

图 6-21　季结

◆ 年结

年结时，在第四季度季结的下一行"摘要"栏注明"本年合计"，同时结出借贷方发生额及期末余额。然后在这一行下面划上通栏双红线，以表示封账。

年终时，要把各账户的余额结转到下一会计年度，只在摘要栏注明"结转下年"字样，结转金额不再抄写。如果账页的"结转下年"行以下还有空行，应当自余额栏的右上角至日期栏的左下角用红笔划对角斜线注销。在下一会计年度新建有关会计账簿的第一行余额栏内填写上年结转的余额，并在该行的摘要栏注明"上年结转"字样。如图 6-22 所示。

现 金 日 记 账

2019年		凭证		对方科目	摘要	借方									贷方									余额									核对
月	日	种类	号数			百	十	万	千	百	十	元	角	分	百	十	万	千	百	十	元	角	分	百	十	万	千	百	十	元	角	分	
					承前页																				4	5	7	0	6	5	0	
12	6	记	8	银行存款	提取现金		5	0	0	0	0	0	0	0											9	5	7	0	6	5	0	
12	10	记	15	其他应收款	付张三借备用金											3	0	0	0	0	0	0			9	2	7	0	6	5	0	
12	18	记	24	差旅费	付李四报差旅费												7	9	7	0	0	0			9	1	9	0	9	5	0	
12					本月合计		5	0	0	0	0	0	0	0			3	7	9	7	0	0			9	1	9	0	9	5	0	
12					本季合计		5	0	0	0	0	0	0	0			3	7	9	7	0	0			9	1	9	0	9	5	0	
					本年合计		5	0	0	0	0	0	0	0			3	7	9	7	0	0			9	1	9	0	9	5	0	
					结转下年																											

图 6-22 年结

总账和日记账应当更换新账，明细账一般也应更换。但有些明细账，如固定资产明细账等可以连续使用，不必每年更换。

（3）怎样结账

社会不断发展，对于财务工作而言，也在不断提升，现在大多都采用会计电算化替代之前的手工记账。在会计电算化条件下，结账工作可以利用计算机进行自动结账。不过结账还是有一定的步骤，具体步骤如下所示。

①月结前，首先检查"本月记账凭证是否已全部记账"和其他结账条件是否具备，如果不具备结账条件，则不能进行结账；如果结账条件具备，则执行结账。每个月月末都要进行此项工作。如果采用"账结法"，则在年末进行此项工作。

②把本期账户数据转为历史数据。将本期期末余额转入下期期初余额。

③结账后，做结账标志，不允许再录入该期凭证。

④开始下一个会计期间财务处理的有关准备工作。

手工记账的单位，结账是分别对各种账簿的余额进行结转，有月结和年结。而固定资产明细账等特殊账簿可一直使用。手工结账的内容如表 6-8 所示。

表 6-8 手工记账的内容

账户情况	结账规则
不需要按月结计本期发生额的账户	每次记账后，都要随时结出余额，每月最后一笔余额是月末余额，即月末余额就是本月最后一笔经济业务记录的同一行内余额。月末结账时，只需要在最后一笔经济业务之下通栏划单红线，不需要再次结计余额
库存现金、银行存款日记账和需要按月结计发生额的收入、费用等明细账	每月结账时，需要在最后一笔经济业务下面通栏划单红线，结出本月发生额和月末余额写在红线下面，并在摘要栏内注明"本月合计"字样，再在下面通栏划单红线
需要结计本年累计发生额的明细账户	结账时，应在"本月合计"行下结出自年初起至本月末止的累计发生额，登记在月份发生额下面，在摘要栏内注明"本年累计"字样，并在其下通栏划单红线。12 月末的"本年累计"就是全年累计发生额，全年累计发生额下面通栏划双红线
总账账户	平时只需结出月末余额。年终结账时，为了总结性地反映全年各项资金运动情况的全貌，核对项目，要将所有总账账户结出全年发生额和年末余额，在摘要栏内注明"本年合计"字样，并在合计栏下通栏划双红线
年度终了结账	有余额的账户，要将其余额结转到下一会计年度，并在摘要栏内注明"结转下年"字样；在下一会计年度新建有关会计账簿的第一行余额栏内填写上年结转的余额，并在摘要栏内注明"上年结转"字样。结转下年时，既不需要编制记账凭证，也不必将余额再记入本年账户的借方或贷方，使本年有余额的账户的余额变为零，而是使有余额的账户的余额如实地反映在账户中，以免混淆有余额账户和无余额账户

（4）结账时的注意事项

对于不同的账簿来说，结账的要求和规范不一样，不能按照统一的要求结账。所以在结账时要特别注意分清账簿的结账要求，具体的注意事项如下。

◆ **分清账户**：要分清是否是月结账户，对于月结的账户，要严格按照月结的要求进行结账，并划上红线。

◆ **如何划线**：划线是为了突出本月合计数及月末余额，表示会计期间的会计记录已经截止或结束，并将本期与下期的记录明显分开。月结划单线，年结划双线，划线时应划红线且应通栏划，不得只划金额部分。

◆ **余额写法**：每月结账时，应将月末余额与本月发生额写在同一行内，在摘要栏注明"本月合计"字样。这样做，账户记录中的月初余额加减本期发生额等于月末余额，便于账户记录的稽核。

◆ **红字结账**：账簿记录中使用的红字具有特定的涵义，它表示蓝字金额的减少或负数余额。因此，结账时如果出现负数余额，可以用红字在余额栏登记，但如果余额栏前印有余额的方向（如借或贷），则应用蓝、黑墨水书写，不得使用红色墨水。

07

编制反映公司经营状况
和成果的各种表格

　　财务报告是企业经营状况和成果的最终体现，是向投资者等财务报告使用者提供决策有用信息的媒介和载体，是沟通投资者、债权人等使用者与企业管理层之间信息的桥梁和纽带。它包括财务报表和其他应当在财务报告中披露的相关信息和资料，而财务报告的核心就是财务报表，本章将结合实例讲解财务报表。

| 7.1 |
财务报表概述

财务报表是会计要素确认、计量的结果和综合性描述，是对企业财务状况、经营成果和现金流量的结构性表述。企业编制财务报表的目的，是向财务报表使用者提供与企业财务状况、经营成果和现金流量等有关的会计信息，反映企业管理层受托责任的履行情况，有助于财务报表使用者作出经济决策。财务报表使用者通常包括投资者、债权人、政府及其有关部门和社会公众等。

财务报表是财务报告的主要组成部分，它所提供的会计信息具有重要作用，主要体现在如表 7-1 所示的几个方面。

表 7-1　财务报表提供的会计信息的作用

条目	作用
1	全面、系统地反映了企业一定时期的财务状况、经营成果和现金流量情况，有利于经营管理人员了解本单位各项任务指标的完成情况，评价管理人员的经营业绩，以便及时发现问题，调整经营方向
2	通过各单位提供的财务报表资料进行汇总和分析，了解和掌握各行业、各地区的经济发展情况，以便宏观调控经济运行，优化资源配置，保证国民经济稳定持续发展
3	有利于投资者、债权人和其他有关各方掌握企业的财务状况，进而分析企业的盈利能力、偿债能力、投资收益和发展前景等，为他们投资、贷款和贸易提供决策依据
4	有利于满足财政、税务、工商和审计等部门监督企业经营管理的需求，通过财务报表可检查、监督各企业是否遵守国家的各项法律、法规和制度，有无偷税漏税行为

7.1.1　初识三大财务报表

一套完整的财务报表包括资产负债表、利润表、现金流量表、所有者权益变动表及附注。它们分别从不同的角度反映了企业的财务状况和经营成果。这一节我们主要学习资产负债表、利润表和现金流量表三大财务报表。

◆　资产负债表

资产负债表是指反映企业在某一特定日期的财务状况的报表，主要反映资产、负债和所有者权益 3 方面的内容，并满足"资产 = 负债 + 所有者权益"平衡关系。

资产负债表最初的雏形源于古意大利，随着商业的不断发展，商贾们对商业融资的需求日益加强，高利贷者出于对贷款本金的安全性考虑，于是开始关注商贾们的自有资产状况，资产负债表由此而生。

◆　利润表

利润表也称收益表或损益表，它是总括反映企业在某一会计期间经营成果情况的一种会计报表。随着商业竞争的不断加剧，社会对各企业对外披露的信息要求越来越高，静态的、局限于时点的会计报表（即资产负债表）已无法满足信息披露的要求，人们日益关注的是企业是否具有持续生存的能力，即企业的盈利能力，于是期间报表（即损益表）开始走上历史舞台。

◆　现金流量表

现金流量表是反映企业在一定会计期间现金和现金等价物流入和流出情况的报表。

7.1.2　为编制报表做好准备工作

为了编制报表，首先要分清报表的类型和编制要求，对于不同的划分标准，报表的分类也有所不同。

（1）财务报表的分类

按照不同的分类依据，可将财务报表分成不同的种类，这些依据有编制期间和编制主体等，具体分类如表 7-2 所示。

表 7-2　不同分类依据下的财务报表类型

分类依据	种类	说明
按照编制的期间不同	中期财务报表	是以短于一个完整会计年度的报告期间为基础编制的财务报表，包括月报、季报和半年报等
	年度财务报表	是以一个完整的会计年度作为一个报告期间编制的财务报表

续表

分类依据	种类	说明
按照编制的主体不同	个别财务报表	是以企业在自身会计核算基础上对账簿记录进行加工而编制的财务报表，主要用来反映企业自身的财务状况、经营成果和现金流量情况
	合并财务报表	是以母公司和子公司组成的企业集团为会计主体，由母公司根据母公司和下属子公司的财务报表编制的、综合反映企业集团财务状况、经营成果及现金流量情况的财务报表

（2）财务报表的编制要求

财务报表应按照如表 7-3 所示的五点要求进行编制。

表 7-3　财务报表的编制要求

要求	内容
数字真实	财务报表中的各项数据必须真实可靠，如实地反映企业的财务状况、经营成果和现金流量，这是对会计信息质量的基本要求
内容完整	财务报表应当反映企业经济活动的全貌，全面反映企业的财务状况和经营成果，以能满足各方面对会计信息的需要。凡是国家要求提供的财务报表，企业必须全部编制并报送，不得漏报
计算准确	日常的会计核算以及编制财务报表都会涉及大量的数字计算，只有准确的计算结果才能保证数字的真实可靠。不能使用估计或推算的数据，更不能以任何方式弄虚作假
报送及时	及时性是信息的重要特征，财务报表信息只有及时地传递给报告使用者，才能为使用者的决策提供依据。否则，即使是真实可靠和内容完整的财务报告，由于编制和报送不及时，对报告使用者来说也大大降低了会计信息的使用价值
手续完备	企业对外提供的财务报表应加具封面，装订成册，并加盖公章

| 7.2 |
资产负债表中资产和权益相等

资产负债表是会计工作中比较重要的财务报表，主要体现了企业的经营状况。

根据"资产 = 负债 + 所有者权益"这一平衡公式，依照一定的分类标准和一定的顺序，将某一特定日期的资产、负债、所有者权益的具体项目予以适当的排列编制而成。

资产负债表表明企业在某一特定日期所拥有或控制的经济资源、所承担的现有义务和所有者对净资产的要求权。它是一张揭示企业在一定时点财务状况的静态报表，利用会计平衡原则将资产、负债、所有者权益科目分为"资产"和"负债及所有者权益"两大块，在经过分录、分类账、试算和调整等会计程序后，以特定日期的静态企业情况为基准，浓缩成一张报表。除了有在企业内部除错、防止弊端的作用外，也可以让所有阅读者在最短时间内了解企业的经营状况。

本节我们将通过资产负债表的格式、填列内容和填列方法 3 个方面来了解资产负债表。

7.2.1　资产负债表格式和列示要求

我们了解资产负债表的作用和意义后，还要知道资产负债表到底是什么样式、格式是否固定不变、填列时能否随便填写。这一小节我们就来——学习资产负债表的格式和列示要求。

（1）资产负债表格式

资产负债表格式可以分为账户式和报告式两大类，根据《企业会计准则第 30 号——财务报表列报》的规定，我国企业的资产负债表采用账户式格式，如图 7-1 所示。

账户式又称为水平式，其资产项目按照资产的流动性大小列示于报表的左方，分为流动资产和非流动资产两大项目，并根据"流动性强的列在前"原则将各项目按顺序排列。负债和所有者权益项目列示于报表的右侧，一般按求偿权先后顺序排列，报表左右两侧的总计金额相等，其优点是资产、负债和所有者权益之间的恒等关系一目了然。

资产负债表

会企 01 表

编制单位：　　　　　　　　　　　　　年　月　日　　　　　　　　　　　　　单位：元

资产	期末余额	年初余额	负债和所有者权益（或股东权益）	期末余额	年初余额
流动资产：			流动负债：		
货币资金			短期借款		
交易性金融资产			交易性金融负债		
衍生金融资产			衍生金融负债		
应收票据			应付票据		
应收账款			应付账款		
预付款项			预收款项		
其他应收款			合同负债		
存货			应付职工薪酬		
合同资产			应交税费		
持有待售资产			其他应付款		
一年内到期的非流动资产			持有待售负债		
其他流动资产			一年内到期的非流动负债		
流动资产合计			其他流动负债		
非流动资产：			流动负债合计		
债权投资			非流动负债：		
其他债权投资			长期借款		
长期应收款			应付债券		
长期股权投资			其中：优先股		
其他权益工具投资			永续债		
其他非流动金融资产			租赁负债		
投资性房地产			长期应付款		
固定资产			预计负债		
在建工程			递延收益		
生产性生物资产			递延所得税负债		
油气资产			其他非流动负债		
使用权资产			非流动负债合计		
无形资产			负债合计		
开发支出			所有者权益（或股东权益）：		
商誉			实收资本（或股本）		
长期待摊费用			其他权益工具		
递延所得税资产			其中：优先股		
其他非流动资产			永续债		
非流动资产合计			资本公积		
			减：库存股		
			其他综合收益		
			专项储备		
			盈余公积		
			未分配利润		
			所有者权益（或股东权益）合计		
资产总计			负债和所有者权益（或股东权益）总计		

图 7-1　账户式资产负债表

知识延伸｜报告式资产负债表

　　报告式资产负债表又称为垂直式资产负债表，其资产、负债、所有者权益项目自上而下排列，所有资产项目按一定顺序列示在报表上方，其次列示负债，最后列示所有者权益。

（2）资产负债表列示要求

总的来说，资产负债表在填列内容时具有如表 7-4 所示的三点要求。

表 7-4　填列资产负债表的要求

要求	内容
分类别列报	资产负债表应当按照资产、负债和所有者权益三大类别分类列报
按流动性列报	资产和负债应当按照流动性强弱顺序列示
金额应相等	资产负债表应分别列示资产总计项目和负债及所有者权益的总计项目，并且这二者的金额应相等

7.2.2　资产负债表的填列内容

在资产负债表中，企业通常按资产、负债、所有者权益分类分项进行填列，资产一般包括流动资产和非流动资产；负债包括流动负债和非流动负债；所有者权益包括实收资本、资本公积、盈余公积和未分配利润等。

（1）资产

资产负债表中的资产反映由过去的交易或事项形成并由企业在某一特定日期所拥有或控制的、预期会给企业带来经济利益的资源。资产应当按照流动资产和非流动资产两大类别在资产负债表中列示，在流动资产和非流动资产类别下进一步按性质分项列示。具体内容如表 7-5 所示。

表 7-5　资产负债表中资产的分列项目

类别	项目
流动资产	货币资金、交易性金融资产、应收票据、应收账款、预付款项、应收利息、应收股利、其他应收款、存货和一年内到期的非流动资产等
非流动资产	长期股权投资、固定资产、在建工程、工程物资、固定资产清理、累计折旧无形资产、开发支出、长期待摊费用及其他非流动资产等

（2）负债

资产负债表中的负债反映在某一特定日期企业所承担的、预期会导致经济利益流出企业的现时义务。负债应当按照流动负债和非流动负债两大类别在资产负债表中进行列示，在流动负债和非流动负债类别下再进一步按性质分项列示。具体内容如表7-6所示。

表7-6　资产负债表中负债的分列项目

类别	项目
流动负债	短期借款、应付票据、应付账款、预收款项、应付职工薪酬、应交税费、应付利息、应付股利、其他应付款和一年内到期的非流动负债等
非流动负债	长期借款、应付债券和其他非流动负债等

（3）所有者权益

资产负债表中的所有者权益是企业资产扣除负债后的剩余权益，反映企业在某一特定日期所有者拥有的净资产的总额，一般按照实收资本、资本公积、盈余公积和未分配利润分项列示。

7.2.3　资产负债表的填列方法

资产负债表各项目均需填列"年初余额"和"期末余额"两栏，其中"年初余额"栏内各项数字应根据上一年末资产负债表的"期末余额"栏内所列数字填列。"期末余额"栏中的各项数据来源根据不同的科目处理方式也有所不同。

（1）根据总账科目余额填列

资产负债表大部分项目的填列都是根据有关总账账户余额填列的，又分为根据总账科目余额直接填列和根据总账科目余额计算填列。

◆　直接根据一个总账科目余额填列

在资产负债表中填列时，可以根据某一个总账科目的余额直接填列到表中的有"交易性金融资产""短期借款""应付票据"和"应付职工薪酬"等。

◆　根据几个总账科目的期末余额计算填列

有些总账科目的余额不能直接填列到资产负债表中，而需要将几个总账科目余额计算后的期末余额填列到表中，如资产负债表中的"货币资金"项目，需要根据"库存现金""银行存款"和"其他货币资金"3个总账科目的期末余额的合计数填列。"未分配利润"项目需要根据"本年利润"和"未分配利润"两个总账科目的期末余额的合计数填列。

| 范例解析 |　"货币资金"项目的填列

某企业在2019年12月31日结账后的"库存现金"科目余额为8 000.00元，"银行存款"科目余额为200 000.00元，"其他货币资金"科目余额为0元。要求填列2019年12月31日资产负债表中的"货币资金"项目。

在本例中，资产负债表中的"货币资金"项目应根据"库存现金""银行存款"和"其他货币资金"3个科目总和填列，2019年12月31日资产负债表中的"货币资金"项目金额=8 000.00+200 000.00=208 000.00（元）。

（2）根据明细账科目余额填列

除了根据总账科目填列资产负债表外，还可以根据明细账科目的余额计算填列，具体项目如表7-7所示。

表7-7　根据明细账科目余额填列的项目

资产负债表项目	明细账科目计算
开发支出	以"研发支出"科目中的"资本化支出"明细科目期末余额填列
应收账款	以"应收账款""预收账款"的明细科目期末借方余额合计减去"坏账准备"科目中有关应收账款计提的坏账准备期末余额后的金额填列
预收款项	据"应收账款""预收账款"等科目的明细科目期末贷方余额合计数填列
应付账款	以"应付账款""预付账款"等科目的明细科目期末贷方余额合计数填列
预付款项	以"应付账款""预付账款"等科目的明细科目期末借方余额合计数减去"坏账准备"科目中有关预付账款计提的坏账准备期末余额后的金额填列

范例解析 "应收账款"等项目的填列

甲公司2019年12月31日，结账后有关科目的明细科目借贷方余额如表7-8所示。要求计算甲公司2019年12月31日资产负债表中相关项目的金额。

表 7-8　各明细科目的借贷方余额

科目名称	明细科目借方余额合计（元）	明细科目贷方余额合计（元）
应收账款	20 000.00	5 000.00
预收账款	15 000.00	5 000.00
应付账款	48 000.00	85 000.00
预付账款	28 000.00	75 000.00

在本例中，甲公司2019年12月31日资产负债表中相关项目的金额如下。

①"应收账款"项目金额为：20 000.00+15 000.00=35 000.00（元）

②"预收账款"项目金额为：5 000.00+5 000.00=10 000.00（元）

③"应付账款"项目金额为：85 000.00+75 000.00=160 000.00（元）

④"预付账款"项目金额为：48 000.00+28 000.00=76 000.00（元）

（3）根据总账科目和明细账科目余额填列

资产负债表中的"长期借款"项目，需要根据"长期借款"总账科目贷方余额扣除"长期借款"科目下明细科目中将在一年内到期且企业不能自主地将清偿义务展期的长期借款后的金额计算填列。

范例解析 "长期借款"项目的填列

甲公司2019年12月31日，其长期借款情况如表7-9所示，计算资产负债表中"长期借款"项目的金额。

表 7-9　长期借款的情况

借款起始日期	借款期限（年）	金额（万元）
2019 年 1 月 1 日	3	50.00
2018 年 7 月 1 日	5	20.00
2017 年 1 月 1 日	4	40.00

本例中，资产负债表中的"一年内到期的非流动负债"项目为40.00万元，"长期借款"项目金额为70.00万元（50.00+20.00）。

（4）根据有关总账科目余额减去备抵科目余额后的净额填列

如资产负债表中的"应收票据""应收账款""长期股权投资"和"在建工程"等项目，应当根据"应收票据""应收账款""长期股权投资"或"在建工程"等科目的期末余额减去"坏账准备""长期股权投资减值准备"和"在建工程减值准备"等科目余额后的净额填列。

"投资性房地产"和"固定资产"项目，应当根据"投资性房地产"或"固定资产"科目的期末余额减去"投资性房地产累计折旧""累计折旧""投资性房地产减值准备"和"固定资产减值准备"等备抵科目余额后的净额填列。

"无形资产"项目应当根据"无形资产"科目的期末余额，减去"累计摊销"和"无形资产减值准备"等备抵科目余额后的净额填列。

| 范例解析 | "固定资产"项目的填列

甲公司2019年1月购入一台生产设备，其原值为30.00万元，到2019年12月31日，共计提折旧费15.00万元，发生减值5.00万元，计算2019年12月31日资产负债表中固定资产的金额。

本例中，固定资产净额=30.00−15.00−5.00=10.00（万元）。

| 7.3 |
利润表一步步展现利润

利润表是反映企业一定会计期间（月、季、半年或年）生产经营成果的动态报表。企业一定会计期间的经营成果既可能表现为盈利，也可能表现为亏损，因此利润表也叫损益表。它全面地揭示了企业在某一特定时期实现的各种收入，发生的各种费用、成本或支出，以及实现的利润或发生的亏损情况。

7.3.1 利润表概述

利润表分项列示了企业在一定会计期间因销售商品、提供劳务和对外投资等取得的各种收入以及与各种收入相对应的费用、损失，并将收入与费用、损失加以对比结出当期的净利润。

一般来说，利润表主要反映如图 7-10 所示的几方面内容。

表 7-10　利润表反映的内容

反映的内容	简述
主营业务利润	主营业务收入减去为取得主营业务收入而发生的主营业务成本（相关费用、税金）后得出主营业务利润
营业利润	营业利润是在主营业务利润的基础上加其他业务利润并减去销售费用、管理费用、财务费用等费用、损失后得出
利润 / 亏损总额	利润总额（或亏损总额）是在营业利润的基础上加（减）营业外收支后得出
净利润 / 亏损	净利润（或净亏损）是在利润总额（或亏损总额）的基础上减去本期计入损益的所得税费用后得出

通过利润表可以反映企业一定会计期间的收入实现情况，也可以反映一定会计期间的费用耗费情况，还可以反映企业生产经营活动的成果。

编制利润表的主要目的是将企业经营成果的信息提供给各报表使用者，以作为他们作出决策的依据或参考，主要有如下几个作用。

◆ 可以解释、评价和预测企业的经营成果和获利能力。

◆ 可以解释、评价和预测企业的偿债能力。

◆ 企业管理人员可以根据利润表作出经营决策。

◆ 可以根据利润表评价和考核管理人员的绩效。

利润表除了有一定的作用外，还有一定的局限性，如利润表不包括有益于企业发展和财务状况的许多信息；损益数值经常受到所用会计方法的影响；损益计量会受到估计的影响等。

7.3.2 利润表的结构

利润表一般有表首和正表两部分。

表首说明报表名称、编制单位、编制日期、报表编号、货币名称和计量单位等。

正表是利润表的主体，反映形成经营成果的各个项目和计算过程。正表的格式又分为单步式和多步式，具体介绍如下。

◆ 单步式利润表是将当期所有收入列在一起，然后将所有费用列在一起，两者相减得出当期净损益。单步式利润表的格式如图7-2所示。

利润表

编制单位：　　　　　　　　　年　月　日　　　　　　　　单位：元

项目	行次	本月数	本年累计数
一、收入			
主营业务收入			
其他业务收入			
投资收益			
营业外收入			
……			
收入合计			
二、费用			
主营业务成本			
其他业务成本			
税金及附加			
销售费用			
管理费用			
财务费用			
营业外支出			
所得税			
……			
费用合计			
三、净利润			

图 7-2 单步式利润表

◆ 多步式利润表是通过对当期的收入、费用、支出项目按性质加以分类，按利润形成的主要环节列示一些中间性利润指标，如营业利润和利润总额等，分步计算当期净利润。多步式利润表的格式如图7-3所示。

利润表

编制单位：　　　　　　年　月　日　　　　　　单位：元

项目	行次	本期数	本年累计数
一、主营业务收入			
减：主营业务成本			
税金及附加			
二、主营业务利润（亏损以“－”号填列）			
加：其他业务利润（亏损以“－”号填列）			
减：销售费用			
管理费用			
财务费用			
资产减值损失			
三、营业利润（亏损以“－”号填列）			
加：投资收益（损失以“－”号填列）			
补贴收入			
营业外收入			
减：营业外支出			
四、利润总额（亏损以“－”号填列）			
减：所得税			
少数股东权益			
五、净利润（亏损以“－”号填列）			
加：年初未分配利润			
其他转入			
六、可供分配的利润			
减：提取法定公积金			
提取盈余公积			
……			
七、可供投资者分配的利润			
减：应付优先股股利			
提取任意盈余公积			
……			
八、未分配利润			

图 7-3　多步式利润表

单步式和多步式利润表各有优缺点，如表 7-11 所示。

表 7-11　单步式和多步式利润表的优缺点

利润表类型	优点	缺点
单步式	比较简单明了，这种格式对一切收入和费用、支出一视同仁，不分彼此先后，可避免使人误认为收入与费用的配比有先后顺序	一些有意义的中间性信息，如销售毛利、营业利润和利润总额等均未直接反映，不利于不同企业或同一企业不同时期相应项目的比较
多步式	对收入与费用、支出项目加以归类，列示一些中间性的利润指标，分步反映本期净利润的计算过程，可提供比单步式损益表更丰富的信息，而且有助于不同企业或同一企业不同时期相应项目的比较分析	多步式利润表较难理解，而且容易使人产生收入与费用的配比有先后顺序的误解，对收入、费用、支出项目的归类及分步难免带有主观性

7.3.3　利润表的填列说明

前面我们了解了利润表的概述和常用格式，这一小节我们一起了解利润表的编制步骤以及利润表的填列方法。

（1）利润表的编制步骤

在我国，企业一般采用多步式利润表。编制时先将收入与费用、支出项目进行归类，再一步一步计算填列，具体步骤如下所示。

◆ **第一步**：根据原始凭证编制记账凭证，登记总账及明细账，并进行账账核对、账实核对及账证核对。

◆ **第二步**：在保证所有会计业务均入账的前提下，编制试算平衡表，检查会计账户的正确性，为编制会计报表做准备。

◆ **第三步**：依据试算平衡表损益类账户的发生额，结合有关明细账户的发生额，计算并填列利润表的各项目。

◆ **第四步**：计算营业利润，营业利润＝营业收入－营业成本－税金及附加－销售费用－管理费用－财务费用－资产减值损失＋公允价值变动收益（－公允价值变动损失）＋投资收益（－投资损失）。

◆ **第五步**：计算利润总额，利润总额＝营业利润＋营业外收入－营业外支出。

◆ **第六步**：计算净利润（净亏损），净利润（净亏损）＝利润总额－所得税费用。

◆ **第七步**：检验利润表的完整性及准确性，包括表头部分的填制是否齐全、各项目的填列是否正确、各种利润的计算是否正确以及是否签字盖章。

（2）利润表的填列方法

在月、季度利润表中，各项目均需填列"本期数"和"本年累计数"两栏，而在年度利润表中，各项目需要填列"本期金额"和"上期金额"两栏，其中，"本年累计数"栏内的各项数字应填写当前月份及当年之前月份的累计总额，"上期金额"栏内各项数字应根据上一年年度利润表的"本期金额"栏内所列数字填列。

对于"本期数"和"本期金额"栏内各期数字，其填列方法相似，除"基本每股收益"和"稀释每股收益"项目外，应按照相关科目本月、季或年的发生额分析填列。常用项目的填列如表 7-12 所示。

表 7-12　利润表常用项目的填列规则

项目	填列说明
营业收入	反映企业经营主要业务和其他业务所确认的收入总额，根据"主营业务收入"和"其他业务收入"科目的发生额分析填列
营业成本	反映企业经营主要业务和其他业务所确认的成本总额，根据"主营业务成本"和"其他业务成本"科目的发生额分析填列
税金及附加	反映企业经营业务应负担的消费税、城市维护建设税等，根据"税金及附加"科目的发生额分析填列
销售费用	反映企业在销售商品过程中发生的包装费、广告费等费用和为销售本企业商品而专设的销售机构的职工薪酬、业务费等经营费用，根据"销售费用"科目的发生额分析填列
管理费用	反映企业为组织和管理生产经营活动而发生的管理费用，根据"管理费用"科目的发生额分析填列
财务费用	反映企业筹集生产经营所需资金等而发生的筹资费用，根据"财务费用"的发生额分析填列
资产减值损失	反映企业各项资产发生的减值损失，根据"资产减值损失"科目的发生额分析填列
公允价值变动收益	反映企业应当计入当期损益的资产或负债的公允价值变动，根据"公允价值变动损益"科目的发生额分析填列，如为净损失，本项目以"-"号填列
投资收益	反映企业以各种方式对外投资所取得的收益，根据"投资收益"科目的发生额分析填列，如为投资损失，本项目以"-"号填列
营业利润	反映企业实现的营业利润，如为亏损，本项目以"-"号填列。
营业外收入	反映企业发生的与经营业务无直接关系的各项收入，根据"营业外收入"科目的发生额分析填列
营业外支出	反映企业发生的与经营业务无直接关系的各项支出，根据"营业外支出"科目的发生额填列
利润总额	反映企业实现的利润，由以上各项目计算填列，如为亏损，则以"-"号填列
所得税费用	反映企业应从当期利润总额中扣除的所得税费用，根据"所得税费用"科目的发生额分析填列
净利润	反映企业实现的净利润，以利润总额与所得税费的差额填列，如为亏损，则以"-"号填列

| 范例解析 |　净利润的计算

　　截止到2019年12月31日，甲公司有关损益类科目的发生额如表7-13所示，计

算甲公司2019年的净利润。

表 7-13 甲公司 2019 年利润表部分数据

科目名称	发生额（万元）	科目名称	发生额（万元）
主营业务收入	160.00	销售费用	7.00
主营业务成本	40.00	管理费用	5.00
其他业务收入	30.00	营业外收入	20.00
税金及附加	15.00	营业外支出	40.00
财务费用	3.00	所得税费用	25.00

甲公司2019年的营业利润、利润总额和净利润的计算结果如下。

营业利润=主营业务收入+其他业务收入−主营业务成本−税金及附加−财务费用−销售费用−管理费用=160.00+30.00−40.00−15.00−3.00−7.00−5.00=120.00（万元）

利润总额=营业利润+营业外收入−营业外支出=120.00+20.00−40.00=100.00（万元）

净利润=利润总额−所得税费用=100.00−25.00=75.00（万元）

| 7.4 |
现金流量表体现资金链情况

现金流量表是反映一定时期内（月、季、年）企业的经营活动、投资活动和筹资活动对其现金及现金等价物产生影响的财务报表，可用于分析一家企业在短期内有没有足够的现金去应付开销。

7.4.1 现金流量表的作用和格式

现金流量表作为一个分析的工具，主要作用是确定公司短期生存能力，特别是缴付账单的能力。

一个正常经营的企业，在创造利润的同时还应创造现金收益，通过对现金流入的来源分析，就可以对创造现金的能力作出评价，并可对企业未来获取现金的能力作出预测。现金流量表揭示的现金流量信息可以从现金角度对企业的偿债能力和支付能力作出更可靠、更稳健的评价。现金流量表具体有如下 3 点作用。

◆ 弥补了资产负债表信息量的不足。

◆ 便于从现金流量的角度对企业进行考核。

◆ 了解企业筹措现金、生成现金的能力。

现金流量表项目比较多，为了让报表使用者更直观、更容易理解报表，一般企业使用的现金流量表的格式如图 7-4 所示。

现金流量表			
公司名称： 年 月 日			单位：元
项目	行次	本月数	本年累计数
一、经营活动产生的现金流量：			
1.销售商品、提供劳务收到的现金			
2.收到税费返还			
3.收到的其他与经营活动有关的现金			
现金流入小计			
1.购买商品、接受劳务支付的现金			
2.支付给职工对职工支付的现金			
3.支付的各项税费			
4.支付的其他与经营活动有关的现金			
现金流出小计			
经营活动产生的现金流量净额			
二、投资活动产生的现金流量：			
1.收回投资所收到的现金			
2.取得投资收益所收到的现金			
3.处理固定资产、无形资产和其他长期资产而收到的现金净额			
4.收到的其他与投资活动有关的现金			
现金流入小计			
1.购建固定资产、无形资产和其他长期资产所支付的现金			
2.投资所支付的现金			
3.支付的其他与投资活动有关的现金			
现金流出小计			
投资活动产生的现金流量净额			
三、筹资活动产生的现金流量：			
1.吸收投资所收到的现金			
2.借款所收到的现金			
3.收到的其他与筹资活动有关的现金			
现金流入小计			
1.偿还债务所支付的现金			
2.分配股利或利润或偿付利息所支付的现金			
3.支付的其他与筹资活动有关的现金			
现金流出小计			
筹资活动产生的现金流量净额			
四、汇率变动对现金的影响额			
五、现金及现金等价物净增加额			
单位负责人： 财务负责人： 制表人：			

图 7-4　现金流量表

7.4.2 现金流量表的编制

1. 现金流量表的编制原则

现金流量表的内容虽然繁杂，但是在编制过程中只要了解现金流量表中的各项内容和它的基本编制原则，编制现金流量表也会得心应手，具体的编制原则如表 7-14 所示。

表 7-14 现金流量表的编制原则

原则	具体说明
外币折算为人民币	在我国，企业外币现金流量以及境外子公司的现金流量，以现金流量发生日的汇率或加权平均汇率折算。汇率变动对现金的影响作为调节项目，在现金流量表中单独列示
总额反映与净额反映灵活运用	为了提供企业现金流入和流出总额的信息，现金流量表一般应按照现金流量总额反映。对于一定时期的现金流量通常可按现金流量总额或现金流量净额反映
合理划分经营活动、投资活动和筹资活动	企业应当合理划分经营活动、投资活动和筹资活动，对于某些现金收支项目或特殊项目，应当根据特定情况和性质进行划分，分别归并到经营活动、投资活动和筹资活动类别中，并一贯性地遵循这一划分标准
分类反映	为了给会计报表使用者提供有关现金流量的信息，并结合现金流量表和其他财务信息对企业作出正确的评价，现金流量表应当提供企业经营活动、投资活动和筹资活动对现金流量的影响信息，即现金流量表应当分别反映经营活动产生的现金流量、投资活动产生的现金流量和筹资活动产生的现金流量的总额以及它们相抵后的结果
重要性	现金流量表中不反映与现金的投资和筹资活动无关的信息，对于不涉及现金的重要的投资和筹资活动在现金流量表"补充资料"（或附注）中反映

2. 现金流量表的编制方法

现金流量表的编制方法可以分为工作底稿法和 T 形账户法，它们都是以利润表和资产负债表为基础，对每一项目进行分析并编制调整分录，主要区别是依据不一样。

（1）工作底稿法

采用工作底稿法编制现金流量表，就是以工作底稿为手段，以利润表和资产负债表数据为基础，对每一项目进行分析并编制调整分录，从而编制出现金流量表，一般程序如图7-5所示。

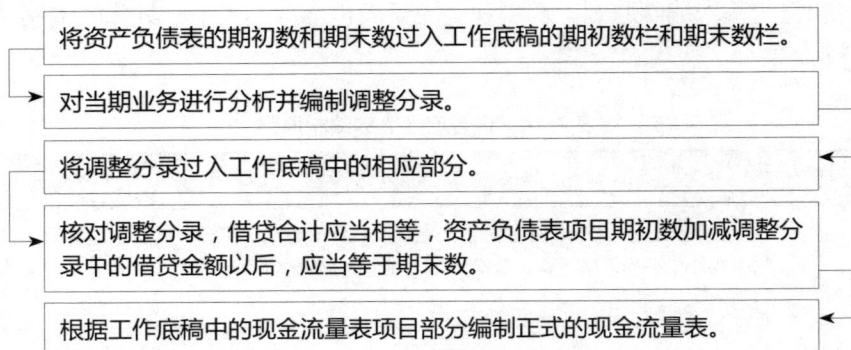

将资产负债表的期初数和期末数过入工作底稿的期初数栏和期末数栏。

对当期业务进行分析并编制调整分录。

将调整分录过入工作底稿中的相应部分。

核对调整分录，借贷合计应当相等，资产负债表项目期初数加减调整分录中的借贷金额以后，应当等于期末数。

根据工作底稿中的现金流量表项目部分编制正式的现金流量表。

图7-5　工作底稿法编制现金流量表的步骤

（2）T形账户法

采用T形账户法编制现金流量表，就是以T形账户为手段，以利润表和资产负债表数据为基础，对每一项目进行分析并编制调整分录，从而编制出现金流量表，一般程序如图7-6所示。

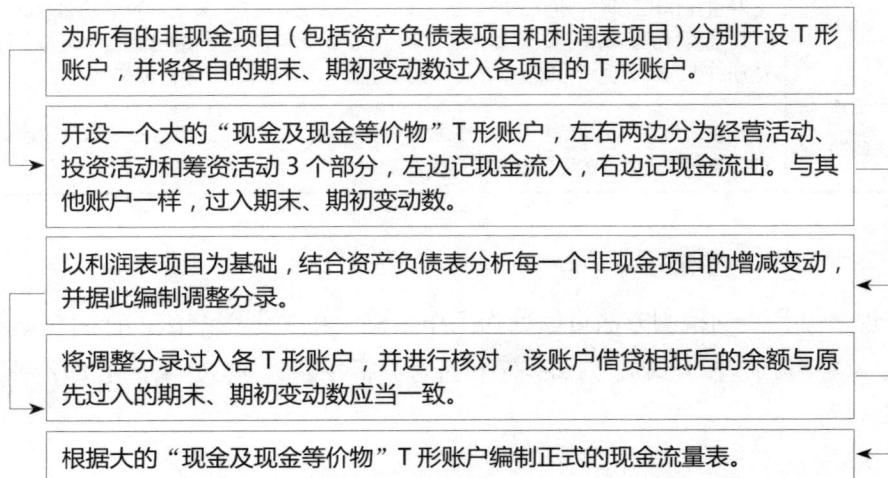

为所有的非现金项目（包括资产负债表项目和利润表项目）分别开设T形账户，并将各自的期末、期初变动数过入各项目的T形账户。

开设一个大的"现金及现金等价物"T形账户，左右两边分为经营活动、投资活动和筹资活动3个部分，左边记现金流入，右边记现金流出。与其他账户一样，过入期末、期初变动数。

以利润表项目为基础，结合资产负债表分析每一个非现金项目的增减变动，并据此编制调整分录。

将调整分录过入各T形账户，并进行核对，该账户借贷相抵后的余额与原先过入的期末、期初变动数应当一致。

根据大的"现金及现金等价物"T形账户编制正式的现金流量表。

图7-6　T形账户法编制现金流量表的步骤

7.4.3　现金流量表的填列内容

现金流量表分为主表和附表两大部分，主表的各项金额实际上就是每笔现金流入、流出的归属，而附表的各项目金额则是相应会计账户的当期发生额或期末与期初余额的差额，都是不可少的一部分。

由于附表项目的填列比较简单，本小节先学习附表的填列内容，再了解主表的填列规则。

1. 附表的填列内容

现金流量表附表项目一般可以直接根据相应会计账户的发生额或余额填列，具体内容如表 7-15 所示。

表 7-15　现金流量表附表的填列内容

项目名称	填列说明
净利润	现金流量表的净利润项目的金额根据利润表中净利润项目的金额填列
计提的资产减值准备	根据"管理费用"账户下的"计提坏账准备"及"计提的存货跌价准备"明细账户、"营业外支出"账户下的"计提的固定资产减值准备""计提的在建工程减值准备"和"计提的无形资产减值准备"明细科目，"投资收益"账户下的"计提的短期投资跌价准备"和"计提的长期投资减值准备"等明细账户的借方发生额填列
固定资产折旧	根据"制造费用""管理费用"和"销售费用"等账户下的"折旧费"明细账户的借方发生额填列
无形资产摊销	根据"管理费用"等账户下的"无形资产摊销"明细账户的借方发生额填列
长期待摊费用摊销	根据"制造费用""管理费用"和"销售费用"等账户下的"长期待摊费用摊销"明细账户的借方发生额填列
待摊费用减少	根据"待摊费用"账户的期初、期末余额的差额填列
预提费用增加	根据"预提费用"账户的期初、期末余额的差额填列
处置固定资产、无形资产和其他长期资产的损失	根据"营业外收入""营业外支出"和"其他业务收入"等账户下的"固定资产处置利得"和"非常损失"等明细账户的借方发生额与贷方发生额的差额填列
固定资产报废损失	根据"营业外支出"账户下的"固定资产盘亏"明细账户的借方发生额与"营业外收入"账户下的"固定资产盘盈"明细账户的贷方发生额的差额填列

项目名称	填列说明
财务费用	根据"财务费用"账户下的"利息支出"明细账户的借方发生额填列，不包括"利息收入"等其他明细账户发生额
投资损失	根据"投资收益"账户借方发生额填列，不包括"计提的短期投资跌价准备"和"计提的长期投资减值准备"等明细账户发生额
递延税贷项目	根据"递延税款"账户期末、期初余额的差额填列
存货的减少	根据与经营活动有关的"原材料""库存商品"和"生产成本"等所有存货账户的期初、期末余额的差额填列
经营性应收项目的减少	根据与经营活动有关的"应收账款""其他应收款"和"预付账款"等账户的期初、期末余额的差额填列
经营性应付项目的增加	根据与经营活动有关的"应付账款""预收账款"和"应付职工薪酬"等账户的期末、期初余额的差额填列

2. 主表的填列内容

现金流量表主表是反映企业的经营活动、投资活动和筹资活动等涉及的现金流入、流出情况的会计报表，下面就从这3个方面来了解现金流量表主表的填列内容。

（1）经营活动产生的现金流量

企业大部分现金流入流出都和经营活动有关，根据活动的本身性质可以分为不同的项目，具体内容如表7-16所示。

表7-16　现金流量表主表的经营活动现金流量项目

类别	项目名称	填列说明
现金收入	销售商品、提供劳务收到的现金	该项目反映企业本年销售商品、提供劳务收到的现金，以及前期销售商品、提供劳务的交易事项在本期收到的现金（包括应向购买者收取的增值税销项税额）和本期预收的款项，减去本年销售本期退回商品和前期销售本期退回商品支付的现金。企业销售材料和代购代销业务收到的现金也在本项目反映
现金收入	收到的税费返还	该项目反映企业收到的所得税、增值税、消费税、关税和教育费附加等各种税费返还款

续表

类别	项目名称	填列说明
现金收入	收到的其他与经营活动有关的现金	该项目反映企业除上述各项目外，收到的其他与经营活动有关的现金，如罚款收入、经营租赁固定资产收到的现金、投资性房地产收到的租金收入、流动资产损失中由个人赔偿的现金收入以及除税费返还外的其他政府补助收入等
现金支出	购买商品、接受劳务支付的现金	该项目反映企业本期购买商品、接受劳务实际支付的现金（包括增值税进项税额），以及本期支付前期购买商品、接受劳务的未付款项和本期预付款项，减去本期发生的购货退回收到的现金。企业购买材料和委托代销业务支付的现金也在本项目反映
	支付给职工以及为职工支付的现金	该项目反映企业实际支付给职工的工资、奖金、各种津贴和补贴等职工薪酬（包括代扣代缴的职工个人所得税）
	支付的各项税费	该项目反映企业本期发生并支付、前期发生本期支付以及预缴的各项税费，包括所得税、增值税、消费税、印花税、房产税、土地增值税、车船税和教育费附加等
	支付其他与经营活动有关的现金	该项目反映企业除上述各项目外所支付的其他与经营活动有关的现金，如经营租赁支付的租金、支付的罚款、差旅费、业务招待费和保险费等。另外还包括支付的销售费用

在填列某些现金流量表项目时，往往需要计算得出，常用的公式如下。

销售商品、提供劳务收到的现金＝营业收入＋增值税的销项税额＋（应收票据年初余额－应收票据期末余额）＋（应收账款年初余额－应收账款期末余额）＋（预收账款期末余额－预收账款年初余额）－当期计提的坏账准备等

购买商品、接受劳务支付的现金＝营业成本＋增值税的进项税额＋（存货期末余额－存货年初余额）＋（应付账款年初余额－应付账款期末余额）＋（应付票据年初余额－应付票据期末余额）＋（预付账款期末余额－预付账款年初余额）－当期列入生产成本、制造费用的职工薪酬－当期列入生产成本、制造费用的折旧费等

支付的各项税费＝（应交所得税期初余额＋当期所得税费用－应交所得税期末余额）＋支付的税金及附加＋应交增值税（已交税金）

支付其他与经营活动有关的现金＝支付其他管理费用＋支付的销售费用等

| 范例解析 | 经营活动现金流量的计算

2019年12月31日，甲公司营业收入为12.00万元，营业成本为3.00万元。当期应付职工薪酬为2.00万元，折旧费为1.00万元，发生其他管理费和销售费用各5 000.00元，甲公司的资产负债表部分项目如表7-17所示，计算现金流量表中"经营活动产生的现金流量"。

表7-17　甲公司2019年资产负债表部分数据

项目	年初（万元）	年末（万元）
应收票据	4.00	3.00
应收账款	2.00	1.00
预收账款	1.00	2.00
应付账款	4.00	2.00

①销售商品、提供劳务收到的现金=12.00+（4.00-3.00）+（2.00-1.00）+（2.00-1.00）=15.00（万元）

②购买商品、接受劳务支付的现金=3.00+（4.00-2.00）=5.00（万元）

③支付其他与经营活动有关的现金=0.50+0.50=1.00（万元）

（2）投资活动产生的现金流量

企业除了在日常经营活动中会产生现金流量外，还会通过投资活动产生现金流，其相关项目的具体内容如表7-18所示。

表7-18　现金流量表主表的投资活动现金流量项目

类别	项目名称	填列说明
现金收入	收回投资收到的现金	该项目反映企业出售、转让或到期收回除现金等价物以外的投资于其他企业的交易性金融资产、长期股权投资收到的现金。本项目可根据"交易性金融资产"和"长期股权投资"等科目的记录分析填列

续表

类别	项目名称	填列说明
现金收入	取得投资收益收到现金	该项目反映企业交易性金融资产分得的现金股利，从子公司、联营企业或合营企业分回利润、现金股利而收到的现金，以及因债权性投资而取得的现金利息收入。本项目可以根据"应收股利""应收利息""投资收益""库存现金"和"银行存款"等科目的记录分析填列
现金收入	处置子公司及其他营业单位收到的现金净额	该项目反映企业处置子公司及其他营业单位所取得的现金，减去相关处置费用以及子公司及其他营业单位持有的现金和现金等价物后的净额。本项目可以根据"长期股权投资""银行存款"和"库存现金"等科目的记录分析填列
现金支出	购建固定资产、无形资产和其他长期资产支付的现金	该项目反映企业购买和建造固定资产、取得无形资产和其他长期资产所支付的现金（含增值税税款等），以及用现金支付的应由在建工程和无形资产负担的职工薪酬
现金支出	投资支付的现金	该项目反映企业取得除现金等价物以外的对其他企业的权益工具、债务工具和合营中的权益投资所支付的现金，包括除现金等价物以外的交易性金融资产、长期股权投资以及支付的佣金、手续费等交易费用
现金支出	取得子公司及其他营业单位支付的现金净额	该项目反映企业购买子公司及其他营业单位的出价中以现金支付的部分，减去子公司及其他营业单位持有的现金和现金等价物后的净额。本项目可以根据"长期股权投资""库存现金"和"银行存款"等科目的记录分析填列

| 范例解析 | 投资活动现金流量的计算

2019年初，甲公司购买A企业发行的股票，价款为100.00万元，划分为交易性金融资产。2019年12月，收到A企业的股利1.50万元。2019年6月，甲公司为扩展业务，购买了一台机器设备，价值为20.00万元。计算甲公司2019年发生的投资活动的现金流量。

甲公司投资支付的现金=100.00（万元）

收回投资收益的现金=1.50（万元）

购买固定资产的现金=20.00（万元）

（3）筹资活动产生的现金流量

企业除了在经营活动和投资活动中会产生现金流量外，在筹资活动中同样也会产生现金流量，其相关项目的具体内容如表7-19所示。

表7-19 现金流量表主表的筹集活动现金流量项目

类别	项目名称	填列说明
现金收入	吸收投资收到的现金	该项目反映企业以发行股票等方式筹集资金并实际收到的款项净额（即发行收入减去支付的佣金等发行费用后的净额）。本项目可以根据"实收资本（或股本）""资本公积"和"银行存款"等科目的记录分析填列
	取得借款收到的现金	该项目反映企业举借各种短期、长期借款而收到的现金，以及发行债券实际收到的款项净额（发行收入减去直接支付的佣金等发行费用后的净额）。本项目可以根据"短期借款""长期借款""应付债券""库存现金"和"银行存款"等科目的记录分析填列
现金支出	偿还债务支付的现金	该项目反映企业偿还债务本金所支付的现金，包括偿还金融企业的借款本金、偿还债券本金等。企业支付的借款利息和债券利息在"分配股利、利润或偿付利息支付的现金"项目中反映，不包括在本项目内。本项目可以根据"短期借款""长期借款"和"应付债券"等科目的记录分析填列
	分配股利、利润或偿付利息支出的现金	该项目反映企业实际支付的现金股利、支付给其他投资单位的利润或用现金支付的借款利息、债券利息等。不同用途的借款，其利息的开支渠道不一样，如在建工程、制造费用和财务费用等，均在本项目中反映。本项目可以根据"应付股利""应付利息""在建工程""制造费用""研发支出"和"财务费用"等科目的记录分析填列

| 范例解析 | 筹资活动现金流量的计算

2019年甲公司对外公开募集股份100万股，每股1.00元，发行价为每股1.20元，代理发行费用共计8.00万元，甲公司已收到全部发行价款。2019年3月，甲公司取得短期借款和长期借款共30.00万元，发行债券实际收到的款项为50.00万元。计算2019年甲公司筹资活动现金流量。

吸收投资收到的现金=100×1.20-8.00=112.00（万元）

借款收到的现金=30.00+50.00=80.00（万元）

08

实务中特殊业务的财税处理

在企业的会计工作中，对税务的处理除了常见的采购与销售环节中的增值税问题外，还涉及其他一些特殊业务的财税处理，如固定资产的税务处理，与收入、成本和费用等相关的特殊税务处理，以及其他税种的税务处理等，这些也需要会计人员熟练掌握。

| 8.1 |
固定资产的税务处理问题

固定资产是企业赖以发展的主要资产。固定资产的使用时间比较长，一般都超过 12 个月。对企业来说，固定资产地位重要，因此相关的税务处理问题也备受关注。

8.1.1　固定资产报废处置的财税处理

企业固定资产在长期使用过程中难免会有磨损，甚至有些还没有达到最高使用年限就因技术落后而不再被需要，这时企业就会对有关固定资产进行报废处理。

要注意，固定资产报废并不代表固定资产没有了价值，在报废时也有可能获取一定的变价收入，此时的变价收入将冲减固定资产报废损失。财务上以"固定资产清理"科目进行核算。如果涉及报废收入，税务上还需考虑增值税。

| 范例解析 |　对磨损严重的生产机器做报废处理

某食品生产企业为增值税一般纳税人，2019年11月检查出一台设备由于磨损严重，决定提前报废。已知该设备原价为420 000.00元，已计提折旧336 000.00元，没有计提减值准备，报废时获得残值收入41 000.00元，收到购买方开具的增值税专用发票，注明税款5 330.00元。在报废清理过程中，该公司发生了清理费用2 200.00元。所有款项的支付已通过银行存款办理完毕，公司会计人员应做如下财税处理。

①将需要报废的固定资产转入清理。

借：固定资产清理　　　　　　　　　　　　　　　　　　84 000.00
　　累计折旧　　　　　　　　　　　　　　　　　　　　336 000.00
　　　贷：固定资产　　　　　　　　　　　　　　　　　　　　420 000.00

②收到残值收入时冲减固定资产清理并核算税费。

借：银行存款　　　　　　　　　　　　　　　　　　　　46 330.00
　　　贷：固定资产清理　　　　　　　　　　　　　　　　　　41 000.00
　　　　　应交税费——应交增值税（销项税额）　　　　　　　5 330.00

③支付清理费用。

借：固定资产清理   2 200.00

    贷：银行存款   2 200.00

④冲减后的固定资产清理转入资产处置的净损益。

固定资产清理余额（借方）=84 000.00+2 200.00−41 000.00=45 200.00.00（元）

固定资产清理的余额在借方，表明该固定资产的整个报废过程发生了净损失，因此需要将其从贷方转入相关科目的借方。

借：资产处置损益   45 200.00

    贷：固定资产清理   45 200.00

根据企业利润表列示的项目可知，资产处置损益会影响企业的营业利润，该案例中，"资产处置损益"科目在借方，表示损失，因此会计期末编制利润表时会减少营业利润，进而减少应缴纳的企业所得税。

这里的生产设备属于企业生产经营期间的正常处置损失，因此使用"资产处置损益"科目进行核算。如果该生产设备是因为自然灾害等非正常原因导致报废，发生的损失将通过"营业外支出——非常损失"科目进行核算，同样在会计分录的借方。

8.1.2 不动产改变用途的税务处理

固定资产中的动产和不动产在改变用途时的进项转出规定是不同的，目前的政策没有规定动产改变用途需要做增值税进项税额转出处理，所以本节重点讲解不动产改变用途的处理。不动产改变用途有 4 种情况：生产用→生产用，生产用→非生产用，非生产用→生产用以及非生产用→非生产用。其中，生产用→生产用和非生产用→非生产用这两种情况不涉及税务处理变动，因此这里具体介绍生产用不动产→非生产用不动产和非生产用不动产→生产用不动产的税务处理。

（1）生产用不动产转为非生产用不动产

由于生产用不动产在购建时抵扣了对应的增值税进项税额，再加上非生产用不动产的增值税进项税额不能抵扣，因此在转为非生产用不动产时，已经抵扣的增值税进项税额要进行转出处理。

根据《国家税务总局关于深化增值税改革有关事项的公告》（国家税务总局公告 2019 年第 14 号）的规定可知：已抵扣进项税额的不动产，发生非正常损失，或改变用途专用于简易计税方法计税项目、免征增值税项目、集体福利或个人消费的，按照下列公式计算不得抵扣的进项税额，并从当期进项税额中扣减。

不得抵扣进项税额=已抵扣进项税额 × 不动产净值率

不动产净值率=不动产净值 ÷ 不动产原值 × 100%

| 范例解析 | 生产用厂房改为员工宿舍

某电子零件生产企业为增值税一般纳税人，在扩大业务的过程中需要扩建厂房，同时增加员工数量。于是决定将原来的小厂房改建为员工宿舍，然后另外修建大厂房。已知小厂房购入时的价格为 1 500 000.00 元，增值税税额为 135 000.00 元（税率为 9%），到改变用途时已计提折旧 225 000.00 元。该小厂房购入的时间是 2017 年 11 月，到改变用途时刚好满 3 年，当时进项税额分两年抵扣。那么，该小厂房在改变用途时，会计人员需要做的财税处理如下。

不动产净值=1 500 000.00−225 000.00=1 275 000.00（元）

不动产净值率=1 275 000.00 ÷ 1 500 000.00 × 100%=85%

由于小厂房购买时间是 2017 年 11 月，进项税额在 2018 年和 2019 年已全部抵扣完毕，所以，已抵扣的进项税额是全部进项税额。

不得抵扣进项税额=135 000.00 × 85%=114 750.00（元）

借：固定资产　　　　　　　　　　　　　　　114 750.00

　　贷：应交税费——应交增值税（进项税额转出）　114 750.00

如果最初购建不动产时增值税进项税额就不能抵扣，则会直接计入固定资产入账价值，用"固定资产"科目核算不动产的价款和增值税进项税额的合计金额。所以，这里转出的增值税进项税额转入固定资产。

（2）非生产用不动产转为生产用不动产

由于非生产用不动产在购建时未抵扣增值税进项税额，再加上生产用不动产的增值税进项税额可以抵扣，所以在转为生产用不动产时，没有抵扣且允许抵扣的增值税进项税额可做抵扣处理。

根据相关规定可知：按照规定不得抵扣进项税额的不动产，发生用途改变，用于允许抵扣进项税额项目的，按照下列公式在改变用途的次月计算可抵扣进项税额。

可抵扣进项税额=增值税扣税凭证注明或计算的进项税额 × 不动产净值率

| 范例解析 |　非生产用员工食堂改作生产车间

某企业为增值税一般纳税人，在2018年11月时购进一栋平房作为员工的食堂，价值800 000.00元，并且取得了销售方开具的增值税专用发票，注明税额为72 000.00元（税率为9%）。由于当初购进时将房产用于员工食堂这样的集体福利项目，所以增值税进项税额没有进行抵扣。2019年10月，公司决定将该食堂改建为生产车间，已知该房产已计提折旧40 000.00元。那么，该公司会计人员在食堂改变用途的次月（11月）应做的财税处理如下。

不动产净值率=（800 000.00−40 000.00）÷ 800 000.00 × 100%=95%

可抵扣进项税额=72 000.00 × 95%=68 400.00（元）

借：应交税费——待抵扣进项税额　　　　　　　　68 400.00
　　贷：固定资产　　　　　　　　　　　　　　　　　　68 400.00
借：应交税费——应交增值税（进项税额）　　　　68 400.00
　　贷：应交税费——待抵扣进项税额　　　　　　　　68 400.00

由于最初购入厂房用作食堂时，价款和税款一起计入了"固定资产"科目，作为固定资产的入账价值，所以在改变用途时，不仅需要核算待抵扣进项税额，还需要将这部分可抵扣的进项税额从固定资产的账面价值中扣减出来，即贷记"固定资产"科目。

8.1.3　固定资产折旧费的税会差异如何调整

固定资产使用过程中，需要通过折旧的方式将其价值转入经营产品中，而折旧时可供选择的折旧方法和折旧年限是多种多样的。当会计上的折旧年限与税法规定的折旧年限不相符时，就会存在折旧费的税会差异，此时必须按照税法的规定进行账目的调整。下面来看一个实际案例。

| 范例解析 |　会计上固定资产折旧年限短于税法规定年限

甲公司2018年11月购进一批生产经营用的工具和器具，价值100 000.00元。已知公司采用的折旧法为直线法，预计这批工具和器具没有残值，同时公司将折旧年限定为4年。但是按照税法的规定，生产经营用的工具和器具的最低折旧年限为5年，所以该公司的这批工具和器具的折旧费存在税会差异，必须进行相关账目的调整，处理如下。

2018年12月～2019年11月，会计计提折旧额。

会计上计提的折旧额=100 000.00÷4=25 000.00（元）

税法上应计提的折旧额=100 000.00÷5=20 000.00（元）

每年产生税会折旧差额=25 000.00−20 000.00=5 000.00（元）

也就是说，每年应在25 000.00元的折旧额的基础上，少折旧5 000.00元。

因为固定资产的折旧额会在发生时计入相应的费用科目，如管理费用、销售费用和制造费用，然后在计算企业所得税时划入税前扣除项目，所以固定资产的折旧额变动会影响企业应纳税所得额，进而影响应纳税额。

这里甲公司按照税法的规定每年应少折旧5 000.00元，也就是说，企业所得税的税前扣除项目要少计5 000.00元，反过来就是企业每年要调增应纳税所得额5 000.00元。

应调增的企业所得税=5 000.00×25%=1 250.00（元）

借：所得税费用　　　　　　　　　　　　　　　　　1 250.00

　　贷：递延所得税负债　　　　　　　　　　　　　　　1 250.00

该案例涉及的财税处理，只按照上述会计分录作所得税费用的调整，对于累计折旧的变动额无需调整，保持原来会计上的处理即可。

通过该案例的财税处理可知，固定资产折旧费的税会差异的调整与固定资产盘盈的账目调整是不同的。折旧费税会差异调整要计入"递延所得税负债"或者"递延所得税资产"科目，原来已做的会计处理不做修改；而固定资产盘盈的账目调整要计入"以前年度损益调整"科目，会计上要调整固定资产的账面价值，税务上还要调整企业所得税，此时依然用"以前年度损益调整"科目核算，而不是"递延所得税资产"或"递延所得税负债"科目。

8.1.4　销售使用过的固定资产的增值税最新规定

纳税人销售使用过的固定资产的增值税处理，会因为固定资产的购进时间和计税办法，以及纳税人的身份等不同而有不同的处理规定。具体的规定如表 8-1 所示。

表 8-1　纳税人销售使用过的固定资产的增值税处理规定

纳税人	情形	增值税规定
一般 纳税人	销售自己使用过的属于《中华人民共和国增值税暂行条例》第 10 条规定，不得抵扣且未抵扣进项税额的固定资产	按简易办法依照 3% 的征收率减按 2% 征收增值税
	销售自己使用过的 2009 年 1 月 1 日以后购进或自制的其他固定资产	按照适用税率征收增值税
	销售自己使用过的 2008 年 12 月 31 日以前购进或自制的其他固定资产	按简易办法依照 3% 的征收率减按 2% 征收增值税
	2008 年 12 月 31 日以前已纳入扩大增值税抵扣范围试点的纳税人，销售自己使用过的在本地区扩大增值税抵扣范围试点以前购进或自制的其他固定资产	按简易办法依照 3% 的征收率减按 2% 征收增值税
	2008 年 12 月 31 日以前已纳入扩大增值税抵扣范围试点的纳税人，销售自己使用过的在本地区扩大增值税抵扣范围试点以后购进或自制的其他固定资产	按照适用税率征收增值税
	建筑企业提供建筑服务属于 2016 年 5 月 1 日以前开通的老项目的	可选择简易办法依照 3% 的征收率征收增值税
	转让其 2016 年 4 月 30 日前取得的不动产，选择简易计税方法计税的	按 5% 的征收率征收增值税

纳税人	情形	增值税规定
小规模纳税人	销售自己使用过的固定资产	减按 2% 征收率征收增值税
	转让取得的不动产	按 5% 的征收率征收增值税

知识延伸│《中华人民共和国增值税暂行条例》第10条规定

下列项目的进项税额不得从销项税额中抵扣：1.用于简易计税方法计税项目、免征增值税项目、集体福利或者个人消费的购进货物、劳务、服务、无形资产和不动产。2.非正常损失的购进货物，以及相关的劳务和交通运输服务。3.非正常损失的在产品、产成品所耗用的购进货物（不包括固定资产）、劳务和交通运输服务。4.国务院规定的其他项目。

| 8.2 |
与收入相关的特殊税务问题

企业获得经营收入必然发生了销售行为。而销售方式的不同又会影响收入的确认时间与确认方式，进而影响对应增值税的计缴。所以，企业的会计人员必须熟练掌握这些与收入相关的特殊税务的处理。

8.2.1 收回委托加工应税消费品的消费税处理

企业委托加工的物资，如果是应税消费品，需要考虑消费税的计缴问题。另外，企业收回委托加工物资后是用于直接出售，还是用于继续生产，这也关系到消费税的处理问题。

（1）收回委托加工应税消费品用于直接出售

企业的委托加工应税消费品应缴纳消费税，且一般由受托方代收代缴。如果企业收回后用于直接出售，则由受托方代收代缴的消费税属于委托方应缴纳的消费税，因此消费税不能单独核算以进行抵扣，而应直接计入应税消费品的成本，相当于委托方缴纳了消费税。

| 范例解析 |　收回委托加工的应税消费品待出售

2019年11月，乙公司接下了很多订单，最终因为人力不够而出现订单可能完不成的困境。于是，公司委托A公司加工一批应缴纳消费税的商品，已知发出的委托加工材料价格为800 000.00元，同时支付加工费170 000.00元，且A公司开具了增值税专用发票，税率为13%，税额为22 100.00元。另外，还由A公司代收代缴了消费税64 000.00元。加工完毕后，乙公司收回应税消费品入库，等待出售。整个过程的财税处理如下。

①发出委托加工材料。

借：委托加工物资　　　　　　　　　　　　　　800 000.00
　　贷：原材料　　　　　　　　　　　　　　　　　800 000.00

②支付加工费并收到增值税专用发票。

因为企业收回后直接出售，所以由A公司代收代缴的消费税将与加工费一起计入"委托加工物资"科目，成为委托加工物资的成本，即234 000.00元（170 000.00+64 000.00）。

借：委托加工物资　　　　　　　　　　　　　　234 000.00
　　应交税费——应交增值税（进项税额）　　　　22 100.00
　　贷：银行存款　　　　　　　　　　　　　　　256 100.00

③收回的应税消费品入库待售。

委托加工物资的总入账价值=800 000.00+234 000.00=1 034 000.00（元）

借：库存商品　　　　　　　　　　　　　　　1 034 000.00
　　贷：委托加工物资　　　　　　　　　　　　1 034 000.00

由案例可知，如果委托加工的应税消费品收回后直接出售，则增值税的处理按照正常程序单独核算，进项税额可抵扣；而消费税则计入委托加工物资的成本。

（2）收回委托加工应税消费品用于连续生产

如果企业收回委托加工的应税消费品后用于连续生产其他应税消费品，则由受托方代收代缴的消费税可予以抵扣，避免重复纳税，因此代收代缴的消费税可单独核算。

| 范例解析 |　收回委托加工的应税消费品用于连续生产

2019年11月，乙公司委托A公司加工一批应缴纳消费税的物资，已知委托加工材料价格为800 000.00元，同时支付加工费170 000.00元，且A公司开具了增值税专用发票，税率为13%，税额为22 100.00元。另外，还由A公司代收代缴了消费税64 000.00元。加工完毕后乙公司收回物资入库，以备他用。整个过程的财税处理如下。

①发出委托加工材料。

借：委托加工物资　　　　　　　　　　　　　　　800 000.00
　　贷：原材料　　　　　　　　　　　　　　　　　800 000.00

②支付加工费并收到增值税专用发票。

因为企业收回委托加工物资后用于其他连续生产，所以由A公司代收代缴的消费税可单独核算，以便日后进行消费税抵扣。

借：委托加工物资　　　　　　　　　　　　　　　170 000.00
　　应交税费——应交增值税（进项税额）　　　　 22 100.00
　　　　　　　——应交消费税　　　　　　　　　 64 000.00
　　贷：银行存款　　　　　　　　　　　　　　　 256 100.00

③收回的物资入库成为原材料。

借：原材料　　　　　　　　　　　　　　　　　　970 000.00
　　贷：委托加工物资　　　　　　　　　　　　　　970 000.00

由该案例可知，如果委托加工应税消费品收回后用于连续生产，则增值税的处理按照正常程序单独核算，进项税额可抵扣。另外，消费税也可单独核算，以便日后抵扣。

8.2.2　委托代销业务的税务处理

在委托代销业务中，主要分为两种类型，一是委托方以支付手续费的方式委托代销；二是委托方直接按协议价与受托方结算，受托方按约定的加价标准出售后，以差价作为经营报酬，而委托方将不再向其支付代销手续费。在第一种类型中又根据手续费的核算方式的不同可分为两类，一种是代销手续费与商品销售量或销售额无关，另一种是代销手续费与商品销售量或销售额相关。

对于受托方加价出售的情况，由于委托方按协议价格与受托方结算商品价款后，不需要再理会受托方的销售情况，所以此时委托方的税务处理比较简单，与正常的销售商品的税务处理相同。这里只介绍委托方以支付手续费的方式委托代销的财税处理。

很多企业为了降低成本，同时也督促受托方积极销售，经常以手续费与销售额挂钩的方式进行委托代销。下面主要对这种情形的财税处理做讲解。

| 范例解析 |　**按售价的一定比例支付手续费开展委托代销业务**

2019年11月27日，某服装销售公司委托某经销商销售女装300件，商品已经交付给经销商，每件商品的成本为190.00元。双方签订了委托代销合同，约定经销商必须按每件429.00元的价格销售，而服装公司将按售价的10%向经销商支付手续费。当月经销商共售出20件，开出的增值税专用发票上注明的售价为8 580.00元，增值税税额1 115.40元，服装公司收到经销商开具的代销清单和提供代销服务开具的增值税专用发票，注明价款为858.00元，增值税税额为51.48元，同时，服装销售公司向经销商开具了一张商品销售业务的增值税专用发票。所有款项已经通过银行存款结算完毕，整个业务的财税处理如下。

①发出委托代销的商品。

委托代销商品的成本=300×190.00=57 000.00（元）

借：委托代销商品　　　　　　　　　　　57 000.00

　　贷：库存商品　　　　　　　　　　　　　57 000.00

②收到经销商开具的代销清单和提供代销服务的增值税发票，并向经销商开具一张相同的商品销售业务的增值税专用发票。

借：应收账款　　　　　　　　　　　　　9 695.40

　　贷：主营业务收入　　　　　　　　　　　8 580.00

　　　　应交税费——应交增值税（销项税额）　1 115.40

售出的20件商品对应的成本为3 800.00元（20×190.00）。

借：主营业务成本   3 800.00

    贷：委托代销商品   3 800.00

借：销售费用   858.00

    应交税费——应交增值税（进项税额）   51.48

    贷：应收账款   909.48

③扣除应支付的手续费后收到经销商支付的销售货款。

收到的货款=9 695.40−909.48=8 785.92（元）

借：银行存款   8 785.92

    贷：应收账款   8 785.92

在该案例中，第①步没有涉及增值税的核算，是因为委托代销业务中，委托方的纳税义务发生时间为收到代销单位的代销清单或收到全部或部分货款的当天，所以在第②步收到代销清单时核算增值税销项税额。如果委托单位在发出代销货物满 180 天后还没有收到代销单位开具的代销清单，则委托单位在代销货物发出后满 180 天的当天确认纳税义务的发生，核算增值税。对经销商来说，代销货物属于提供服务，适用的增值税税率为 6%，因此税额为 51.48 元（858.00×6%）。

另外，第②步中最后一个会计分录的贷方"应收账款"科目是直接冲减委托单位应向代销单位收取的销售货款，实务中不使用"应付账款"来核算委托单位应支付给代销单位的代销手续费，因此第③步中直接结转扣除了代销手续费后的应收账款。

8.2.3　预收货款方式的税务处理

在预收货款的销售方式下，销售方在收到最后一笔款项时才交付商品给购买方，同时确认销售收入。在此之前收到的货款全部确认为预收账款。另外，销售方的增值税纳税义务发生在发出商品并开具增值税专用发票时，与收入一起核算。

| 范例解析 |　以预收款方式向购买方销售商品

2019年11月28日，某面粉生产商向某食品加工公司销售了一批面粉，双方签订了购销合同，并约定采用预收款方式交易。已知该批面粉的成本为115 000.00

元，协议约定的售价为154 000.00元，增值税税额为20 020.00元。按照合同的规定，该食品加工公司要在28日预付售价的50%，剩余50%的货款和全部增值税税款在半个月之后支付，面粉生产商会在收到剩余款项时一次性开具增值税专用发票。对面粉生产商来说，整个业务的财税处理如下。

①2019年11月28日预收50%的货款。

预收账款=154 000.00×50%=77 000.00（元）

借：银行存款　　　　　　　　　　　　　　　　　77 000.00
　　贷：预收账款　　　　　　　　　　　　　　　　　77 000.00

②收到剩余货款和全部增值税税款时交付商品并开具增值税发票，确认收入并结转成本。

借：预收账款　　　　　　　　　　　　　　　　　77 000.00
　　银行存款　　　　　　　　　　　　　　　　　97 020.00
　　贷：主营业务收入　　　　　　　　　　　　　154 000.00
　　　　应交税费——应交增值税（销项税额）　　　20 020.00
借：主营业务成本　　　　　　　　　　　　　　115 000.00
　　贷：库存商品　　　　　　　　　　　　　　　115 000.00

通过该案例的学习可知，企业在采用预收款方式开展销售业务时，在确认销售收入的操作中需同时结转以前已经预收的款项，如本例中第②步的第一个会计分录，实务中一般不单独编制"借：预收账款 77 000.00 贷：银行存款 77 000.00"的会计分录。

8.2.4　视同销售行为的税务处理

相关税法规定，单位或个体工商户的下列行为视同销售货物，要征收增值税。

◆ 将货物交付给其他单位或个人代销。如8.2.2中的服装销售公司的委托代销业务，视同销售货物，要征收增值税。
◆ 销售代销货物。如8.2.2中的服装销售公司的经销商销售代销的服装，视同销售货物，要征收增值税。具体账务处理见本节范例解析。
◆ 设有两个以上机构并实行统一核算的纳税人，将货物从一个机构移送到其他机构用于销售。但相关机构设在同一县（市）的，机构之间的货物移送不视同销售货物。

◆ 将自产或委托加工的货物用于非增值税应税项目。

◆ 将自产或委托加工的货物用于集体福利或个人消费。

◆ 将自产、委托加工或购进的货物作为投资提供给其他单位或个体工商户。

◆ 将自产、委托加工或购进的货物分配给投资者或股东。

◆ 将自产、委托加工或购进的货物无偿赠送给其他单位或个人。

| 范例解析 |　以收取手续费的方式开展代销业务

2019年11月27日，某经销商接受了某服装销售公司的委托代销业务，代销女装300件，商品已经收到。双方签订了委托代销合同，要求经销商必须按每件429.00元的价格出售，同时经销商可获得售价10%的手续费。当月经销商共售出20件女装，开出的增值税专用发票上注明的售价为8 580.00元，增值税税额为1 115.40元。月底，向服装销售公司提交了代销清单并开具了提供代销服务的增值税专用发票，注明价款为858.00元，增值税税额为51.48元，同时收到服装销售公司开具的一张商品销售业务的增值税专用发票。所有款项最终都结算完毕，整个业务的财税处理如下。

①收到需要代销的商品。

以"受托代销商品款"核算代销商品的价格=300×429.00=128 700.00（元）

借：受托代销商品　　　　　　　　　　　　128 700.00
　　贷：受托代销商品款　　　　　　　　　　　128 700.00

②对外销售商品。

借：银行存款　　　　　　　　　　　　　　　9 695.40
　　贷：受托代销商品　　　　　　　　　　　　　8 580.00
　　　　应交税费——应交增值税（销项税额）　　1 115.40

③提交代销清单并收到商品销售业务的增值税专用发票。

借：应交税费——应交增值税（进项税额）　　1 115.40
　　贷：应付账款　　　　　　　　　　　　　　　1 115.40

借：受托代销商品款　　　　　　　　　　　　8 580.00
　　贷：应付账款　　　　　　　　　　　　　　　8 580.00

④向服装销售公司支付货款并计算代销手续费。

应付账款=1 115.40+8 580.00=9 695.40（元）

实际支付的款项=9 695.40−858.00−51.48=8 785.92（元）

借：应付账款　　　　　　　　　　　　　　　9 695.40

　　贷：银行存款　　　　　　　　　　　　　　8 785.92

　　　　其他业务收入　　　　　　　　　　　　　858.00

　　　　应交税费——应交增值税（销项税额）　　51.48

在该案例中，经销商收到服装销售公司发来的商品时，不能将其确认为库存商品，而是以"受托代销商品"科目做暂时入账的处理，同时以"受托代销商品款"科目核算代销商品的价值。在出售环节，由于"受托代销商品款"是相对于服装销售公司存在的，所以需直接冲减"受托代销商品"科目，形成案例中第②步的会计分录。

在第③步中，由于增值税进项税额是服装销售公司向经销商开具增值税专用发票而形成的应付账款，另外需要支付的受托代销商品款是本应支付的，且受托代销商品款与这里的增值税进项税额没有因果关系，所以两者分别核算并编制会计分录。

在第④步中，经销商直接从应付账款中扣减服装销售公司应该支付的手续费，并以银行存款付讫，而对经销商来说，代销业务并不是自身主要的经营业务，所以将手续费收入确认为其他业务收入，形成最终的会计分录。与8.2.2节的案例分析结果相比，双方的账目是一致的，服装销售公司收到的价款和经销商实际支付的款项都是8 785.92元。

8.2.5　销售退回的税务处理

企业销售的货物如果出现质量问题，就可能被购买方要求做退回处理。对销售方来说，发生销售退回的业务，收入的确认和增值税的核算会因为退回时间的不同而有不同的处理规则，具体有如表8-2所示的两种情形。

表8-2 销售退回的两种情形

情形	处理规则
尚未确认销售收入前商品被退回	冲减"发出商品"科目，同时增加"库存商品"科目，另外还要冲减已经核算的增值税销项税额
已经确认销售收入后商品被退回	除资产负债表日后事项外，一般应在发生时冲减当期的商品销售收入和增值税销项税额，同时冲减当期的商品销售成本。如果商品销售时发生了现金折扣，则退回时还应冲减相应的财务费用

| 范例解析 | 确认销售收入前发生商品退回

2019年11月20日，某公司向客户售出电暖器100台，商品已经发出。已知这批电暖器的成本为52.00元/台，售价为99.00元/台，适用的增值税税率为13%，公司已经开具了增值税专用发票，但尚未收到货款。11月22日，客户收到电暖器，但在验收入库时发现其中有10台存在严重的质量问题，于是要求退货。商品发生退回时，该公司还未确认收入。公司将退回的商品入库后，向客户开具了红字增值税专用发票。当天，客户收到红字发票后，将应付的货款以银行存款方式付给公司，公司确认收入。整个业务的财税处理如下。

①11月20日开出增值税专用发票并发出商品。

发出商品的成本=100×52.00=5 200.00（元）

增值税销项税额=100×99.00×13%=1 287.00（元）

借：发出商品   5 200.00

  贷：库存商品   5 200.00

借：应收账款   1 287.00

  贷：应交税费——应交增值税（销项税额） 1 287.00

②11月22日收到退回商品并开具红字增值税专用发票。

退回商品的成本=10×52.00=520.00（元）

退回商品对应的增值税销项税额=10×99.00×13%=128.70（元）

借：库存商品   520.00

  贷：发出商品   520.00

借：应交税费——应交增值税（销项税额） 128.70

  贷：应收账款   128.70

③11月22日收到客户支付的货款，确认收入并结转成本。

客户应支付的货款=（100−10）×99.00×（1+13%）=10 068.30（元）

应确认的主营业务收入=（100−10）×99.00=8 910.00（元）

增值税销项税额=1 287.00−128.70=1 158.30（元）

应确认的主营业务成本=（100−10）×52.00=4 680.00（元）

借：银行存款　　　　　　　　　　　　　　10 068.30

　　贷：主营业务收入　　　　　　　　　　　　　8 910.00

　　　　应交税费——应交增值税（销项税额）　　1 158.30

借：主营业务成本　　　　　　　　　　　　4 680.00

　　贷：发出商品　　　　　　　　　　　　　　　4 680.00

在该案例中，虽然公司在发出商品时已经开具了增值税专用发票，但款项尚未收到，可先不确认收入，待实际收到款项时再确认，相应地不结转成本，因此编制了第①步中的第一个会计分录，增加"发出商品"，同时减少"库存商品"。但又因为开具了发票，要核算增值税销项税额，所以编制了第①步中的第二个会计分录。要说明的是，纳税人在开具销货发票时是可以确认收入的。

退回商品时，企业的库存商品价值增加，发出商品的价值减少，同时应核算的增值税销项税额也减少了，因此编制第②步会计分录。

在收到客户支付的货款时，公司要以最终售出的商品数量为依据核算主营业务收入和增值税销项税额。同时，因为公司最初以"发出商品"科目对销售的商品成本进行过渡核算，所以在结转商品销售成本时，要通过"发出商品"科目进行结转，而不是"库存商品"科目，因此编制了第③步的两个会计分录。

| 8.3 |
其他税种的税务处理

企业经营过程中，除了常见的购销业务外，还可能发生其他特殊的经济事项，使得企业需要缴纳其他税费。比如订立或领受应税凭证要缴纳印花税、实缴了增值税或消费税的企业要缴纳城市维护建设税、有房屋产权归属和变动的要缴纳房产税和契税等。这些税款可能不会很多，也可能不会每个会计期间都缴纳，但它依然影响着企业的营业利润，因此必须掌握处理的方法。

8.3.1 印花税的税务处理

印花税是一种行为税，具体是对企业在经济活动中订立、领受具有法律效力凭证的行为征收的一种税。不同的行为，其纳税义务人和适用税率是不同的，具体如表 8-3 所示。

表 8-3 印花税的纳税义务人和税率

税目		税率	纳税人	备注
合同	买卖合同	支付价款的 0.3‰	立合同人	指动产买卖合同
	借款合同	借款金额的 0.05‰		银行金融机构与借款人订立的
	融资租赁合同	租金的 0.05‰		—
	租赁合同	租金的 1‰		—
	建设工程合同	支付价款的 0.5‰		—
	承揽合同	支付报酬的 0.5‰		—
	运输合同	运输费用的 0.5‰		货运合同和多式联运合同
	技术合同	支付价款、报酬或使用费的 0.3‰		—
	保管仓储合同	保管费或仓储费的 1‰		—
	财产保险合同	保险费的 1‰		不包括再保险
产权转移书据	土地使用权出让和转让书据，房屋等建筑物、构筑物所有权、股权、商标权、著作权、专利权、专有技术使用权等转让书据	支付价款的 0.5‰	立据人	—

续表

税目		税率	纳税人	备注
权利许可证照	不动产权证书、营业执照、商标注册证、专利证书等	每件 5 元	领受人	—
营业账簿		实收资本或股本、资本公积的合计金额的 0.5‰	立账簿人	在规定时间内减半征收
证券交易		成交金额的 1‰	交易人	由证券交易的出让方缴纳

企业会计人员按照如下所示的计算公式核算应缴纳的印花税税额，并按期及时缴纳税款。

印花税应纳税额=计税依据×适用税率÷定额税率

计税依据=价款或报酬=实收资本或股本+资本公积=成交金额=应税凭证件数

| 范例解析 |　生产设备买卖合同应缴纳的印花税

2019 年 11 月 28 日，某公司与生产设备制造商签订了一份买卖合同，注明设备价款为 210 000.00 元，增值税税额为 27 300.00 元。按照相关规定，买卖双方都要根据该买卖合同计算应缴纳的印花税，并做相应的税务处理。

印花税应纳税额=210 000.00×0.3‰=63.00（元）

借：税金及附加　　　　　　　　　　　　　　63.00

　　贷：银行存款　　　　　　　　　　　　　　63.00

印花税在发生时就缴纳贴花，因此不需要通过"应交税费"科目进行核算，在发生并直接缴纳税款时以银行存款支付，并计入税金及附加。原则上，印花税的计税依据不包括增值税税款，但如果合同、产权转移书据等没有将价款和对应的增值税税额分开列明，则计算应缴纳的印花税时，就要连同价款和增值税税额一起确认为计税依据。

还有一些合同中包含两种或两种以上的行为，比如运输保管合同，其中会涉及运输费和保管费，这两种性质的行为分别对应不同的税率，如果合同中分开列明了两项费用的具体金额，则分别核算应缴纳的印花税，如果没有分开列明金额，则以总金额为准按照高税率计算应缴纳的印花税。另外，合同的订立过程中一般一式两份，甚至一式三份，因此，合同的纳税义务人为订立合同的有关各方，并不仅仅是其中一方缴纳印花税。

8.3.2 城市维护建设税的税务处理

因为城市维护建设税是增值税和消费税的附加税，所以该税以纳税人实际缴纳的增值税、消费税的合计税额为计税依据，计算缴纳税款。城市维护建设税的纳税人是在城市、县城、建制镇以及税法规定的征税地区的单位和个体工商户。一般来说，城市维护建设税的税率分两档。

◆ 纳税人所在地在市区，税率为7%。

◆ 纳税人所在地不在市区（如县城、建制镇等），税率为5%。

企业会计人员应根据企业实际缴纳的增值税和消费税总额，按照如下所示的计算公式核算应缴纳的城市维护建设税税额，并按期及时缴纳税款。

城市维护建设税应纳税额=实际缴纳的增值税、消费税税额×适用税率

| 范例解析 | 有实缴的增值税时需缴纳城市维护建设税

2019年11月3日，某电器销售公司申报缴纳上月（10月）应缴纳的增值税税款，共24 312.52元，不涉及消费税。已知该公司所在地为某市区内，适用的城市维护建设税税率为7%，计算该公司10月应缴纳的城市维护建设税税款有多少，并做相应的税务处理。

城市维护建设税应纳税额=24 312.52×7%=1 701.88（元）

借：税金及附加　　　　　　　　　　　　1 701.88
　　贷：应交税费——应交城市维护建设税　　　　　1 701.88
借：应交税费——应交城市维护建设税　　　1 701.88
　　贷：银行存款　　　　　　　　　　　　　　　1 701.88

城市维护建设税在确认时，应通过"应交税费"科目核算，并计入税金及附加，如案例中的第一个会计分录；在实际缴纳税款时，以银行存款支付，如案例中的第二个会计分录。如果纳税人当期应缴纳的增值税税款为 0 元，或者还有未抵扣完的增值税进项税额，两种情况都不涉及城市维护建设税的缴纳。

> **知识延伸｜教育费附加和地方教育附加**
>
> 　　教育费附加是由税务机关负责征收，专门用于发展地方教育事业的预算外资金。它属于增值税和消费税的附加费，以实际缴纳的增值税和消费税的税额总和为计税依据，结合适用费率计算应缴纳的费用。税法规定的教育费附加费率为3%。
>
> 　　地方教育附加是根据国家有关规定，增加地方教育资金投入，促进各省、自治区和直辖市教育事业的发展而开征的一项地方政府性基金，用于各地方的教育经费的投入补充，因此也属于增值税和消费税的附加费，也以实际缴纳的增值税和消费税的税额总和为计税依据，结合适用费率计算应缴纳的费用。税法规定的地方教育附加费率为2%。
>
> 　　教育费附加和地方教育附加是否同时征收，要根据当地税务机关的相关规定执行。实务中，有些地方只征收教育费附加，不征收地方教育附加。

8.3.3　房产税和契税的税务处理

房产税和契税都与纳税人拥有的房产有关，其中契税还与土地使用权有关。只要纳税人拥有房产的所有权、土地使用权，纳税人就需要缴纳对应的房产税和契税。

（1）房产税

房产税以房屋为征税对象，向产权所有人征收的一种财产税。该税种按房屋的计税余值或租金收入为计税依据，计算应缴纳的房产税税额。实务中，房产税会因为情形的不同而存在不同的纳税义务人，具体如表 8-4 所示。

表 8-4　房产税的纳税义务人

情形	纳税义务人
产权属于国家所有	经营管理的单位
产权属于集体和个人所有	集体单位和个人
产权出典	承典人

情形	纳税义务人
产权所有人、承典人都不在房产所在地	房产代管人或使用人
产权未确定和租典纠纷未解决	房产代管人或使用人
纳税单位和个人无租使用房产管理部门、免税单位和纳税单位的房产	使用人
房地产开发企业建造的商品房在出售前已使用或出租、出借	房地产开发企业

我国现行的房产税采用比例税率，不同的计征方式下实行不同的标准。

◆ 从价计征：计税依据为房屋的计税余值，税率为 1.2%。

◆ 从租计征：计税依据为房屋的租金收入，税率为 12%。

企业会计人员应根据恰当的计税依据和对应的税率，按照如下所示的计算公式计算企业应缴纳的房产税税额。

从价计征的房产税应纳税额=应税房产的计税余值×1.2%

应税房产的计税余值=应税房产原值×（1-扣除比例）

根据相关税法的规定，上述公式中的扣除比例幅度为 10%～30%，具体的扣除比例由省、自治区、直辖市人民政府规定。

从租计征的房产税应纳税额=租金收入×12%

| 范例解析 | 办公楼自用过程中的房产税从价计征

某信息技术服务公司自有一套办公楼层，原值为 360.00 万元。已知购买时间为 2018 年 12 月 28 日，从 2019 年 1 月起每年都计算缴纳了房产税，当地政府规定的计税扣除比例为 20%，相关财税处理如下。

每年应缴纳的房产税=3 600 000.00×（1-20%）×1.2%=34 560.00（元）

每个月应缴纳的房产税=34 560.00÷12=2 880.00（元）

①2019 年 1 月确认全年应缴纳的房产税。

借：税金及附加　　　　　　　　　　　　　　　34 560.00

　　贷：应交税费——应交房产税　　　　　　　　　　34 560.00

②2019 年 1 月实际缴纳房产税税款。

借：应交税费——应交房产税　　　　　　　　　　　2 880.00
　　贷：银行存款　　　　　　　　　　　　　　　　　　　2 880.00

以此类推，2019年的以后11个月每月都编制第②步相同的会计分录，同时不再编制第①步中的会计分录。

由于房产税实行按年计算、分期缴纳的征收方式，所以在确定某一年应缴纳的房产税税额时，数据为一年的房产税税额。而实际每月缴纳房产税时，缴纳的是一个月的房产税税款，因此需要做相应的平均计算。

| 范例解析 |　办公楼出租过程中的房产税从租计征

某信息技术服务公司自有一套办公楼层，原值为360.00万元。假设2018年12月将其出租给外单位使用，规定年租金为33.60万元，租期为两年。从2019年1月起开始缴纳房产税，相关财税处理如下。

每年应缴纳的房产税=336 000.00×12%=40 320.00（元）

每个月应缴纳的房产税=40 320.00÷12=3 360.00（元）

①2019年1月确认全年应缴纳的房产税。

借：税金及附加　　　　　　　　　　　　　　　　　40 320.00
　　贷：应交税费——应交房产税　　　　　　　　　　　40 320.00

②2019年1月实际缴纳房产税税款。

借：应交税费——应交房产税　　　　　　　　　　　3 360.00
　　贷：银行存款　　　　　　　　　　　　　　　　　　　3 360.00

以此类推，2019年1月以后的11个月每月都编制第②步相同的会计分录，同时不再编制第①步中的会计分录。

（2）契税

契税是一种一次性缴纳完毕的税收。当土地或房屋等不动产的产权发生转移变动时就需要缴纳契税。一般来说，契税的纳税义务人为承受土地、房屋权属转移的单位和个人，一定程度上可理解为土地、房屋权属的最终所有人。

契税的计税依据会因为土地、房屋的权属转移形式或定价方法等不同而有所区别，主要分如表8-5所示的几种。

表8-5　契税的计税依据

情形	计税依据	纳税人
国有土地使用权出让	成交价格	土地、房屋权属的承受人
土地使用权出售		
房屋买卖		
土地使用权赠与	由征收机关参照土地使用权出售、房屋买卖的市场价格核定	土地、房屋权属的受赠人
房屋赠与		
土地使用权交换	交换土地使用权、房屋的价格差额	支付差价的一方
房屋交换		
以划拨方式取得土地使用权，并经批准转让房地产	补交的土地使用权出让费或土地收益（划拨时不缴纳契税）	房地产承受人

我国契税采用比例税率，且为幅度税率，在3%～5%之间的税率都可以，具体税率由各省、自治区、直辖市人民政府在幅度范围内确定即可。企业会计人员应根据实际情况确定计税依据，然后结合当地人民政府确定的具体税率，按照如下所示的计算公式算出应缴纳的契税税额。

契税应纳税额=计税依据×适用税率

| 范例解析 | 企业之间交换办公场所涉及的契税

某软件开发公司拥有一处办公场所，经房地产评估机构评估价值为190.00万元。另外一家信息咨询公司旗下也有一处办公场所，同样经房地产评估机构评估价值为200.00万元。由于各自业务的需要，两家公司决定更换办公场所，2019年11月29日，双方经协商交换各自的办公场地，并由软件开发公司支付房产价值差额10.00万元。所以该软件开发公司需要缴纳相应的契税，已知两处房产均还未计提折旧，另外当地人民政府规定的契税税率为5%，相关财税处理如下。

软件开发公司应缴纳的契税=100 000.00×5%=5 000.00（元）

1.软件公司的财税处理。

借：固定资产清理　　　　　　　　　　　　1 900 000.00

　　贷：固定资产——自有房产　　　　　　　　1 900 000.00

借：固定资产——交换房产　　　　　　　　　　2 000 000.00

　　贷：固定资产清理　　　　　　　　　　　　　　1 900 000.00

　　　　银行存款　　　　　　　　　　　　　　　　 100 000.00

借：固定资产　　　　　　　　　　　　　　　　　　5 000.00

　　贷：银行存款　　　　　　　　　　　　　　　　　5 000.00

2.信息咨询公司的财税处理。

借：固定资产清理　　　　　　　　　　　　　　2 000 000.00

　　贷：固定资产——自有房产　　　　　　　　　　2 000 000.00

借：固定资产——交换房产　　　　　　　　　　1 900 000.00

　　银行存款　　　　　　　　　　　　　　　　 100 000.00

　　贷：固定资产清理　　　　　　　　　　　　　　2 000 000.00

在该案例中，软件开发公司支付了房屋置换过程中的差价，因此需要缴纳契税。根据相关税法的规定，企业缴纳的契税直接计入相应的土地或房屋的入账价值，即用"无形资产"或"固定资产"科目核算，而不通过"应交税费"科目核算，也就不计入税金及附加，并且直接用银行存款支付税款，如软件公司财税处理的第三个会计分录。而信息咨询公司不需要缴纳契税，因此没有税务处理。

| 范例解析 |　房屋交换时考虑折旧情况的契税处理

如果前述案例中的两家公司交换的办公场地都计提了一部分折旧，如软件开发公司的办公场所已计提折旧95 000.00元，信息咨询公司的办公场所已计提折旧100 000.00元，两处房产经税务机关核定的价值分别为188.00万元和198.00万元。同样由软件开发公司向信息咨询公司支付差价10.00万元。契税税率5%，软件开发公司需要缴纳的契税仍然是5 000.00元，相关财税处理如下。

1.软件公司的财税处理。

借：固定资产清理　　　　　　　　　　　　　　1 805 000.00

　　累计折旧　　　　　　　　　　　　　　　　　 95 000.00

　　贷：固定资产——自有房产　　　　　　　　　　1 900 000.00

借：固定资产——交换房产　　　　　　　　　　2 000 000.00

　　贷：固定资产清理　　　　　　　　　　　　　　1 805 000.00

　　　　银行存款　　　　　　　　　　　　　　　　 100 000.00

　　　　资产处置损益　　　　　　　　　　　　　　 95 000.00

借：固定资产   5 000.00

 贷：银行存款   5 000.00

2.信息咨询公司的财税处理。

借：固定资产清理   1 900 000.00

 累计折旧   100 000.00

 贷：固定资产——自有房产   2 000 000.00

借：固定资产——交换房产   1 900 000.00

 银行存款   100 000.00

 贷：固定资产清理   1 900 000.00

  资产处置损益   100 000.00

可见，当置换的房产存在累计折旧时，企业所做的财税处理中会涉及资产处置损益。如果是处置收益，则"资产处置损益"科目在贷方；如果是处置损失，则"资产处置损益"科目在借方。该案例中，两家公司在置换房产的过程中均获得了资产处置收益。

8.3.4　土地增值税的税务处理

土地增值税是对纳税人转让国有土地使用权、地上建筑物及其附着物等取得的增值额征收的一种税，纳税义务人就是发生了这些转让行为的单位和个人，而计税依据就是增值额。

一般来说，纳税人应在转让房地产合同签订后的 7 天内到房地产所在地税务机关办理纳税申报，并在规定期限内缴纳土地增值税。但如果纳税人经常发生房地产转让而难以在每次转让后申报，则经税务机关审核同意后，可按月或按季定期进行纳税申报。在我国，土地增值税实行四级超率累进税率税率，如表8-6所示。

表 8-6　土地增值税的税率

增值额与扣除项目金额的关系	税率（%）	速算扣除系数(%)
增值额不超过扣除项目金额的 50% 的部分	30	0
增值额超过扣除项目金额 50% 但不超过 100% 的部分	40	5

续表

增值额与扣除项目金额的关系	税率（%）	速算扣除系数(%)
增值额超过扣除项目金额 100% 但不超过 200% 的部分	50	15
增值额超过扣除项目金额 200% 的部分	60	35

企业会计人员要利用如下所示的计算公式确定增值额，然后根据税率标准选用恰当的税率，按照如下公式计算应缴纳的土地增值税。

增值额=房地产转让收入-扣除项目金额

扣除项目金额=取得土地使用权支付的金额+房地产开发成本+房地产开发费用+与转让房地产有关的税金+财政部确定的其他扣除项目

取得土地使用权支付的金额=地价款+相关费用和税金

土地增值税应纳税额=增值额×适用税率-扣除项目金额×速算扣除系数

上述计算公式中，房地产开发费用主要指与房地产开发项目有关的销售费用、管理费用和财务费用。其中，财务费用还要按照相关规定进行比例扣除，而不是据实扣除。

| 范例解析 | 房地产企业销售商品房核算土地增值税

2019年初，某房地产开发企业先是取得了一块地皮，支付出让金3 650.00万元，缴纳相关手续费和契税等共计190.00万元。不久，该房地产开发企业就在该地皮上修建了商品房，开发成本共3 200.00万元。在房地产开发费用中有310.00万元的利息支出，并且可以提供金融机构证明，同时也没有超过按商业银行同类同期贷款利率计算的金额。已知企业当年将全部商品房销售完毕，取得不含增值税收入共9 800.00万元，缴纳城市维护建设税和教育费附加共48.20万元，印花税4.70万元。相关财税处理如下。

取得土地使用权支付的金额=3 650.00+190.00=3 840.00（万元）

根据企业开发商品房的情况，结合当地相关税法的规定，该企业发生的房地产开发费用中的利息支出310.00万元可据实扣除，其他房地产开发费用按取得土地使用权支付的金额和房地产开发成本之和的5%计算扣除。

房地产开发费用=310.00+（3 840.00+3 200.00）×5%=662.00（万元）

与转让房地产有关的税金=48.20+4.70=52.90（万元）

扣除项目金额=3 840.00+3 200.00+662.00+52.90=7 754.90（万元）

增值额=9 800.00−7 754.90=2 045.10（万元）

增值额与扣除项目金额的比率=2 045.10÷7 754.90×100%=26.37%<50%

该经济活动适用的土地增值税税率为30%。

土地增值税应纳税额=2 045.10×30%−7 754.90×0=613.53（万元）

确认企业应缴纳的土地增值税税额。

借：税金及附加　　　　　　　　　　　　　　6 135 300.00

　　贷：应交税费——应交土地增值税　　　　　　6 135 300.00

实际缴纳土地增值税税款。

借：应交税费——应交土地增值税　　　　　　6 135 300.00

　　贷：银行存款　　　　　　　　　　　　　　6 135 300.00

该案例中房地产开发企业发生的利息支出可以提供金融机构证明，且不超过按商业银行同类同期贷款利率计算的金额，所以全部利息支出可据实扣除，相应的计算公式如下。

房地产开发费用=利息支出+（取得土地使用权支付的金额+房地产开发成本）×5%

如果企业发生的利息支出在可提供金融机构证明的情况下却超过了按商业银行同类同期贷款利率计算的金融，则最高扣除金额为按商业银行同类同期贷款利率计算的金融。如果企业发生的利息支出不能提供金融机构证明，则房地产开发费用需要根据另外一个计算公式求得，如下所示。

房地产开发费用=（取得土地使用权支付的金额+房地产开发成本）×10%

企业应缴纳的土地增值税需要通过"应交税费"科目核算，并计入税金及附加；支付税款时以银行存款办结。

8.3.5　耕地占用税和城镇土地使用税的税务处理

耕地占用税和城镇土地使用税都与纳税人使用土地进行生产经营活动有关，

最明显的区别是一个占用耕地，一个占用城镇土地。

（1）耕地占用税

耕地占用税既是一种行为税，也是一种资源税，是对占用耕地建房或从事非农业建设的单位和个人征收的一种税。国家征收该税收是为了合理利用土地资源，加强土地管理，保护耕地。该税种实行定额税率，根据不同地区的人均耕地面积和经济发展状况实行地区差别幅度税率标准，如表 8-7 所示。

表 8-7　耕地占用税的税率标准

人均耕地	税率（元 / 平方米）
不超过 1 亩的地区（以县级行政区为单位，下同）	10 ~ 50
超过 1 亩但不超过 2 亩的地区	8 ~ 40
超过 2 亩但不超过 3 亩的地区	6 ~ 30
超过 3 亩的地区	5 ~ 25

耕地占用税以纳税人实际占用的耕地面积为计税依据，结合适用税额，一次性征收。相关计算公式如下。

耕地占用税应纳税额=实际占用耕地面积×适用税额

一些特殊的占用耕地情形，需按照具体的规定进行适用税率的调整，可参考我国相关税法和实施条例确定。

| 范例解析 |　企业占用耕地修建厂房开展生产经营活动

某食品加工厂选择在某乡镇的一块耕地上修建厂房，用于开展生产经营活动。已知企业总占用耕地面积有 8 000 平方米，按照当地耕地占用税的相关规定，适用税率为 15.00 元/平方米。计算处理该工厂应缴纳的耕地占用税税额。

耕地占用税应纳税额=8 000×15.00=120 000.00（元）

借：无形资产——土地　　　　　　　　　　120 000.00

　　贷：银行存款　　　　　　　　　　　　　　　120 000.00

企业应缴纳的耕地占用税在发生时计入相关土地的成本，通过"无形资产"

科目核算，同时以银行存款直接支付税款，不再通过"应交税费"科目核算，也不计入税金及附加。

（2）城镇土地使用税

城镇土地使用税的征税范围是城市、县城、建制镇和工矿区范围内的土地，而使用这些土地的单位和个人为纳税义务人。该税种也是实行定额税率，根据不同的地区划分税率标准，如表8-8所示。

表8-8　城镇土地使用税的税率

地区	税率（元/每平方米）	地区	税率（元/每平方米）
大城市	每年 1.5～30	小城市	每年 0.9～18
中等城市	每年 1.2～24	县城、建制镇、工矿区	每年 0.6～12

城镇土地使用税以纳税人实际占用的土地面积为计税依据，结合适用税额，每年都要征收。相关计算公式如下。

城镇土地使用税年应纳税额=实际占用应税土地面积×适用税额

一些特殊的占用城镇土地情形，需按照具体的规定进行适用税率的调整，可参考我国相关税法和实施条例确定。

| 范例解析 |　企业占用城镇土地修建厂房开展生产经营活动

某造纸厂地处某县城，整个生产经营区占用城镇土地面积共6 000平方米，按照当地城镇土地使用税的相关规定，适用税率为每年2.00元/平方米。计算处理该造纸厂每年应缴纳的城镇土地使用税税额。

城镇土地使用税年应纳税额=6 000×2.00=12 000.00（元）

借：税金及附加　　　　　　　　　　　　　　12 000.00
　　贷：应交税费——应交城镇土地使用税　　　　　12 000.00

分期每月实际缴纳税款时缴纳1 000.00元（12 000.00÷12）。

借：应交税费——应交城镇土地使用税　　　　　1 000.00
　　贷：银行存款　　　　　　　　　　　　　　　1 000.00

09

增值税、消费税的纳税筹划

　　增值税是我国的一个大税种，几乎所有企业的经营业务都会涉及增值税，它是国家财政收入的重要来源之一；而消费税也是一个重要的税种，税率一般偏高。为了减轻纳税人的税收负担，国家制定了相关的税收优惠政策，纳税人自己也在不断寻找合理、合法的纳税筹划方法。

| 9.1 |
身份的选择和税收优惠政策

对于各类企业来说，进行税务筹划的最基本方法就是充分利用各种税的税收优惠政策，增值税和消费税也不例外。针对增值税，企业可以选择不同的纳税人身份来达到纳税筹划的目的。

9.1.1 选择合适的纳税人身份进行纳税筹划

企业在选择成为哪一种纳税人之前，必须先了解什么是增值税一般纳税人和小规模纳税人。

（1）一般纳税人

一般纳税人是指年应税销售额（即年应征增值税销售额）超过财政部、国家税务总局规定的小规模纳税人标准的企业和企业性单位。这个应税销售额标准是年应税销售额 500 万元，换句话说，当企业的年应税销售额超过 500 万元时，通常被认定为一般纳税人。但是，按照应税销售额标准可认定为小规模纳税人的纳税人，如果会计核算健全，也可申请登记为一般纳税人。

由本书第 3 章 3.3.5 节可知，增值税一般纳税人在计缴应纳增值税时，适用的税率共 4 档：13%、9%、6% 和 0。同时，国家制定的增值税税收优惠政策中有一些只适合增值税一般纳税人，目的是减轻纳税人的缴税负担。

除此以外，增值税的计税依据是商品或服务在流转过程中的增值额，计算时也是"增值税销项税额 - 增值税进项税额 - 待抵扣进项税额"得出最终应缴纳的增值税税额。由此看来，一般纳税人的纳税负担被多方面地减免了，对经营企业来说，似乎选择认定为一般纳税人很有利。

（2）小规模纳税人

小规模纳税人是指年应税销售额在 500.00 万元以下，且会计核算不健全，不能按规定报送有关税务资料的增值税纳税人。另外一些特殊情况下的纳税人也通常认定为小规模纳税人，如其他非个体工商户的个人必须按小规模纳税人纳税，非企业性的单位和不经常发生应税行为的企业可选择按小规模纳税人纳税。

由于小规模纳税人一般适用 3% 的征收率，和增值税的适用税率相比，已经算是比较低了。所以，部分增值税税收优惠政策不考虑小规模纳税人。如此看来，经营企业选择认定为小规模纳税人同样是有利的。

（3）两种纳税人身份比较分析

一个企业不可能既被认定为增值税一般纳税人，又被认定为小规模纳税人，必须选择其中一个身份开展生产经营活动。因此，企业就面临到底认定为一般纳税人还是小规模纳税人的选择。

◆ 从计税依据和税率搭配的角度看

如果企业经营范围中盈利能力较强，比如经营成本远低于经营收入，则可在符合标准的情况下选择认定为小规模纳税人，此时纳税负担更小。比如企业每年的经营成本大概为 100.00 万元，营业收入为 400.00 万元，如果是小规模纳税人，则根据相关公式可得应缴纳增值税 12.00 万元（400.00×3%）；如果是一般纳税人，根据相关公式可得应缴纳增值税 39.00 万元（400.00×13%−100.00×13%）。

但是，如果企业的会计核算健全，且符合年应税销售额 500 万元以上的条件，则必须认定为一般纳税人。

反之，如果企业经营范围中盈利能力相对较弱，比如经营成本只略低于经营收入，则可在符合标准的情况下选择认定为一般纳税人，此时纳税负担更小。比如企业每年的经营成本大概为 350.00 万元，营业收入为 400.00 万元，如果是小规模纳税人，则应缴纳增值税 12.00 万元；如果是一般纳税人，则应缴纳增值税 6.50 万元（400.00×13%−350.00×13%）。

但是，如果企业的会计核算不健全，不能按规定报送有关税务资料，则只能登记为小规模纳税人。

◆ 从税收优惠角度看

虽然我国增值税税收优惠政策很多都是针对特殊的项目而不是具体的纳税人身份，但也有一些优惠政策只适合一般纳税人或只适合小规模纳税人。比如，在增值税即征即退的优惠政策中，有一项就是针对一般纳税人的，"一般纳税人提供管道运输服务，对其增值税实际负税超过 3% 的部分实行增值税即征即退。"

又比如，在增值税的小微企业免税规定中，只针对小规模纳税人有"月销售额不超过 10 万元的免征增值税"的规定。同时，如果小规模纳税人已经缴纳了相应的增值税税款，则可在专用发票全部联次追回或按规定开具红字专用发票后，向税务机关申请退还。

综上所述，企业选择纳税人身份或者税收优惠来进行纳税筹划时，达到的减轻税负的结果只是暂时的，一旦外部环境发生变化，企业就无法再享受身份或政策带来的税收优惠。因此，企业会计人员还是需要掌握一些其他的纳税筹划方法，以作补充，具体内容见本章 9.2 节和 9.3 节的内容。

9.1.2 熟知增值税优惠政策减轻企业税负

不仅是企业的会计人员，企业的相关管理者也应熟知增值税优惠政策，方便为企业纳税筹划工作出谋划策。增值税的税收优惠政策分为免税项目、免征、跨境免征、起征点、小微企业免税和其他减免税规定，具体内容如表 9-1 所示。

表 9-1 增值税的税收优惠政策

大方向	具体政策内容
免税项目	1. 农业生产者销售的自产农产品。 2. 避孕药品和用具。 3. 古旧图书，具体指向社会收购的古书和旧书。 4. 直接用于科学研究、科学试验和教学的进口仪器、设备。 5. 外国政府、国际组织无偿援助的进口物资和设备。 6. 由残疾人的组织直接进口供残疾人专用的物品。 7. 销售自己使用过的物品，具体指个人自己使用过的物品。 除了这些免税项目的规定外，增值税的免税、减税项目由国务院规定，任何地区、部门均不得规定免税、减税项目

大方向	具体政策内容
免征	1.《营业税改增值税试点过渡政策的规定》（财税〔2016〕36 号印发）中的养老机构提供的养老服务，包括依照《中华人民共和国老年人权益保障法》依法办理登记，向民政部门备案的为老年人提供集中居住和照料服务的各类养老机构提供的养老服务。 2.2019 年 2 月 1 日至 2020 年 12 月 31 日，医疗机构接受其他医疗机构委托，按照不高于地（市）级以上价格主管部门会同同级卫生主管部门及其他相关部门制定的医疗服务指导价格，提供《全国医疗服务价格项目规范》所列的各项服务，可适用相关规定，免征增值税。 3.2019 年 2 月 1 日至 2020 年 12 月 31 日，企业集团内单位之间的资金无偿借贷行为，可免征增值税等
跨境免征	境内的单位和个人销售的下列服务和无形资产，免征增值税： 1. 工程项目在境外的建筑服务和工程监理服务。 2. 工程、矿产资源在境外的工程勘察勘探服务。 3. 会议展览地点在境外的会议展览服务。 4. 存储地点在境外的仓储服务。 5. 标的物在境外使用的有形动产租赁服务。 6. 在境外提供的广播影视节目或作品的播映服务。 7. 在境外提供的文化体育服务、教育医疗服务和旅游服务。 8. 为出口货物提供的邮政服务、收派服务和保险服务。 9. 向境外单位提供的完全在境外消费的电信服务、知识产权服务、物流辅助服务（仓储服务和收派服务除外）、鉴证咨询服务、专业技术服务、商务辅助服务、广告投放地在境外的广告服务以及无形资产等。 10. 以没有运输工具承运方式提供的国际运输服务。 11. 为境外单位之间的货币资金融通及其他金融业务提供的直接收费金融服务，此时该服务要与境内的货物、无形资产和不动产无关。 12. 财政部和国家税务总局规定的其他服务
起征点	增值税的起征点只适用于个人，对于单位和登记为一般纳税人的个体工商户不适用。具体政策内容是：纳税人发生应税销售行为的销售额未达到增值税起征点的，免征增值税；达到起征点的，全额计缴增值税。这个起征点采用幅度范围标准，具体为：1. 按期纳税的纳税人，月销售额 5 000 元（含）～ 20 000 元（含）；2. 按次纳税的纳税人，每次（日）销售额 300 元（含）～ 500 元（含）
小微企业免税	1. 小规模纳税人发生增值税应税销售行为，合计月销售额未超过 10 万元（以一个季度为一个纳税期的，季度销售额未超过 30 万元）的，免征增值税。 2. 小规模纳税人发生增值税应税销售行为，合计月销售额超过 10 万元的，但扣除本期发生的销售不动产的销售额后未超过 10 万元的，其销售货物、劳务、服务、无形资产等取得的销售额免征增值税

大方向	具体政策内容
其他 减免税 规定	纳税人发生应税销售行为同时适用免税和零税率规定的，纳税人可选择适用免税或零税率等

很显然，如果企业的经营范围属于上表所示的免税项目，或者提供的是上表所示的减免税服务，或者销售的货物、提供的劳务或服务等的销售额满足上表所示的相关规定，则可以减免一定的增值税税款，达到纳税筹划的目的，减轻企业的纳税负担。

| 9.2 |
增值税的实用型纳税筹划技巧

纳税人使用经营身份或税收优惠政策等进行纳税筹划时，需要满足一定的条件，实务中受到多因素的限制，减税负的效果并不明显。因此，会计人员很有必要掌握一些实用型的纳税筹划技巧，比如巧选供货商、合理使用折扣等。

9.2.1　巧选供货商降低增值税负担

对于企业来说，可抵扣的增值税进项税额取决于供货商适用的税率以及是否开具增值税专用发票。从前述增值税内容可知，不同身份的纳税人适用不同税率，所以企业可通过选择恰当的供货商来增加可抵扣的增值税进项税额，从而减少应缴纳的增值税税款，达到纳税筹划目的。

| 范例解析 |　在均可提供增值税专用发票时选择一般纳税人供货

已知某公司为休闲食品加工厂，所生产的休闲食品要以面粉为原料。2019年11月25日，公司决定向供货商购买价值10.00万元的面粉，现有两家供货商可选。一家为增值税一般纳税人，适用增值税税率为13%，可开具增值税专用发

票；另一家为增值税小规模纳税人，适用增值税征收率3%，可申请代开增值税专用发票。相关税务分析如下。

①加工厂选择一般纳税人供货商。

可抵扣的增值税进项税额=100 000.00×13%=13 000.00（元）

②加工厂选择小规模纳税人供货商。

可抵扣的增值税进项税额=100 000.00×3%=3 000.00（元）

当加工厂当月发生的增值税销项税额一样的情况下，根据"增值税应纳税额=增值税销项税额−增值税进项税额−待抵扣进项税额"的公式可知，选择一般纳税人供货商可抵扣更多的增值税进项税额，进而使增值税应纳税额更低。

如果另一家小规模纳税人供货商不能提供增值税专用发票，则加工厂收到的是增值税普通发票，价款中包含的增值税税额将不得抵扣。此时，小规模纳税人供货商更加不会被选择。

通过该案例可知，当进货成本一样时，不管小规模纳税人供货商是否能够开具增值税专用发票，只要企业是针对某种货物或商品进行采购，都要选择一般纳税人供货商，这样才能尽可能多地抵扣增值税进项税额，减少最终应缴纳的增值税税额，减轻增值税纳税负担。

由于增值税不同税率主要根据行业划分，所以在企业针对某一种货物或商品选择供货商时，无法使用税率差异来进行纳税筹划，毕竟同一种货物或商品的经营者属于同行业者，不存在税率高低的比较。

9.2.2　用价格折扣代替实物折扣进行纳税筹划

企业在发生销售业务时，如果给出了商业折扣，则最终计入应纳税收入的金额为扣除商业折扣金额后的余额。注意，这里的商业折扣是价格折扣。

如果企业在发生销售业务时，以赠送实物来达到折扣的目的，则不仅不能减少应纳税收入的金额，反而还会增加应纳税收入。因为增值税相关政策规定，企业以自产、委托加工或购进的货物无偿赠送给其他单位或个人的，要视同销售货物，赠送的货物要征收增值税。下面来看一个实际案例。

| 范例解析 | 利用价格折扣进行纳税筹划

2019年12月2日，某服饰生产公司与某服装销售公司签订了买卖合同，约定的衣服数量为500件，每件不含税价格为280.00元。已知生产公司为增值税一般纳税人，而服装销售公司是该生产公司的老客户，为了给予老客户优惠，同时也为了减轻企业的增值税纳税负担，企业的会计人员会同销售人员一起商议折扣办法。

①每100件衣服赠送10件价格为70.00元的帽子。

赠送的帽子视同销售，征收增值税。

增值税销项税额=（500×280.00+500÷100×10×70.00）×13%=18 655.00（元）

②将500件衣服的总价格更改为143 500.00元（500×280.00+500÷100×10×70.00），然后按照2.4%的商业折扣率将应纳税收入变为140 056.00元（143 500.00-143 500.00×2.4%）。

增值税销项税额=140 056.00×13%=18 207.28（元）

这种折扣方式下的增值税销项税额比实物折扣方式下的销项税额少了447.72元（18 655.00-18 207.28），在同等可抵扣增值税进项税额的情况下，采用价格折扣的方式可少缴447.72元增值税。

通过案例可知，企业在利用折扣进行纳税筹划时，要选择价格折扣，这样可减少应纳税收入。实务中，这种利用折扣进行纳税筹划的方法主要运用在促销活动中。

特别要注意，销售业务的折扣额必须要与销售价款在同一张增值税专用发票上注明，如果不在同一张发票上注明，则折扣额不能从销售额中扣除。

9.2.3 利用委托加工手段进行纳税筹划

通俗地讲，委托加工就是指委托方委托外单位加工物资或产品，受托方（即外单位）向委托方收取一定加工费的经营活动。在委托加工活动中，委托方会提供原料和主要材料，受托方只代垫部分辅助材料，有时甚至不需要受托方代垫任何材料。

为什么委托加工活动会涉及纳税筹划呢？这是因为委托方在向受托方支付加工费时，可根据受托方开具的提供加工服务的增值税专用发票核算增值税进项税额，从而进行增值税进项税额抵扣，减少最终应缴纳的增值税税额。下面通过一个案例来了解这种纳税筹划手段的处理过程。

| 范例解析 |　委托外单位加工非应税消费品的增值税筹划

2019年11月29日，某鞋业公司将一批棉拖鞋的生产任务委托给另外一家棉拖鞋生产商代加工，并将生产用的原料发给受托方。已知该批原料价值18.00万元，双方签订的委托加工合同约定加工费7.00万元，当受托方将加工完成的棉拖鞋交付给鞋业公司的同时，开具了增值税专用发票，注明价款70 000.00元，增值税税额9 100.00元。鞋业公司收回加工完成的棉拖鞋后做验收入库处理，最终以每双29.00元的价格出售给客户，共10 000双，开具增值税专用发票，注明价款和增值税税额，增值税税率为13%，货款已经收到。增值税处理如下。

①鞋业公司发出原料委托加工。

借：委托加工物资　　　　　　　　　　　180 000.00
　　贷：原材料　　　　　　　　　　　　　　　180 000.00

②鞋业公司收到增值税专用发票并支付手续费。

借：委托加工物资　　　　　　　　　　　70 000.00
　　应交税费——应交增值税（进项税额）　9 100.00
　　贷：银行存款　　　　　　　　　　　　　　79 100.00

③鞋业公司将棉拖鞋验收入库。

棉拖鞋入库价值=180 000.00+70 000.00=250 000.00（元）

借：库存商品　　　　　　　　　　　　　250 000.00
　　贷：委托加工物资　　　　　　　　　　　　250 000.00

④鞋业公司销售棉拖鞋时确认收入并结转成本。

主营业务收入=29.00×10 000=290 000.00（元）

增值税销项税额=290 000.00×13%=37 700.00（元）

借：银行存款　　　　　　　　　　　　　　327 700.00

　　贷：主营业务收入　　　　　　　　　　　　　290 000.00

　　　　应交税费——应交增值税（销项税额）　　37 700.00

针对上述税务处理的全过程，鞋业公司最终应缴纳的增值税税额为28 600.00元（37 700.00-9 100.00）。如果由该鞋业公司自行生产加工，最终也以每双29.00元的价格出售，同样也不考虑最初购进原材料时可抵扣的增值税进项税额，则此时鞋业公司只涉及如上所示的第④步的财税处理，不涉及第②步的增值税进项税额。因此当企业自行生产加工这批棉拖鞋时，就会少抵扣9 100.00元的增值税进项税额，使得最终应缴纳的增值税税额多9 100.00元。

通过学习该案例的财税处理过程可以知道，企业利用委托加工手段进行增值税的纳税处理，实际上就是利用支付给受托方加工费可抵扣增值税进项税额，以此来减少同一批产品应缴纳的增值税税额。但是另一方面，如果由企业自己生产加工，则产品中会涉及人工成本，此时会增加企业的成本费用开支，会减少企业所得税的应纳税所得额，从而降低税负。由此看来，委托加工和自行加工各有各的纳税筹划切入点，企业需根据自身发展的实际情况进行适当的选择。

9.2.4　利用货币时间价值延迟缴税

利用货币时间价值延迟缴税的方法进行纳税筹划时，必须保证缴纳税款的时间是合理延迟，否则很可能被认定为偷税行为。另外，要想通过延迟缴税来获取货币时间价值收益，从而达到节税的目的，必须要牢记各种销售方式的纳税义务发生时间。具体内容如表9-2所示。

表9-2　销售业务的增值税纳税义务发生时间

销售方式	增值税纳税义务发生时间
直接收款方式销售	无论货物是否发出均为收到销售货款或取得索取销售款凭据的当天
托收承付和委托银行收款方式销售	为发出货物并办妥托收手续的当天

续表

销售方式	增值税纳税义务发生时间
赊销和分期收款方式销售	为书面合同约定的收款日期的当天；没有书面合同或书面合同没有约定收款日期的，为货物发出的当天
预收货款方式销售	为货物发出的当天，但生产销售工期超过 12 个月的大型机械设备、船舶和飞机等货物为收到预收款或书面合同约定的收款日期的当天
委托其他纳税人代销	为收到代销单位的代销清单或收到全部或部分货款的当天
视同销售货物的	为货物移送的当天
进口货物的	为报关进口的当天
提供租赁服务并采取预收款方式的	为收到预收款的当天

| 范例解析 |　采用恰当的销售方式进行增值税筹划

　　某暖水袋生产商2019年12月3日与某日用品销售公司签订了暖水袋的购销合同，约定不含税售价为29 400.00元，销售方式为直接销售。

　　12月6日，生产商向销售公司发出产品，同时开具了增值税专用发票，注明增值税税额3 822.00元。此时，增值税的纳税义务发生时间就要确认为2019年12月6日。在开出增值税发票的当天，生产商就收到银行的收款通知单。已知该批暖水袋的实际成本为16 500.00元，财税处理如下。

　　借：银行存款　　　　　　　　　　　　　　　　33 222.00

　　　贷：主营业务收入　　　　　　　　　　　　　　29 400.00

　　　　　应交税费——应交增值税（销项税额）　　　3 822.00

　　如果该暖水袋生产商与销售公司签订的合同约定以预收款方式销售，则生产商的增值税纳税义务发生时间为发出货物的当天。这种销售方式下，销售方一般在收到全部货款时发出货物，并开具增值税专用发票。

　　假设该生产商在12月6日预收了所有货款的60%，在1月6日才收到销售公司支付的剩余40%的货款和增值税税款，此时生产商的增值税销项税额的确认时间将变为2020年1月6日。整个财税处理如下。

　　①2019年12月6日生产商收到60%的预收款。

预收款=29 400.00×60%=17 640.00（元）

借：银行存款   17 640.00

    贷：预收账款——某日用品销售公司   17 640.00

②2020年1月6日生产商收到剩余40%的货款和增值税税款。

借：银行存款   15 582.00

    预收账款——某日用品销售公司   17 640.00

    贷：主营业务收入   29 400.00

    应交税费——应交增值税（销项税额）   3 822.00

比较两种销售方式，第一种在2019年12月6日确认增值税销项税额，实际缴纳一般在2020年1月；而第二种在2020年1月6日确认销项税额，实际缴纳一般在2020年2月。

相差一个月的税费支出3 822.00元如果留在银行账户中，按照活期年利率0.3%来计算，这一个月时间可以获得利息约有0.96元（3 822.00×0.3%÷12），可用以减少生产商利用自身资金支付增值税的负担。虽然货币时间价值很小，但如果销售额巨大，这笔价值收益也很可观。

除此以外，其他利用销售方式进行增值税纳税筹划的方法，实质与案例中采用预收货款方式销售商品的方法是一样的，都是利用纳税义务发生时间来延迟缴税，进而获取货币时间价值，相当于减少了税负。

9.3
消费税的纳税筹划妙招

消费税是针对特定的消费品征收税款的一种税，虽然征税范围并不像增值税一样广泛，但因为消费税的税率大多比较高，所以对经营应税消费品的纳税人来说，纳税压力也不小。故此，掌握消费税的纳税筹划方法也很重要。

9.3.1 出售的商品在同一张发票上单独注明销售折让额

对销售方来说，给购买方给予销售折让可能发生在确认销售收入之前，也可能发生在确认销售收入之后。无论是哪种情况，在销售方销售应税消费品并进行消费税纳税筹划时，只要销售折让金额与售价在同一张发票上注明，且两者分别单独列示，则销售折让额就可免征消费税。

这是一种比较合理的消费税纳税筹划方法。具体核算过程通过下面的案例进行分析讲解。

| 范例解析 | 在同一张发票上单独注明销售折让额

某卷烟厂向其客户销售了一批甲类卷烟，共8个标准箱，每标准箱250标准条，每标准条200支。已知该批卷烟不含税销售价格为40.00万元，成本为9.80万元，商品已经发出，但还未向客户开具增值税发票。3天后，客户收到商品，在验收入库时发现有卷烟的包装已经损坏，导致卷烟质量降低。于是要求卷烟厂给出5%的销售折让，经卷烟厂查证，确属自身原因，因此同意了客户的折让要求。

经客户承诺付款后，卷烟厂按照折让后的价格向客户开具了增值税专用发票，并在同一张发票上单独注明了销售折让额的金额。卷烟厂为增值税一般纳税人，甲类卷烟适用的税率为56%加0.003元/支。该业务整个过程的财税分析如下。

①商品发出时未开具增值税发票。

借：发出商品　　　　　　　　　　　　　　　138 000.00
　　贷：库存商品　　　　　　　　　　　　　　　138 000.00

②该批卷烟不含税销售价格为40.00万元，则发生的销售折让金额为2.00万元（40.00×5%）。又因为销售折让价格与售价在同一张发票上分别注明，所以应缴纳消费税的销售价格实际为38.00万元。

应缴纳消费税=38.00×56%+8×250×200×0.003÷10 000=21.40（万元）

虽然消费税为价内税，但卷烟厂应确认的主营业务收入仍然为不含税销售价格扣减销售折让额的余额，即38.00万元。

而卷烟厂应缴纳的增值税税额为4.94万元（38.00×13%），因此，在向客户开具增值税发票时，确认收入并结转成本，应编制如下会计分录。

借：应收账款　　　　　　　　　　　　　429 400.00

　　贷：主营业务收入　　　　　　　　　　　　380 000.00

　　　　应交税费——应交增值税（销项税额）　　49 400.00

借：税金及附加　　　　　　　　　　　　214 000.00

　　贷：应交税费——应交消费税　　　　　　　214 000.00

借：主营业务成本　　　　　　　　　　　98 000.00

　　贷：发出商品　　　　　　　　　　　　　　98 000.00

后期当卷烟厂收到商品价款时应编制如下会计分录。

借：银行存款　　　　　　　　　　　　　429 000.00

　　贷：应收账款　　　　　　　　　　　　　　429 000.00

如果该案例中销售折让额没有与销售价格注明在同一张发票上，则应缴纳消费税的销售价格就不是 38.00 万元，而是原价 40.00 万元。此时应缴纳的消费税税额就为 22.52 万元（40.00×56%+8×250×200×0.003÷10 000），多了 1.12 万元。

9.3.2　利用外购已税消费品可抵扣进行纳税筹划

如果企业生产的应税消费品，要以外购的已缴消费税的商品作为原料进行生产，则企业在购买已缴消费税的商品时缴纳的消费税可进行抵扣。为什么说利用外购已税消费品生产应税消费品的做法是一种纳税筹划方法呢？下面通过一个案例来进行对比分析。

| 范例解析 | 外购烟丝生产卷烟的消费税处理

接上例，假设卷烟厂为赶生产进度，从外单位处购入价值3.00万元（不含税）的烟丝，并取得增值税专用发票。全部投入生产，最终产成品为8个标准箱的甲类卷烟。

已知烟丝适用的消费税税率为30%，烟丝销售商为增值税一般纳税人，卷烟厂销售该批卷烟的情况同上例，所有款项均已结清。相关账务处理如下。

①购入烟丝时核算增值税和消费税。

增值税税额=3.00×13%=0.39（万元）

消费税税额=3.00×30%=0.90（万元）

借：原材料——烟丝   30 000.00

      应交税费——应交增值税（进项税额）   3 900.00

              ——应交消费税   9 000.00

  贷：银行存款   42 900.00

②从9.3.1节中的案例分析结果可知，卷烟厂销售该批卷烟环节需缴纳消费税21.40万元。根据相关税法的规定，购买烟丝时候缴纳的消费税可以用于抵扣销售环节缴纳的消费税。也就是税，该卷烟厂的这一项销售业务，最终实际需要缴纳的消费税税额为20.50万元（21.40-0.90）。

上述案例描述的是一种比较理想的销售状态，在实际生产经营过程中，企业购进的烟丝很难具体归集到哪一批应税消费品上。最终，可以从企业某个会计期间应缴纳的总的消费税税额中抵扣。

9.3.3 出口应税消费品的纳税筹划

根据我国相关税法的规定，很多应税消费品在出口时都会享受退税的优惠政策。我们常说的出口退税，实际上就是出口退增值税和消费税。来看看下面这个案例，了解出口应税消费品的退税处理。

| 范例解析 | 出口化妆品退消费税

某外贸公司2019年12月将外购的1 200箱化妆品出口到海外，已知这批化妆品在购入时支付的价款为180.00万元，增值税进项税额为23.40万元。化妆品的消费税税率为15%，该公司在出口时已经提供了齐全的退税申请资料。

①购进货物时核算增值税和消费税。

消费税税额=1 800 000.00×15%=270 000.00（元）

借：库存商品 1 800 000.00

  应交税费——应交增值税（进项税额） 234 000.00

  贷：银行存款 2 034 000.00

借：税金及附加 270 000.00

  贷：应交税费——应交消费税 270 000.00

②核算应收增值税退税款和消费税退税款。

借：应收出口退税 234 000.00

  贷：应交税费——应交增值税（出口退税） 234 000.00

借：应收出口退税 270 000.00

  贷：主营业务成本 270 000.00

③当收到出口退税款时，会计分录均为借记"银行存款"科目，贷记"应收出口退税"科目，金额分别为第②步中会计分录的金额。

10

企业所得税和其他税种的纳税筹划

企业经营过程中，不仅增值税和消费税有对应的纳税筹划切入点及方法，企业所得税和其他税种也有相应的纳税筹划空间和手段。尤其是企业所得税的纳税筹划，关系着企业经营的最终获利结果，企业会计人员和管理者必须尽可能多地了解筹划方法。

|10.1|
企业所得税的纳税筹划很关键

企业所得税是对我国境内的企业和其他取得收入的组织的生产经营所得和其他所得征收的一种所得税，计税依据为应纳税所得额。

在进行企业所得税的纳税筹划时，大方向包括两个：一是减少收入，二是增加成本费用。这两个筹划方向的最终达到的效果就是减少应纳税所得额。企业所得税的高低，直接影响企业当期的经营成果，因此纳税筹划工作非常重要。

10.1.1 掌握企业所得税的税收优惠政策

企业所得税的优惠政策主要包括免税收入、免征企业所得税、减征企业所得税、低税率、加计扣除、应纳税所得额抵扣、减计收入以及应纳税额抵免等方面的措施。

（1）免税收入

免税收入是指理论上属于企业的应税所得，但按照税法的规定可予以免征企业所得税的收入，具体包括如表 10-1 所示的 4 种。

表 10-1 企业所得税的免税收入

收入	说明
国债利息收入	企业持有国务院财政部门发行的国债而取得的利息收入
符合条件的居民企业之间的股息、红利等权益性投资收益	指居民企业直接投资于其他居民企业取得的投资收益
在中国境内设立机构、场所的非居民企业从居民企业取得与该机构、场所有实际联系的股息、红利等权益性投资收益	不包括连续持有居民企业公开发行并上市流通的股票不足 12 个月取得的投资收益
符合条件的非营利组织的收入	不包括非营利组织从事营利性活动取得的收入，但国务院财政、税务主管部门另有规定的除外

（2）免征企业所得税

对企业来说，免征企业所得税的优惠政策主要针对从事农、林、牧、渔业项目的所得和符合条件的技术转让所得，具体包括如下 9 个类别。

- ◆ 蔬菜、谷物、薯类、油料、豆类、棉花、麻类、糖料、水果和坚果的种植。
- ◆ 农作物新品种的选育。
- ◆ 中药材的种植。
- ◆ 林木的培育和种植。
- ◆ 牲畜、家禽的饲养。
- ◆ 林产品的采集。
- ◆ 灌溉、农产品初加工、兽医、农技推广、农机作业和维修等农、林、牧、渔服务业项目。
- ◆ 远洋捕捞。
- ◆ 一个纳税年度内，居民企业技术转让所得不超过 500 万元的部分。

除了上述类别外，还有一些非居民企业所得适用免征企业所得税的税收优惠政策。

- ◆ 外国政府向中国政府提供贷款取得的利息所得。
- ◆ 国际金融组织向中国政府和居民企业提供优惠贷款取得的利息所得。
- ◆ 经国务院批准的其他所得。

（3）减征企业所得税

企业所得税的减征体现在减半征收、免征额优惠、三免三减半和特殊地区减免税这 4 个方面，具体有如表 10-2 所示的一些情形。

表 10-2　企业所得税的减征情形

优惠政策	情形
减半征收	1. 花卉、茶以及其他饮料作物和香料作物的种植。 2. 海水养殖、内陆养殖

续表

优惠政策	情形
免征额优惠	一个纳税年度内，居民企业技术转让所得超过 500 万元（免征额）的部分，减半征收企业所得税
三免三减半	1. 从事国家重点扶持的公共基础设施项目投资经营的所得。具体指《公共基础设施项目企业所得税优惠目录》规定的港口码头、机场、铁路、公路、城市公共交通、电力和水利等项目，自项目取得第一笔生产经营收入所属纳税年度起，第 1～3 年免征企业所得税，第 4～6 年减半征收企业所得税。 2. 从事符合条件的环境保护、节能节水项目的所得。包括公共污水处理、公共垃圾处理、沼气综合开发利用、节能减排技术改造和海水淡化等，自项目取得第一笔生产经营收入所得纳税年度起，第 1～3 年免征企业所得税，第 4～6 年减半征收企业所得税
特殊地区减免税	民族自治地方的自治机关对本民族自治地方的企业应缴纳的企业所得税中属于地方分享的部分，可以决定减征或免征。自治州、自治县决定减征或免征的，须报省、自治区、直辖市人民政府批准。但是民族自治地方内国家限制和禁止行业的企业，不得减征或免征企业所得税

（4）低税率

按照我国相关税法的规定，一些特殊的企业和所得可减按低税率征收企业所得税，主要的低税率包括 20%、15% 和 10%，如表 10-3 所示。

表 10-3　企业所得税的低税率优惠

税率	企业
20%	小型微利企业，前提是从事国家非限制和禁止行业的企业，主要有两类：1. 工业企业，年度应纳税所得额 ≤ 100 万元，从业人数 ≤ 100 人，资产总额 ≤ 3 000 万元。2. 其他企业，年度应纳税所得额 ≤ 100 万元，从业人数 ≤ 80 人，资产总额 ≤ 1 000 万元。2018 年 1 月 1 日～2020 年 12 月 31 日，年应纳税所得额 ≤ 100 万元（含）的小型微利企业，其所得减按 50% 计入应纳税所得额，再按 20% 的税率缴纳企业所得税
15%	1. 国家需要重点扶持的高新技术企业。 2. 从 2018 年 1 月 1 日起，经认定的技术先进型服务企业（服务贸易类）。 3. 设在西部地区，以《西部地区鼓励类产业目录》中新增鼓励类产业项目为主营业务，且其当年主营业务收入占企业收入总额 70% 以上的企业，从 2014 年 10 月 1 日起，可减按 15% 的税率缴纳企业所得税

续表

税率	企业
10%	在中国境内未设立机构、场所的，或者虽设立机构、场所但取得的所得与其所设机构、场所没有实际联系的非居民企业，取得的来源于中国境内的所得减按 10% 的税率征收企业所得税

（5）加计扣除

加计扣除是指企业在计算应纳税所得额时可以加计扣除的情形，主要包括如表 10-4 所示的两大类。

表 10-4　企业所得税的加计扣除规定

类别	具体规定
研究开发费用	具体是指新技术、新产品和新工艺的研究开发费用，其中，未形成无形资产计入当期损益的，在按规定据实扣除的基础上，按照研究开发费用的 50% 加计扣除；形成无形资产的，按照无形资产成本的 150% 摊销。如果是在 2018 年 1 月 1 日～2020 年 12 月 31 日期间发生的研究开发费用，且未形成无形资产，则在按规定据实扣除的基础上，按照研究开发费用的 75% 加计扣除；形成无形资产的，在这一期间内按照无形资产成本的 175% 摊销。 　　但这些研究开发费用如果发生在烟草制造业、住宿和餐饮业、批发和零售业、房地产业、租赁合同商业服务业、娱乐业或者财政部和国家税务总局规定的其他行业，则这些研究开发费用不适用加计扣除优惠
安置残疾人员及国家鼓励安置的其他就业人员所支付的工资	1. 企业安置残疾人员的，在按照支付给残疾职工工资据实扣除的基础上，按照支付给残疾职工工资的 100% 加计扣除。 　　2. 企业安置国家鼓励安置的其他就业人员所支付的工资的加计扣除办法，由国务院另行规定

（6）应纳税所得额抵扣

应纳税所得额抵扣这项优惠政策适用于特定的企业和特定的经济活动，具体是：创业投资企业采取股权投资方式投资于未上市的中小高新技术企业 2 年以上的，可以按照其投资额的 70% 在股权持有满 2 年的当年抵扣该创业投资企业的应纳税所得额；当年不足抵扣的，可以在以后纳税年度结转抵扣。

除此之外，公司制创业投资企业采取股权投资方式直接投资于种子期、初创期科技型企业满 2 年，以及有限合伙制创业投资企业采取股权投资方式直接投资于初创科技型企业、未上市的中小高新技术企业等满 2 年的，也都适用于同样的应纳税所得额抵扣办法，即按其投资额的 70% 在股权持有满 2 年的当年抵扣，不足抵扣的可在以后的纳税年度结转抵扣。

（7）减计收入

减计收入这项税收优惠政策是指企业综合利用资源，生产符合国家产业政策规定的产品所取得的收入，可在计算应纳税所得额时减计收入。具体是指企业以《资源综合利用企业所得税优惠目录》规定的资源作为主要原材料，生产国家非限制和禁止并符合国家和行业相关标准的产品取得的收入，减按 90% 计入收入总额。注意，这种情形下的原材料占生产产品材料的比例不得低于优惠目录规定的标准。

（8）应纳税额抵免

应纳税额抵免这项税收优惠政策是指企业购置用于环境保护、节能节水和安全生产等专用设备的投资额，可以按一定比例实行税额抵免。具体是：企业购置并实际使用《环境保护专用设备企业所得税优惠目录》、《节能节水专用设备企业所得税优惠目录》和《安全生产专用设备企业所得税优惠目录》规定的环境保护、节能节水和安全生产等设备的，该专用设备的投资额的 10% 可以从企业当年的应纳税额中抵免；当年不足抵免的，可在以后 5 个纳税年度结转抵免。

在该税收优惠政策下需要注意，企业必须实际购置并自身实际投入使用这些规定的专用设备，且时间不得低于 5 年。如果企业购置这些专用设备后在 5 年内转让、出租的，应停止享受该项优惠，同时补缴已经抵免的企业所得税税款。

（9）其他税收优惠政策

企业所得税除了有前述提及的八大优惠政策外，还有其他一些优惠措施，比如加速折旧和设备、器具一次性税前扣除等，相关内容如表 10-5 所示。

表 10-5　企业所得税的其他税收优惠政策

优惠政策	具体规定
加速折旧	企业的固定资产由于技术进步等原因，确需加速折旧的，可缩短折旧年限或采取加速折旧的方法，这样可增加每年的折旧总额，从而减少应纳税所得额。可以进行加速折旧而享受该项优惠的情形主要有两种：1. 由于技术进步，产品更新换代较快的固定资产。2. 常年处于强震动、高腐蚀状态的固定资产。 　该优惠政策下，如果采用缩短折旧年限的方法进行纳税筹划，最低折旧年限不得低于税法规定折旧年限的 60%，比如房屋、建筑物的最低折旧年限不得低于 12 年（20×60%）；加速折旧方法可采用双倍余额递减法或年数总和法
设备、器具一次性税前扣除	企业在 2018 年 1 月 1 日～ 2020 年 12 月 31 日期间新购进或新建造的设备、器具，单位价值 ≤ 500 万元的，允许一次性计入当期成本费用在计算应纳税所得额时扣除，不再分年度计算折旧

10.1.2　利用固定资产加速折旧的纳税筹划

固定资产的折旧额一般会计入管理费用和销售费用等期间费用以及制造费用，这些费用都会在计算税前会计利润时进行扣除。因此，固定资产加速折旧后，在税前扣除的折旧额就会增加，进而减少应纳税所得额，相应地减少应纳税额。这就是固定资产加速折旧的纳税筹划原理。来看下面这个实例。

| 范例解析 |　固定资产加速折旧达到的纳税筹划效果

某公司在 2009 年年底购入了一台价值 18.00 万元的生产设备，按照税法的规定，最低折旧年限为 10 年。由于这台设备常年处于强震动状态，所以符合加速折旧的情况。公司财会人员在进行企业所得税纳税筹划时，决定对该设备进行加速折旧。已知该公司 2010 年～ 2019 年各年的营业收入和营业成本（不含生产设备折旧额）如表 10-6 所示，假设不存在其他特殊情况和成本、费用，该设备预计残值为 3.00 万元。

表 10-6　公司 2010 年～ 2019 年的部分经营数据

年份	营业收入 （万元）	营业成本 （万元）	年份	营业收入 （万元）	营业成本 （万元）
2010 年	887.64	410.26	2015 年	1 930.74	1 002.52

续表

年份	营业收入（万元）	营业成本（万元）	年份	营业收入（万元）	营业成本（万元）
2011 年	1 047.68	500.84	2016 年	1 987.26	1 080.42
2012 年	1 365.32	648.62	2017 年	2 143.58	1 120.34
2013 年	1 702.98	912.34	2018 年	2 310.98	1 201.88
2014 年	1 720.86	942.36	2019 年	2 567.42	1 386.98

①如果该公司以直线法进行固定资产折旧。

每年折旧额=（180 000.00−30 000.00）÷10=15 000.00（元）

不考虑其他税前扣除项目，则2010年～2019年的应纳税所得额和应纳税额的计算结果如下。

2010年应纳税所得额=8 876 400.00−4 102 600.00−15 000.00=4 758 800.00（元）

2010年应纳税额=4 758 800.00×25%=1 189 700.00（元）

2011年应纳税所得额=10 476 800.00−5 008 400.00−15 000.00=5 453 400.00（元）

2011年应纳税额=5 453 400.00×25%=1 363 350.00（元）

2012年应纳税所得额=13 653 200.00−6 486 200.00−15 000.00=7 152 000.00（元）

2012年应纳税额=7 152 000.00×25%=1 788 000.00（元）

2013年应纳税所得额=17 029 800.00−9 123 400.00−15 000.00=7 891 400.00（元）

2013年应纳税额=7 891 400.00×25%=1 972 850.00（元）

2014年应纳税所得额=17 208 600.00−9 423 600.00−15 000.00=7 770 000.00（元）

2014年应纳税额=7 770 000.00×25%=1 942 500.00（元）

2015年应纳税所得额=19 307 400.00−10 025 200.00−15 000.00=9 267 200.00（元）

2015年应纳税额=9 267 200.00×25%=2 316 800.00（元）

2016年应纳税所得额=19 872 600.00−10 804 200.00−15 000.00=9 053 400.00（元）

2016年应纳税额=9 053 400.00×25%=2 263 350.00（元）

2017年应纳税所得额=21 435 800.00−11 203 400.00−15 000.00=10 217 400.00（元）

2017年应纳税额=10 217 400.00×25%=2 554 350.00（元）

2018年应纳税所得额=23 109 800.00−12 018 800.00−15 000.00=11 076 000.00（元）

2018年应纳税额=11 076 000.00×25%=2 769 000.00（元）

2019年应纳税所得额=25 674 200.00−13 869 800.00−15 000.00=11 789 400.00（元）

2019年应纳税额=11 789 400.00×25%=2 947 350.00（元）

这10年共缴纳企业所得税=1 189 700.00+1 363 350.00+1 788 000.00+1 972 850.00+1 942 500.00+2 316 800.00+2 263 350.00+2 554 350.00+2 769 000.00+2 947 350.00=21 107 250.00（元）

②如果公司运用双倍余额递减法计提该生产设备的折旧额。

年折旧利率=2÷10×100%=20%

第一年应计提折旧额=180 000.00×20%=36 000.00（元）

第二年应计提折旧额=（180 000.00−36 000.00）×20%=28 800.00（元）

第三年应计提折旧额=（180 000.00−36 000.00−28 800.00）×20%=23 040.00（元）

第四年应计提折旧额=（180 000.00−36 000.00−28 800.00−23 040.00）×20%=18 432.00（元）

第五年应计提折旧额=（180 000.00−36 000.00−28 800.00−23 040.00−18 432.00）×20%=14 745.60（元）

第六年应计提折旧额=（180 000.00−36 000.00−28 800.00−23 040.00−18 432.00−14 745.60）×20%=11 796.48（元）

第七年应计提折旧额=（180 000.00−36 000.00−28 800.00−23 040.00−

18 432.00−14 745.60−11 796.48）×20%=9 437.184（元）

第八年应计提折旧额＝（180 000.00−36 000.00−28 800.00−23 040.00−18 432.00−14 745.60−11 796.48−9 437.184）×20%=7 549.747 2（元）

第九、十年分别应计提折旧额＝（180 000.00−36 000.00−28 800.00−23 040.00−18 432.00−14 745.60−11 796.48−9 437.184−7 549.7472−30 000.00）÷2=99.494 4（元）

按照相同的应纳税所得额算法和应纳税额算法，计算出双倍余额递减法下各年的应纳税额如表10-7所示，同时与直线法下的计算结果进行对比。

表10-7　公司2010年～2019年的部分经营数据

年份	直线法应纳税额（元）	双倍余额递减法应纳税额（元）
2010 年	1 189 700.00	1 184 450.00
2011 年	1 363 350.00	1 359 900.00
2012 年	1 788 000.00	1 785 990.00
2013 年	1 972 850.00	1 971 992.00
2014 年	1 942 500.00	1 942 563.60
2015 年	2 316 800.00	2 317 600.88
2016 年	2 263 350.00	2 264 740.704
2017 年	2 554 350.00	2 556 212.563 2
2018 年	2 769 000.00	2 772 725.126 4
2019 年	2 947 350.00	2 951 075.126 4
合计	21 107 250.00	21 107 250.00

从表中数据的对比可知，两种计提折旧的方法下，10年总共缴纳的企业所得税是相等的。但是，经营实务中存在货币时间价值，因此，双倍余额递减法可使前期缴纳的税费较少，将应缴纳的税费通过这个合理合法手段延后缴纳，赚取货币时间价值收益。比如，2010年按双倍余额递减法计提折旧时应缴纳的企业所得税比直线法时少缴纳5 250.00元（1 189 700.00−1 184 450.00），这5 250.00元少缴纳的税款可用于其他投资或者储蓄，获取投资收益或利息收益，以此来弥补税款支出。

由该案例可知，企业利用固定资产加速折旧来达到纳税筹划目的，原理就是延缓税款的缴纳，赚取货币时间价值，以弥补税款支出。

10.1.3　利用亏损结转进行纳税筹划

根据相关税法的规定，企业以前年度的亏损可以用以后 5 年的收益来弥补。在这一弥补操作中，就会涉及原本需要缴纳企业所得税的年度因为弥补了前期亏损而不再需要缴纳企业所得税的情况。由此可见，亏损的结转是纳税筹划的一个切入点。下面通过具体的案例来了解如何利用亏损的结转进行纳税筹划。

| 范例解析 |　适当调整可能发生的亏损达到纳税筹划目的

某软件开发公司前期开发了一款软件，为企业带来了不少盈利。在2013年初，企业准备重新开始筹划开发新的软件，因此，对以后数年的经营情况进行了初步评估，预测2013年应纳税所得额为300.00万元，2014年应纳税所得额为−800.00万元，2015年应纳税所得额为−200.00万元，2016年应纳税所得额为90.00万元，2017年应纳税所得额为250.00万元，2018年应纳税所得额为400.00万元，2019年应纳税所得额为320.00万元。已知企业所得税税率为25%。

①如果按照预期的经营情况来分析，该公司2013年需要缴纳企业所得税，而2014年、2015年不需要缴纳企业所得税，2016年、2017年和2018年这3年用收益弥补以前年度亏损后，最终也不需要缴纳企业所得税，2019年的收益在弥补完亏损后剩余的收益需要缴纳企业所得税。相关计算如下。

2013年应缴纳企业所得税=300.00×25%=75.00（万元）

2014年和2015年总共亏损1 000.00万元，用2016年的90.00万元、2017年的250.00万元、2018年的400.00万元以及2019年的260.00万元等收益弥补亏损，则：

2016年、2017年和2018年分别应缴纳企业所得税=0×25%=0（万元）

2019年应缴纳企业所得税=（320.00−260.00）×25%=15.00（万元）

所以2013年～2019年这7年时间总共需缴纳企业所得税90.00万元（75.00+15.00）。

②如果公司在得出这样的预期经营情况后，将2014年可能发生的成本、费用支出提前到2013年发生，比如将2014年需要耗费资金的项目或者活动提前到2013年开展，则可增加2013年的经营成本，进而减少应纳税所得额。这样，2013年的应纳税所得额就变为0，应缴纳的企业所得税也就为0。然后再用2016年及以后年度的收益弥补未弥补完的亏损。

将2014年的亏损转移后，2013年的应纳税所得额为0万元，2014年的应纳税所得额为−500.00万元，2015年的应纳税所得额为−200.00万元。用2016年的90.00万元、2017年的250.00万元和2018年的360.00万元等收益弥补剩余未弥补的700.00万元亏损。此时，2014年、2015年、2016年和2017年都不需要缴纳企业所得税。

2018年应缴纳的企业所得税=（400.00−360.00）×25%=10.00（万元）

2019年应缴纳的企业所得税=320.00×25%=80.00（万元）

所以2013年～2019年这7年时间总共需缴纳企业所得税90.00万元（10.00+80.00）。

虽然两种情况下缴纳的企业所得税总额都是90.00万元，但第二种情况下缴纳的企业所得税比第一种情况稍有延迟，如果考虑货币时间价值，则第二种方式可为企业减轻纳税负担，达到纳税筹划的目的。

由该案例可知，按照税法的规定进行以前年度损益调整，实质上已经是达到了纳税筹划的目的，为纳税人减轻了纳税负担。但纳税人可以在法律、法规允许的范围内，提前进行一些经营活动，以增加当期的成本来减少下一期的成本，即转移亏损，从而降低当期的纳税压力，将纳税时间合理、合法地往后延迟。

10.1.4　利用捐赠支出进行纳税筹划

利用捐赠支出进行纳税筹划实际上就是利用企业所得税的税收优惠政策。根据相关税法的规定，企业通过公益性社会组织或县级（含）以上人民政府及其组成部门和直属机构，用于慈善活动、公益事业的捐赠支出，在年度利润总额12%以内的部分，准予在计算应纳税所得额时扣除；超过年度利润总额12%的部分，准予结转以后3年内在计算应纳税所得额时扣除。

| 范例解析 |　利用捐赠支出降低应纳税所得额

某公司2019年的部分经营成果数据如表10-8所示。

表 10-8　2019 年公司的部分经营成果数据

项目	金额（万元）	项目	金额（万元）
营业利润	1 021.42	营业外支出	180.98
营业外收入	48.64	捐赠支出	150.00

已知该公司2019年发生的150.00万元捐赠支出全部通过公益性社会组织用于慈善活动和公益事业，因此，符合税法规定的税收优惠政策。由表中数据可计算出如下所示的一些结果。

利润总额＝营业利润＋营业外收入－营业外支出＝1 021.42＋48.64－180.98＝889.08（万元）

营业外支出中的捐赠支出占利润总额比例＝150.00÷889.08×100%＝16.87%

由于该公司捐赠支出超过了当年利润总额的12%，所以12%部分的捐赠支出可以在计算2019年的应纳税所得额时扣除，这部分捐赠支出共106.69万元（889.08×12%）。

2019年应纳税所得额＝1 021.42＋48.64－（180.98－150.00）－889.08×12%＝932.39（万元）

剩余还未扣除的43.31万元（150.00－106.69）捐赠支出可在2020年～2022年期间计算应纳税所得额时扣除。但如果因为这3年盈利额较低而未能全部扣除完43.31万元的捐赠支出，则最终剩余未扣除的捐赠支出将不能在2023年继续扣除。

10.1.5　利用预缴企业所得税进行纳税筹划

企业利用预缴企业所得税来进行纳税筹划，操作上主要是选择合适的预缴企业所得税的办法。比如，当企业预计当年的经营状况比上年度的差时，可选择按当年的应纳税所得额实际数预缴；当企业预计当年的经营状况会明显好于上年度时，可选择按上一年度的应纳税所得额预缴。

| 范例解析 | 预期当年经营状况比上一年度差时的企业所得税预缴方法

已知某空调生产商2018年的应纳税所得额总共有1 100.00万元，实际缴纳企业所得税共275.00万元。经过企业相关机构和人员对2019年当年的营业情况进行评估，估计2019年的经营情况会明显差于2018年，各个季度的实际应纳税所得额分别为180.00万元、190.00万元、185.00万元和220.00万元，全年共775.00万元。

此时，该公司可按照2019年的应纳税所得额实际数预缴当年的企业所得税。计算结果如下。

2019年预缴的企业所得税=（180.00+190.00+185.00+220.00）×25%=193.75（万元）

如果按照上一年度的应纳税所得预缴，则2019年应预缴的企业所得税将达到275.00万元（1 100.00×25%）。

因为预缴税款需要企业实际支付现金，如果预缴税款过多，就会加重企业的纳税负担；相反，预缴税款减少，也就减轻了纳税负担。

| 范例解析 | 预期当年经营状况比上一年度好时的企业所得税预缴方法

已知某空调生产商2018年的应纳税所得额总共有1 100.00万元，实际缴纳企业所得税共275.00万元。经过企业相关机构和人员对2019年当年的营业情况进行评估，估计2019年的经营情况会明显好于2018年，各个季度的实际应纳税所得额分别为300.00万元、380.00万元、350.00万元和400.00万元，全年1 430.00万元。此时，该公司可按照2018年的应纳税所得额预缴2019年的企业所得税。计算结果如下。

2019年预缴的企业所得税=1 100.00×25%=275.00（万元）

如果按照2019年当年的应纳税所得额实际数预缴企业所得税，则共需预缴357.50万元（1 430.00×25%）。

由这两个案例可知，企业利用预缴企业所得税的方法进行纳税筹划时，实际上是在减轻企业当期支付现金的压力，从而达到减轻税负的目的。在税务实务中，企业预缴企业所得税的方法一经确认，不能随意变更。因此，该方法进行企业所得税纳税筹划有其局限性，管理者们要把握好分寸。

10.1.6 以成立分公司或子公司来降低税负

分公司和子公司都要受另一家公司控制，但两者之间有实质性区别。

（1）分公司

分公司是指企业、资金和人事等方面受总公司管辖而不具有法人资格的分支机构，具有附属性。比较明显的特征是，分公司没有自己的名称和公司章程，没有自己的财产，且此时总公司要以自己的财产对分公司的债务承担法律责任。

在公司成立分支机构的初期，分支机构往往需要巨大的费用开支。此时如果分支机构为子公司，则债务负担由自己承担的同时，不能将自身发生的费用开支用于减少母公司的应纳税收入，母公司如果盈利，就需要缴纳相应的企业所得税。

所以，在分支机构成立初期的这个阶段，分支机构最好是以分公司的身份存在。为什么呢？来看看下面一个案例。

│ 范例解析 │ 分支机构成立初期以分公司性质存在可降低税负

2019年8月初，某机械工厂想要成立分支机构。经过企业管理层和财务负责人的共同讨论，最后决定成立分公司。当年9月，总公司和分公司分别核算出各自上月的营业收入、营业成本和费用开支等经营数据如表10-9所示。已知总分公司的企业所得税税率都适用25%。

表 10-9　总公司与分公司的业绩情况

项目	总公司金额（元）	分公司金额（元）
营业收入	7 200 000.00	0
营业成本	4 200 000.00	0
税金及附加	110 000.00	375 000.00
期间费用之和	220 000.00	287 000.00

总公司和分公司都没有发生营业外收支，因此营业利润就是利润总额。分别

计算总公司和分公司的经营结果。

总公司利润总额=7 200 000.00-4 200 000.00-110 000.00-220 000.00= 2 670 000.00（元）

总公司所得税费用=2 670 000.00×25%=667 500.00（元）

总公司净利润=2 670 000.00-667 500.00=2 002 500.00（元）

分公司利润总额=0-0-375 000.00-287 000.00=-662 000.00（元）

分公司所得税费用=0×25%=0（元）

总公司净利润=-662 000.00-0=-662 000.00（元）

其实上述分开核算的经营结果相当于总公司和分公司独立核算的情形，也就是分支机构为子公司。此时总公司和分公司合计应缴纳的企业所得税为667 500.00元，合计的净利润总额为1 340 500.00元（2 002 500.00-662 000.00）。但如果按照按正常处理程序来看，总公司要分担分公司的债务、成本费用支出，相关计算如下。

总分公司利润总额=（7 200 000.00+0）-（4 200 000.00+0）-（110 000.00+ 375 000.00）-（220 000.00+287 000.00）=2 008 000.00（元）

总分公司所得税费用=2 008 000.00×25%=502 000.00（元）

总分公司净利润=2 008 000.00-502 000.00=1 506 000.00（元）

与前一种计算结果相比，应缴纳的企业所得税少了165 500.00元（667 500.00-502 000.00），净利润总额多了165 500.00元（1 506 000.00-1 340 500.00）。

通过案例分析可知，当企业的分支机构处于设立初期，且经营呈现亏损状态时，分支机构以分公司的形式存在，分公司的亏损可以冲减总公司的应纳税所得额，进而使总分公司最终应缴纳的企业所得税额减少。如果是母子公司，虽然子公司在亏损的情况下不用缴纳企业所得税，但母公司的应纳税所得额无法得到冲减，应缴纳的企业所得税额偏高，两家公司合计应缴纳的企业所得税就会偏高。

但若总公司和分支机构同时在亏损，则此时分支机构以子公司的形式存在为好，由子公司自行承担亏损责任；否则，若以分公司的形式存在，分公司的亏损责任要由总公司连带承担，会加重总公司的负债压力，不利于总公司发展，同时，又由于总公司和分公司命运同体，总公司发展不好，分公司发展也会受到影响。

（2）子公司

子公司与母公司相对，它是指一定比例以上的股份被另一家公司持有或通过协议方式受到另一家公司实际控制的公司。这里的另一家公司就是母公司。虽然子公司受母公司控制，但在法律上，子公司是具有独立法人资格的企业。比较明显的特征是，子公司有自己的名称和章程，以自己的名义开展业务活动，其财产与母公司的财产彼此独立，各自的债务各自负责，互不连带。母子公司之间的关系就如同人类母子之间的关系，子受母控制，但又可独立。

在公司的分支机构经营一段时间后，会逐步开始盈利。此时如果分支机构为子公司，就可自行享受经营成果，但同时也要自行承担纳税义务；如果为分公司，则分支机构的盈利会与总公司共享，总公司也会连带承担纳税义务，对分公司来说，盈利与否都与自身经营没有太大影响。

为了更好地对比分析，在沿用上一个案例的部分数据的前提下，来看看下面这个案例。

| 范例解析 |　分支机构盈利时如何定位机构身份降低税负

2019年8月初，某机械工厂想要成立分支机构。经过企业管理层和财务负责人的共同讨论，最后决定成立子公司。当年12月，子公司开始盈利，母公司和子公司分别核算出各自当月的营业收入、营业成本和费用开支等经营数据，如表10-10所示，已知两家公司适用的企业所得税税率均为25%。

表 10-10　母公司与子公司的业绩情况

项目	母公司金额（元）	子公司金额（元）
营业收入	7 200 000.00	1 200 000.00
营业成本	4 200 000.00	810 000.00
税金及附加	110 000.00	70 000.00
期间费用之和	220 000.00	190 000.00

这里，母公司和子公司都没有发生营业外收支，因此营业利润就是利润总额。分别计算母公司和子公司的经营结果。

母公司利润总额＝7 200 000.00－4 200 000.00－110 000.00－220 000.00＝2 670 000.00（元）

母公司所得税费用＝2 670 000.00×25%＝667 500.00（元）

母公司净利润＝2 670 000.00－667 500.00＝2 002 500.00（元）

子公司利润总额＝1 200 000.00－810 000.00－70 000.00－190 000.00＝130 000.00（元）

子公司所得税费用＝130 000.00×25%＝32 500.00（元）

子公司净利润＝130 000.00－32 500.00＝97 500.00（元）

所以，母公司和子公司应缴纳的企业所得税合计为700 000.00元（667 500.00＋32 500.00），获得的净利润总额为2 100 000.00元（2 002 500.00＋97 500.00）。如果此时分支机构为分公司，则相关计算结果如下。

总分公司利润总额＝（7 200 000.00＋1 200 000.00）－（4 200 000.00＋810 000.00）－（110 000.00＋70 000.00）－（220 000.00＋190 000.00）＝2 800 000.00（元）

总分公司所得税费用＝2 800 000.00×25%＝700 000.00（元）

总分公司净利润＝2 800 000.00－700 000.00＝2 100 000.00（元）

两种情形下，两家公司应缴纳的企业所得税均为700 000.00元，净利润也均为2 100 000.00元。在这种情形下，考虑两者总的经营效益无法确定分支机构是为分公司好还是为子公司好，此时就应单独考虑分支机构的发展前景。由于分支机构作为子公司经营时，其盈利是自己的，这对以后自身发展有利，所以，当原公司和分支机构同时盈利时，分支机构设为子公司更好。

如果原公司在经营亏损的情况下，分支机构盈利。此时分支机构又如何选择呢？假设当年12月的数据如表10-11所示。

表 10-11　2019 年 12 月母公司与子公司业绩情况

项目	母公司金额（元）	子公司金额（元）
营业收入	720 000.00	1 200 000.00
营业成本	420 000.00	810 000.00
税金及附加	110 000.00	70 000.00
期间费用之和	220 000.00	190 000.00

同理，不存在其他的收入和支出，计算结果如下。

母公司利润总额=720 000.00−420 000.00−110 000.00−220 000.00=−30 000.00（元）

母公司所得税费用=0×25%=0（元）

母公司净利润=−30 000.00−0=−30 000.00（元）

子公司利润总额为 130 000.00 元，所得税费用为 32 500.00 元，净利润为 97 500.00 元。两家公司应缴纳的所得税合计为 32 500.00 元，净利润为 67 500.00 元。如果两家公司为总分公司的关系，相关计算结果如下。

总分公司利润总额=（720 000.00+1 200 000.00）−（420 000.00+810 000.00）−（110 000.00+70 000.00）−（220 000.00+190 000.00）=100 000.00（元）

总分公司所得税费用=100 000.00×25%=25 000.00（元）

总分公司净利润=100 000.00−25 000.00=75 000.00（元）

分支机构为分公司时两家公司共需缴纳的企业所得税比为子公司时两家公司共需缴纳的企业所得税少 7 500.00 元（32 500.00−25 000.00），净利润多 7 500.00 元（75 000.00−67 500.00）。初步看来，当原公司出现亏损，分支机构有盈利时，分支机构为分公司可以降低两家公司共同缴纳的企业所得税税额，似乎分支机构设立为分公司可以降低税负。

但由于分公司承担了总公司的亏损，对分公司的发展其实是不利的，所以，此时还是将分支机构成立为子公司更好，虽然应缴纳的企业所得税更多，但子公司的盈利可推进其更好地发展。

从上述案例我们可以初步总结，仅讨论应缴纳的企业所得税高低时，如果原公司和分支机构的经营状况表现为一亏一盈，则分支机构设立为分公司时可使总的应缴纳的企业所得税税额更低；如果原公司和分支机构的经营状况都为盈利或都为亏损，则分支机构设立为分公司或设立为子公司，对总的应缴纳的企业所得税税额没有影响，要么是两两相加，要么都为零。

如果同时考虑应缴纳的企业所得税高低和分支机构的发展前景，当原公司为盈利而分支机构为亏损时，分支机构设立为分公司，不仅可以冲减总公司应纳税所得额，使总的应缴纳的企业所得税更少，而且还由总公司连带承担分公司的负债压力，对分公司来说有发展的后备力量；反之，若分支机构设立为子公司，不仅不能冲减母公司的应纳税所得额而减少企业所得税税款，还需要由子公司自行承担负债压力，对子公司未来发展不利。

当原公司为亏损而分支机构为盈利时，分支机构设立为子公司，由子公司自负盈亏，其经营结果不受原公司亏损的影响，对其日后的发展更有利；反之，如果分支机构为分公司，即使最终应缴纳的企业所得税更少，但都由总公司承担，这无疑加剧亏损的总公司的经营压力，对分公司发展也不好。

当原公司与分支机构同时盈利时，虽然应缴纳的企业所得税不受分支机构身份的影响，但如果成立分公司，则分公司的盈利将与自身发展没有太大关系，实质上也是对总公司发展的一种有利补充，此时如果原公司想大力提升分支机构的经营实力，将分支机构设立为子公司更好。

当原公司与分支机构同时亏损时，虽然应缴纳的企业所得税无论怎样都为零，但若成立分公司，总公司势必要连带承担分公司的亏损，这样不利于总公司发展，且分公司的发展也得不到保障；反之，如果成立子公司，虽然子公司需要自行承担亏损，但这时母公司还能更好地保证自身实力，在以后的经营过程中，还可以凭借强劲的实力支持子公司的发展。所以，此情况下，分支机构为子公司会更好一些。

|10.2|
其他税种的纳税筹划方法

在我国众多税种中，除了增值税、消费税和企业所得税有税收优惠政策和纳税筹划方法外，其他某些税种同样规定了相关税收优惠政策，也同样具有一些实用的纳税筹划方法。比如个人所得税、城镇土地使用税和房产税等。

10.2.1　个人所得税利用专项附加扣除进行纳税筹划

居民个人在核算应缴纳的个人所得税时，每月在扣除免征额 5 000.00 元后，还需要扣除减去专项扣除、专项附加扣除及其他依法确定的扣除项目，所得的余额才是计缴个人所得税的应纳税所得额。其中，专项扣除是指居民个人按照国家规定的范围和标准缴纳的基本养老保险、基本医疗保险和失业保险等社会保险费和住房公积金。而专项附加扣除是指个人所得税法规定的子女教育、继续教育、赡养老人、住房租金、住房贷款利息及大病医疗这 6 项。

专项附加扣除有一定的适用条件，只有符合条件的人才能进行扣除。不同的专项附加扣除的具体标准如表 10-12 所示。

表 10-12　个人所得税的专项附加扣除

专项附加扣除	标准	说明
子女教育	纳税人的子女接受学前教育和学历教育的相关支出，按照每个子女每年 12 000 元（每月 1 200 元）的标准定额扣除。受教育子女的父母可分别按扣除标准的 50% 扣除，也可经双方约定由其中一方按扣除标准的100% 扣除。具体扣除方式在一个纳税年度内不得变更	学前教育指年满 3 岁至小学入学前教育；学历教育包括小学和初中义务教育、普通高中和中等职业教育等高中阶段教育以及大学专科、大学本科、硕士研究生和博士研究生教育等高等教育
继续教育	1. 纳税人接受学历继续教育的支出，在学历教育期间按每年 4 800 元（每月 400 元）定额扣除。 2. 纳税人接受技能人员职业资格继续教育、专业技术人员职业资格继续教育等支出，在取得相关证书的年度按每年 3 600 元定额扣除	个人接受同一学历教育事项，符合专项附加扣除办法规定扣除条件的，该项教育支出可由其父母按照子女教育支出扣除，也可由本人按照继续教育支出扣除，但不得同时扣除

续表

专项附加扣除	标准	说明
赡养老人	纳税人赡养 60 岁（含）以上父母以及其他法定赡养人（指祖父母、外祖父母的子女已经去世，实际承担对祖父母、外祖父母赡养义务的孙子女、外孙子女）的赡养支出，可按以下标准定额扣除： 1. 纳税人为独生子女的，按照每年 24 000 元（每月 2 000 元）的标准定额扣除。 2. 纳税人为非独生子女的，应与其他兄弟姐妹分摊每年 24 000 元（每月 2 000 元）的扣除额度	1. 可按平均分摊、被赡养人指定分摊或赡养人约定分摊等方式分摊，具体分摊方式在一个纳税年度内不得变更。 2. 采取指定分摊或约定分摊方式的，每个纳税人分摊的扣除额最高不得超过每年 12 000 元（每月 1 000 元），并签订书面分摊协议。 3. 指定分摊与约定分摊不一致的，以指定分摊为准。 4. 纳税人赡养两个及以上老人，不按老人数加倍扣除
住房租金	纳税人本人及配偶在纳税人的主要工作城市没有住房，而在主要工作城市租赁住房发生的租金支出，可按下列 3 种标准定额扣除： 1. 承租的住房位于直辖市、省会城市、计划单列市和国务院确定的其他城市，扣除标准为每年 14 400 元（每月 1 200 元）。 2. 承租的住房位于其他城市，市辖区户籍人口超过 100 万的，扣除标准为每年 12 000 元（每月 1 000 元）。 3. 承租的住房位于其他城市，市辖区户籍人口不超过 100 万的，扣除标准为每年 9 600 元（每月 800 元）	1. 主要工作城市指纳税人任职受雇所在城市；没有任职受雇单位的，为经常居住城市。夫妻双方主要工作城市相同的，只能由一方扣除住房租金支出；夫妻双方主要工作城市不同，且各自在其主要工作城市都没有住房的，可分别全额扣除。 2. 纳税人及其配偶不得同时分别享受住房贷款利息专项附加扣除和住房租金专项附加扣除
住房贷款利息	纳税人本人或配偶使用商业银行或住房公积金个人住房贷款为本人或其配偶购买住房，发生的首套住房贷款利息支出，在偿还贷款期间可按每年 12 000 元（每月 1 000 元）标准定额扣除	非首套住房贷款利息支出不得扣除。经夫妻双方约定，可选择由其中一方扣除，具体扣除方式在一个纳税年度内不得变更
大病医疗	一个纳税年度内，在社会医疗保险管理信息系统记录的由个人负担超过 15 000 元的医药费用支出部分，为大病医疗支出，可按每年 60 000 元标准限额据实扣除	该专项附加扣除由纳税人办理汇算清缴时扣除，换句话说，每月计缴个人所得税时不做扣除处理

| 范例解析 |　利用专项附加扣除筹划个人所得税

已知商某在一家技术服务公司工作，工资水平在6 000.00元/月上下。2019年12月，商某的应发工资为6 500.00元，个人专项扣除共293.42元。他的主要工作城市属于省会城市，目前租房居住，尚无配偶。为了提升自我专业能力，他还报考了中级会计师职称考试，并在2019年拿到了相关证书。

①如果商某不进行专项附加扣除，则应纳税额所得额的计算如下。

个人所得税应纳税所得额=6 500.00−5 000.00−293.42=1 206.58（元）

该应纳税所得额适用的个人所得税税率档次为3%，速算扣除数为0。

个人所得税应纳税额=1 206.58×3%=36.20（元）

②如果商某向公司提交了租房租赁合同复印件和相关证书的复印件，继续教育附加扣除在12月之前都未扣除，则继续教育专项附加扣除当月可扣除3 600.00元，住房租金专项扣除每月可扣除1 200.00元，应纳税所得额的计算如下。

个人所得税应纳税所得额=6 500.00−5 000.00−293.42−3 600.00−1 200.00
=−3 593.42（元）

因商某当月个人所得税应纳税所得额为负数，因此当月不缴纳个人所得税。

由该案例可知，个人在缴纳个人所得税时，运用专项附加扣除可以明显降低个人所得税的应缴纳税款，但前提是符合相应的扣除条件。

10.2.2　城镇土地使用税的纳税筹划

城镇土地使用税和耕地占用税分别有各自的税收优惠政策，但这些有优惠政策一般针对特殊的用地单位和特殊的用地情形，如国家机关、人民团体、军队等，占用土地进行防火、防爆和防毒等安全防范活动以及修建铁路、公路等公共事业。针对普通的企业，最实用的一项城镇土地使用税税收优惠政策就是"新征用的耕地，从批准征用之日起满一年时开始缴纳城镇土地使用税"。

一般来说，企业征用城市、县城、建制镇和工矿区范围内的土地，都需要缴纳城镇土地使用税。因为使用耕地还需要一次性缴纳耕地占用税，所以为了减轻纳税人的负担，相关税法作出了前述城镇土地使用税的征收管理规定。但实际经营过程中，征用土地的第一年如果想通过占用耕地来延缓城镇土地使用税的缴纳，就会相应地需要缴纳耕地占用税，最终是否减轻了税负还要根据核算结果来比较判断。

| 范例解析 | 生产经营是否占用耕地与纳税筹划的联系

某冬靴生产商将工厂建在某市郊区，实际占地面积共3 000平方米。已知当地规定的城镇土地使用税为每平方米年税额3.00元，耕地占用税为每平方米30.00元。下面对不同的占用土地情况进行纳税分析。

①如果该生产商的工厂占用的是市郊区的非耕地，则：

每年应缴纳城镇土地使用税=3 000×3.00=9 000.00（元）

②如果该生产商的工厂占用的是市郊区的耕地，则：

第一年应缴纳耕地占用税=3 000×30.00=90 000.00（元）

第二年开始每年缴纳9 000.00元的城镇土地使用税。也就是说，比较第①和第②种情况的第一年缴纳的税费，就可以看出，该生产商占用非耕地才能使应缴纳的税款更少。

实务中，如果一定要占用城镇土地，则当城镇土地使用税的每平方米年税额小于耕地占用税每平方米税额，则选择占用城镇非耕地开展生产经营活动；当城镇土地使用税的每平方米年税额大于耕地占用税每平方米税额，则选择占用城镇耕地开展生产经营活动。

当然，如果企业有条件占用非城镇用地，则占用的通常就是耕地，只需要一次性缴纳耕地占用税，不用再每年缴纳城镇土地使用税。所以，在实际经营管理中，企业要根据自身发展需求来选择占用土地的情况，从而达到城镇土地使用税或耕地占用税的纳税筹划目的。

10.2.3　房产税的筹划技巧有哪些

房产税是针对在我国城市、县城、建制镇和工矿区内拥有房屋产权的单位和个人征收的一种财产税。从概念来看，房产税的筹划技巧之一就是适当选择房产所在位置。如果房产不在这些征税范围内，则不需缴纳房产税。

另外，房产税有两种计算方法，即从价计征和从租计征。从价计征时需要考虑房产原值，从租计征时需要考虑房屋租金。因此，房产的另一筹划技巧就是恰当降低房产原值或房屋租金。

◆　将企业房产购建在城市、县城、建制镇和工矿区以外的范围内

将企业房产购建在城市、县城、建制镇和工矿区以外的范围内这项筹划技巧对企业经营范围和从事业务的情况有要求。如果企业在经营范围内的经营业绩对企业所处的地段有很强的依赖性，需要处于人流量较大的地方，则将企业房产购建在城市、县城、建制镇和工矿区以外的范围内是不科学的，虽然可降低房产税应纳税款，但相应地企业经营成果会受到影响。所以，该筹划技巧适合那些对地段依赖性不强或者对交通便利性要求不强的企业。

◆　降低房产税的计税依据

房产税的计税依据有房产原值和房屋租金两种，房产税的应缴纳税额通过计税依据与适用税率相乘得出。因此，在房产税的纳税筹划过程中，可合理降低房产的原值或租金。如何合理降低呢？如表 10-13 所示的是使计税依据合理降低的要求。

表 10-13　合理降低房产税计税依据的要求

计税依据	降低计税依据的要求
房产原值	1. 合理确定房产原值。税法规定"房产"是以房屋形态表现的财产，指有屋面和围护结构，能遮风避雨，可供人们在其中娱乐、居住或储藏物资的场所，因此独立于房屋之外的建筑物不征收房产税。可利用这一点降低房产原值。 2. 正确核算地价。税法规定房屋原价应根据国家有关会计规定进行核算，自建或外购的房屋均要将土地使用权作为无形资产单独核算，不计入房产价值，可利用这一点降低房产原值。

计税依据	降低计税依据的要求
房产原值	3. 及时做好财产清查工作，查出不再需要缴纳房产税的房产，减少应缴纳的房产税税额等
房屋租金	常用的方法是合理分解房租收入，比如按月、按季或半年收取租金等

11

注意这些事项与纳税筹划密不可分

纳税筹划工作的主要目的虽然只是帮助企业减轻缴纳税款的负担，但这项工作与其他相关工作有着千丝万缕的联系。纳税筹划为税款缴纳工作服务，而税款缴纳又与企业的税务登记工作有联系。所以想要真正做好纳税筹划工作，就要懂得如何进行税务登记，如何规避偷税、漏税等税务风险，以及如何做好税务检查工作。

|11.1|
纳税筹划的前提是要进行税务登记

对企业来说，只有进行了税务登记，才能完成纳税申报和税款缴纳等工作，而这些工作又是纳税筹划的元素，因此有必要了解税务登记。

11.1.1 企业税务的设立、变更和注销登记

企业在成立、发生变更或者需要注销时，都要进行相应的税务登记。成立时要进行税务设立登记或开业税务登记，发生变更时要进行变更税务登记，注销企业时要进行注销税务登记。

（1）开业税务登记

开业税务登记一般在企业新设立时进行，适用于一切新开业从事生产经营的纳税人。企业在进行开业税务登记时，需要了解和掌握的内容如下。

◆ 税务登记时间

凡是经工商行政管理部门批准开业的纳税人，应从领取营业执照之日起 30 日内，到当地税务机关办理开业税务登记。

◆ 税务登记的内容

企业办理开业税务登记时，一般需要登记的内容有：纳税人名称、经营地址、公司性质、隶属关系、经营方式、经营范围和其他有关事项。

◆ 需要提供的资料

无论是企业还是个体工商户，在办理开业税务登记时均要提供的资料有：开业税务登记的书面申请，营业执照副本或其他核准执业证件的原件及复印件，住所或经营场所证明以及主管税务机关需要的其他资料。

对于企业和个体工商户自身来说，还需要各自提供的资料有如表 11-1 所示的一些。

表 11-1　企业与个体工商户各自应提供的开业税务登记资料

纳税人	特定资料
企业	1. 有关机关、部门批准设立的文件原件和复印件。 2. 相关合同、公司章程或协议书的原件及复印件。 3. 企业法定代表人和董事会成员名单。 4. 企业银行账户证明。 5. 属于享受税收优惠政策的，还应包括需要提供的相应证明资料
个体工商户	居民身份证、护照或者其他证明身份的合法证件的原件和复印件

◆　开业税务登记的流程

企业办税人员需按照如图 11-1 所示的步骤完成开业税务登记办理手续。

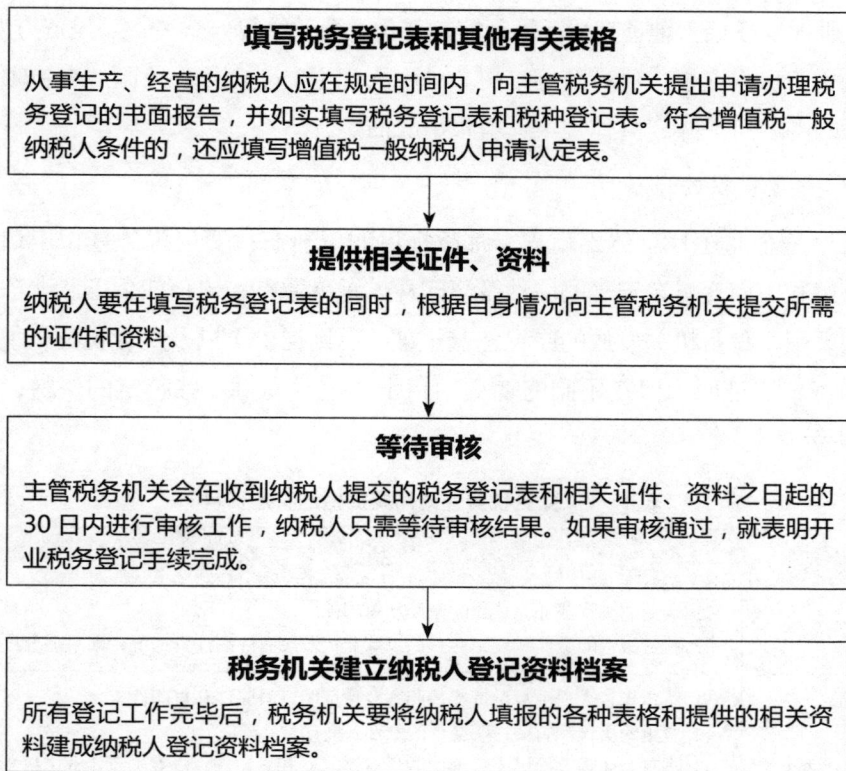

填写税务登记表和其他有关表格

从事生产、经营的纳税人应在规定时间内，向主管税务机关提出申请办理税务登记的书面报告，并如实填写税务登记表和税种登记表。符合增值税一般纳税人条件的，还应填写增值税一般纳税人申请认定表。

↓

提供相关证件、资料

纳税人要在填写税务登记表的同时，根据自身情况向主管税务机关提交所需的证件和资料。

↓

等待审核

主管税务机关会在收到纳税人提交的税务登记表和相关证件、资料之日起的 30 日内进行审核工作，纳税人只需等待审核结果。如果审核通过，就表明开业税务登记手续完成。

↓

税务机关建立纳税人登记资料档案

所有登记工作完毕后，税务机关要将纳税人填报的各种表格和提供的相关资料建成纳税人登记资料档案。

图 11-1　开业税务登记的流程

（2）变更税务登记

变更税务登记一般在企业发生经营信息变更时进行，因此，并不是一切纳税人都需要办理。企业办理变更税务登记时，要了解和掌握的内容如下。

◆ 变更税务登记时间

当纳税人税务登记项目发生变更时，要在发生变更后的 30 日内，到主管税务机关的相应办事窗口办理税务变更登记手续。

◆ 变更税务登记的内容

变更税务登记主要分两种经营信息变更，一是工商登记变更，二是非工商登记变更。常见的变更内容有：注册资本变更、法定代表人变更、企业注册类型变更、注册地址或经营地址变更、银行账户变更、会计核算方式变更、投资方变更、分支机构负责人变更、经营范围变更和纳税人识别号变更等。不同的变更项目需要填写的内容有差异，具体视实际填报情况而定。

◆ 需要提供的资料

无论是企业还是个体工商户，都应提供的资料有：变更税务登记申请表、营业执照和工商变更登记表的原件及复印件、承继原纳税人债权债务和账务连续核算的证明、税务机关发放的原税务登记证（有则提供）以及主管税务机关需要的其他资料、证明。但在不同的变更项目下，需要提供一些特定的资料，如表11-2 所示。

表 11-2　变更税务登记需要提供的特定资料

变更项目	特定资料
注册资本	1. 变更的决议或补充章程的原件及复印件。 2. 验资报告的原件和复印件，如果营业执照没有注明注资情况，则不需要提供
法定代表人	1. 法定代表人居民身份证或护照等身份证明资料原件和复印件。 2. 变更的决议和有关证明文件的原件及复印件。 3. 国有企业需要提供上级部门的任命书原件和复印件，没有国有企业上级部门任命书的，可提供"新任法定代表人愿意承担前任法定代表人任职期间该纳税人涉税业务的权利和义务的声明"

变更项目	特定资料
登记注册类型	变更决议和有关证明文件的原件及复印件
注册地址或经营地址	1. 注册地址和生产、经营地址证明原件及复印件。自有房产提供不动产权证或买卖契约等合法产权证明原件及复印件；租赁场所提供租赁协议原件及复印件。生产、经营地址与注册地址不一致的要分别提供证明文件。 2. 一式两份的发票缴销登记表（指经营地迁移到市内其他行政区的需提供）。 3. 经进出口税收管理部门审批通过的《出口货物退（免）税注销认定通知书》（指进出口业务的纳税人需提供）
银行账户	银行开立账户的资料原件和复印件
会计核算方式	变更的决议和有关证明文件的原件及复印件
投资方	验资报告的原件和复印件（只有投资总额发生变动才需提供，总额没有变动的不需提供）
分支机构负责人	1. 变更的决议和有关证明文件的原件及复印件。 2. 负责人居民身份证或护照等身份证明资料原件和复印件
经营范围	1. 变更的决议和有关证明文件的原件及复印件。 2. 一式两份的纳税人税种登记表（涉及税种变更的填写）
纳税人识别号	提供相应的有关证明文件和复印件

除了上述变更项目的这些资料需要提供外，当分支机构申请变更其总机构相关登记信息时，还需要提交总机构的营业执照复印件；当总机构变更其分支机构相关登记信息时，需要提交分支机构的营业执照复印件。

◆　变更税务登记的流程

企业的变更税务登记流程主要分为 3 个环节：申请、受理和审核。

首先，企业办税人员在税务登记项目发生变更后的规定时间内，到主管税务机关申请办理变更税务登记手续，同时提交税务机关要求的相关资料和证明文件。

然后，由税务机关的相关工作人员查看纳税人提交的资料和文件，符合条件的予以受理。

最后，进一步审核纳税人提交的资料和证明文件，审核通过后，为纳税人办理变更税务登记。

（3）注销税务登记

注销税务登记一般在企业由于法定原因终止纳税义务时进行，一旦企业办理了注销税务登记，就表明了该企业不再接受税务机关的管理。企业要办好注销税务登记手续，必须了解和掌握如下内容。

◆ 注销税务登记的办理时间

根据相关税法和实施细则的规定可知，企业办理注销税务登记的时间会因为注销情形的不同而不同，如表 11-3 所示。

表 11-3　不同情形下办理注销税务登记的时间规定

情形	时间规定
纳税人发生解散、破产、撤销和其他情形，依法终止纳税义务	应在向工商行政管理机关或其他机关办理注销登记前，向原税务登记机关申请办理注销税务登记。按规定不需要在工商行政管理机关或其他机关办理注销登记的，应从有关机关批准或宣告终止之日起 15 日内，向原税务登记机关申请办理注销税务登记
纳税人因住所、经营地点变动而涉及改变税务登记机关	应在向工商行政管理机关或其他机关申请办理变更或注销登记前，或者住所、经营地点变动前，向原税务登记机关申请办理注销税务登记，并在 30 日内向迁达地税务机关申请办理税务登记
营业执照被吊销	纳税人被工商行政管理机关吊销营业执照或被其他机关予以撤销登记的，应从营业执照被吊销或被撤销登记之日起 15 日内，向原税务机关申请办理注销税务登记

◆ 需要提供的资料

无论是企业还是个体工商户，在办理注销税务登记时都需要提供的资料有：注销税务登记申请表、发票准购簿、当期申报表资料和结清税款、缴销发票等的相关完税凭证以及主管税务机关需要的其他证件和资料。

如果是因为营业执照被吊销而需要办理注销税务登记，则还需纳税人提供工商部门发放的吊销决定和复印件。

另外，对于一般纳税人企业来说，办理注销税务登记时还需提供增值税一般纳税人认定表和资格证，以及注销登记的有关决议和复印件。

◆　注销税务登记的流程

企业在去主管税务机关办理注销税务登记前，还需要完成一些必要的事情，为了避免走"弯路"，可参考如图 11-2 所示的步骤。

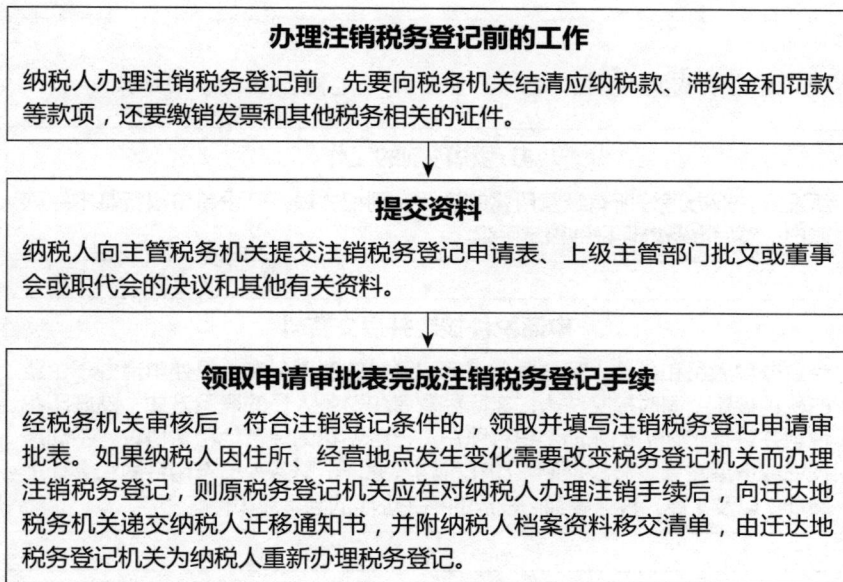

```
┌──────────────────────────────────────────────────┐
│              办理注销税务登记前的工作                  │
│  纳税人办理注销税务登记前，先要向税务机关结清应纳税款、滞纳金和罚款 │
│  等款项，还要缴销发票和其他税务相关的证件。             │
└──────────────────────────────────────────────────┘
                        ↓
┌──────────────────────────────────────────────────┐
│                    提交资料                         │
│  纳税人向主管税务机关提交注销税务登记申请表、上级主管部门批文或董事 │
│  会或职代会的决议和其他有关资料。                     │
└──────────────────────────────────────────────────┘
                        ↓
┌──────────────────────────────────────────────────┐
│         领取申请审批表完成注销税务登记手续             │
│  经税务机关审核后，符合注销登记条件的，领取并填写注销税务登记申请审 │
│  批表。如果纳税人因住所、经营地点发生变化需要改变税务登记机关而办理 │
│  注销税务登记，则原税务登记机关应在对纳税人办理注销手续后，向迁达地 │
│  税务机关递交纳税人迁移通知书，并附纳税人档案资料移交清单，由迁达地 │
│  税务登记机关为纳税人重新办理税务登记。               │
└──────────────────────────────────────────────────┘
```

图 11-2　注销税务登记的流程

11.1.2　按规定进行税种核定并领购发票

税种核定就是指企业协助自己的税务专管员正确核定自身应纳税种、税目。企业的税务专管员根据企业的实际经营特点和经营范围来核定企业应纳税种，完成后，企业就可按规定领购发票了。

（1）税种核定

企业一般要在完成开业税务登记之日起一个月内到主管税务机关的税务专管员处申请税种核定。如果在完成开业税务登记后的半年内没有申请核定税种或已申请核定但没有购买发票的企业，税务机关有权将企业列入非正常户，同时作出行政处罚。

> **知识延伸｜税务专管员**
>
> 　　税务专管员是税务机关日常管理企业税务问题的专门人员，新设立企业的一些税务事项都要通过税务专管员进行申请核准。

　　纳税人企业在办理税种核定时，整个流程过程如图 11-3 所示。

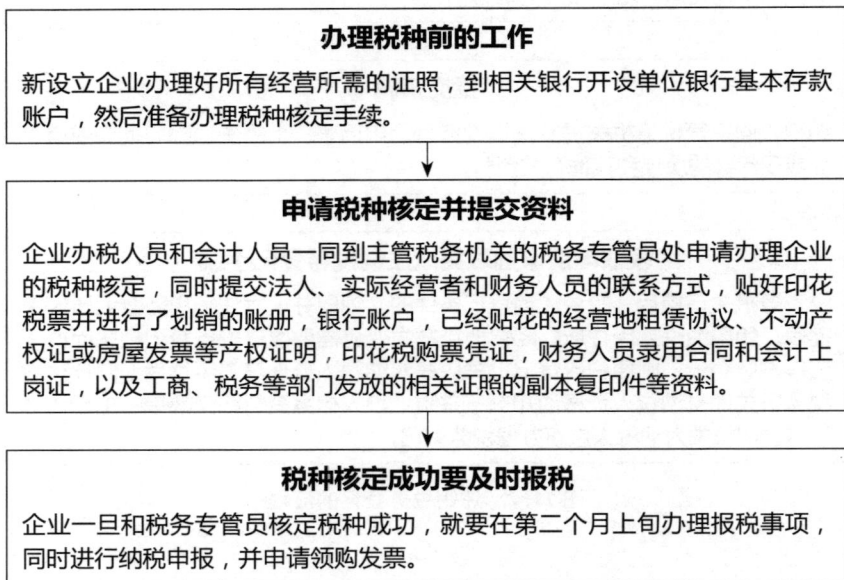

办理税种前的工作

新设立企业办理好所有经营所需的证照，到相关银行开设单位银行基本存款账户，然后准备办理税种核定手续。

↓

申请税种核定并提交资料

企业办税人员和会计人员一同到主管税务机关的税务专管员处申请办理企业的税种核定，同时提交法人、实际经营者和财务人员的联系方式，贴好印花税票并进行了划销的账册，银行账户，已经贴花的经营地租赁协议、不动产权证或房屋发票等产权证明，印花税购票凭证，财务人员录用合同和会计上岗证，以及工商、税务等部门发放的相关证照的副本复印件等资料。

↓

税种核定成功要及时报税

企业一旦和税务专管员核定税种成功，就要在第二个月上旬办理报税事项，同时进行纳税申报，并申请领购发票。

图 11-3　税种核定的流程

（2）领购发票

　　按规定把税务登记手续办理完毕的单位和个人，需向主管税务机关申请领购发票，审核通过后由税务机关向纳税人发放《发票领购簿》。如下所示的是企业首次领购发票的具体办事流程。

　　第一，领购发票前的工作。企业纳税人在向主管税务机关申请领购发票前，必须保证税务登记和税种核定手续已经办妥。

第二，提出领购发票的申请并提交资料。企业向主管税务机关提出领购发票的申请，同时填写纳税人领购发票票种核定申请表，提交经办人身份证明和企业财务专用章或发票专用章印模。

第三，等待并配合审核。主管税务机关对提供资料完整、填写内容准确、各项手续齐全的纳税人作出受理决定，查验纳税人出示的证照是否有效，审核各项资料的完整性和正确性，并通过有关系统正确录入纳税人领购发票票种核定申请审批表信息。核查企业的税务登记信息和营业执照信息是否与填写的纳税人领购发票票种申请审批表内容一致，申请的票种资格与纳税人的登记注册信息是否相符等，然后进行实地调查，核实纳税人的实际生产经营情况与申请的票种信息是否相符，是否具备发票保管和开具能力。

第四，接收审批结果并领取发票领购簿。经过层层审核，主管税务机关确定审批结果，签署审批意见，制作《准予行政许可决定书》，与《发票领购簿》一起送达纳税人，同时将相关资料归档。

如果企业不是第一次领购发票，则在领购发票时，需提供前次领购发票存根联，由税务机关审验旧发票存根后，存根由企业自行保管，审验没有问题的，再允许领购新发票。

11.1.3　发票的种类和查验真假发票的方法

企业完成税务工作的同时，必然会涉及发票的使用和管理。不同的经济业务需要开具的发票类型是不一样的，而且为了保证经济活动的情况得到有效记录和证明，必须学会鉴别发票的真假。本小节将对这些内容做详细介绍。

（1）发票的种类

在我国，发票主要分为两大类：普通发票和增值税专用发票。普通发票一般由增值税小规模纳税人和不能开具专用发票的增值税一般纳税人使用，如增值税普通发票、商业零售统一发票、商业批发统一发票和商品房销售发票等。图

11-4 为常见的增值税普通发票。

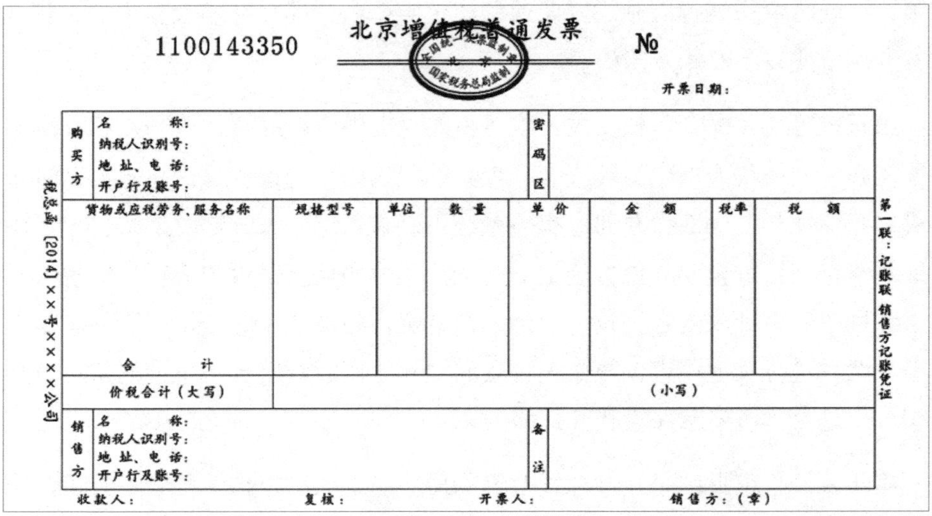

北京增值税普通发票

1100143350　　　　№

开票日期：

购买方	名　　称： 纳税人识别号： 地 址、电 话： 开户行及账号：					密码区		
货物或应税劳务、服务名称	规格型号	单位	数 量	单 价	金 额	税率	税 额	
合　　计								
价税合计（大写）					（小写）			
销售方	名　　称： 纳税人识别号： 地 址、电 话： 开户行及账号：					备注		

收款人：　　复核：　　开票人：　　销售方：（章）

税总函［2014］××号×××公司

第一联：记账联　销售方记账凭证

图 11-4　增值税普通发票

普通发票由国家税务局管理，统一票样的印制由省级税务机关决定，并指定专门的印制单位负责印制普通发票。无论是普通发票，还是增值税专用发票，在发票的正面上方都会加盖“全国统一发票监制章”。

增值税专用发票是我国实施新税制的产物，专门用于纳税人销售或提供增值税应税劳务的一种发票，通常由增值税一般纳税人和会计核算健全的小规模纳税人使用。

增值税专用发票不仅是记录商品或服务的销售额和增值税税额的财务收支凭证，还是销货方履行纳税义务和购货方抵扣增值税进项税额的合法证明，是纳税人计缴增值税的直接依据。如图 11-5 所示的是常见的增值税专用发票。

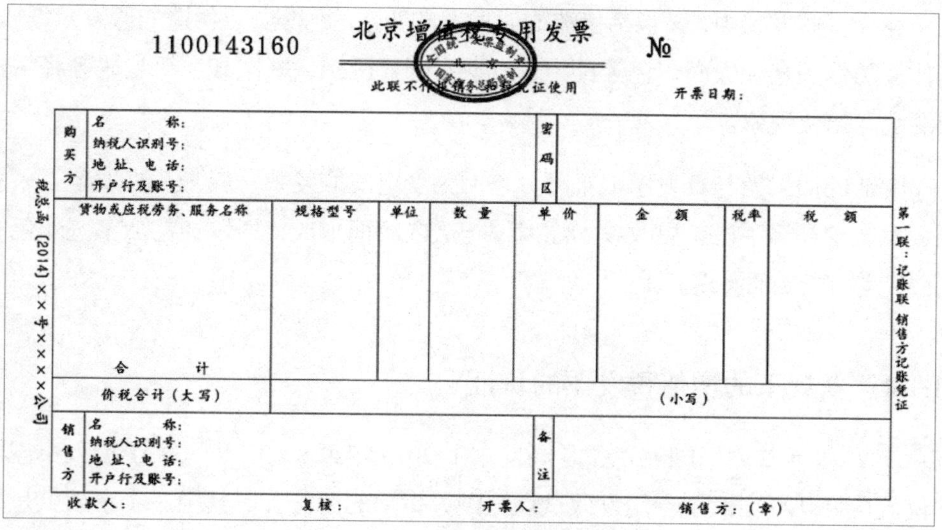

图 11-5 增值税专用发票

（2）查验发票的真假

企业在查验发票真假时，可从如表 11-4 所示的一些小方法入手进行。

表 11-4 查验发票真假的方法

方法	操作
看印章	看发票正面是否有发票监制章，形状为椭圆形，上环刻制"全国统一发票监制章"字样，下环刻制"×× 税务局监制"字样，中间刻制税务机关所在地的省、市全称或简称，整个印章为红色
看版式	不同时期的发票有不同版式，若版式与时期不符，需重新开具发票
看底纹有无菱形水印	发票采用专门的水印纸印刷，水印图案为菱形，发票联不加印底纹。不符合这些特征的即为假发票
看有无防伪油墨	使用发票防伪鉴别仪器看发票监制章和发票联号码是否使用了防伪油墨，使用了的会呈现红色荧光，在紫外线照射下为橘红色反应，即为真发票；反之，没有使用则没有这些特征，即为假发票
看无色荧光防伪标记	在发票联和抵扣联的中间采用无色荧光油墨套印国家税务总局监制字样和左右两边的花纹图案，肉眼看不见，用紫外线灯发票鉴别仪器照射会呈现洋红或红色荧光反应

在众多假发票中，又包括伪造的假发票和变造的假发票。伪造的假发票纸质、字体、防伪图案和版面印色等都与真发票有明显区别，联次和字轨号码等经常出现混乱和错位现象。

变造的假发票与真发票很难区分，因为变造的假发票一般是在真发票上采用刮、擦、挖补等手段，更改或增添发票记载内容而形成，所以通常从字迹颜色、票面完整度等方面辨别。

11.1.4　新规下的增值税发票的认证

在 2019 年 2 月，国家税务总局发布了 2019 年第 8 号公告《关于扩大小规模纳税人自行开具增值税专用发票试点范围等事项的公告》。其中一个事项就是关于取消增值税发票认证的纳税人范围。

公告规定，将取消增值税发票认证的纳税人范围扩大至全部一般纳税人。也就是说，一般纳税人取得增值税专用发票、机动车销售统一发票、收费公路通行费增值税电子普通发票等增值税发票后，可以自愿使用增值税发票选择确认平台查询和选择用于申报抵扣、出口退税或代办退税的增值税发票信息。具体区别体现在操作上。

增值税发票认证的新规实施后，原来需要手工扫描用于抵扣的纸质发票，现在由纳税人网上选择确认需要抵扣的增值税发票电子信息。另外，新规实施后，即使在网上系统中没有查询到对应的发票信息，也能进行发票扫描认证。

虽然取消增值税发票认证的纳税人范围扩大至全部一般纳税人，但纳税人在网上系统中自行操作时也应勾选"增值税发票选择确认平台"，并不是说增值税发票不需要认证。

新规下，增值税发票选择确认平台的登录地址由国家税务总局各省、自治区、直辖市和计划单列市税务局确定并公布。

|11.2|
及时进行纳税申报可避免滞纳金和罚款

对企业来说，避免缴纳税款滞纳金和罚款也是一种纳税筹划方法。如何才能避免缴纳滞纳金和罚款呢？毫无疑问，就是要及时完成纳税申报和税款缴纳工作。

11.2.1　增值税纳税申报流程

在最新的增值税征收管理规定下，增值税的纳税申报流程如图 11-6 所示。

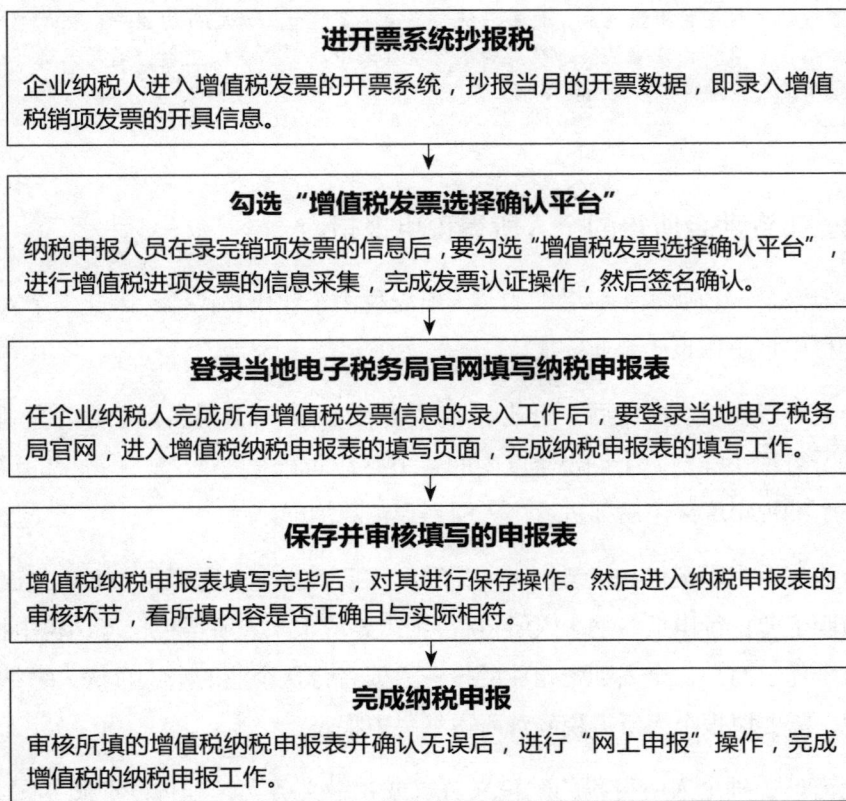

进开票系统抄报税

企业纳税人进入增值税发票的开票系统，抄报当月的开票数据，即录入增值税销项发票的开具信息。

勾选 "增值税发票选择确认平台"

纳税申报人员在录完销项发票的信息后，要勾选 "增值税发票选择确认平台"，进行增值税进项发票的信息采集，完成发票认证操作，然后签名确认。

登录当地电子税务局官网填写纳税申报表

在企业纳税人完成所有增值税发票信息的录入工作后，要登录当地电子税务局官网，进入增值税纳税申报表的填写页面，完成纳税申报表的填写工作。

保存并审核填写的申报表

增值税纳税申报表填写完毕后，对其进行保存操作。然后进入纳税申报表的审核环节，看所填内容是否正确且与实际相符。

完成纳税申报

审核所填的增值税纳税申报表并确认无误后，进行 "网上申报" 操作，完成增值税的纳税申报工作。

图 11-6　增值税纳税申报流程

如果企业纳税人以一个月或一个季度为一个纳税期，则从期满之日起 15 日内申报纳税；如果以 1 日、3 日、5 日、10 日或 15 日为一个纳税期，则从期满之日起 5 日内预缴税款，在次月 1 日～ 15 日内申报纳税，并结清上月应纳税款。如果是进口货物，应从海关填发进口增值税专用缴款书之日起 15 日内缴纳税款。

> **知识延伸｜附加税费的纳税申报流程**
>
> 附加税费主要是指城市维护建设税、教育费附加和地方教育附加这3种。由于它们是增值税和消费税的附加税费，计税依据也都是当期实际缴纳的增值税税额和消费税税额合计，所以，这些附加税费的纳税申报工作会与增值税或消费税的纳税申报工作同步。也就是说，当企业纳税人在录入了增值税、消费税的发票信息并填报了增值税纳税申报表或消费税纳税申报表后，税务系统会自动生成这些附加税费的相关数据及纳税申报表。纳税人只需检查确认附加税费的纳税申报表中的数据是否正确，确认无误后进行"网上申报"操作即可完成纳税申报工作。

11.2.2　工资薪金所得的个人所得税申报指南

一般来说，企业职工应缴纳的个人所得税由企业代扣代缴，因此，个人所得税的纳税申报工作也由企业完成。

个人所得税新规实施后，企业职工应缴纳的个人所得税实行汇算清缴制度，与企业所得税一样，一个纳税年度内的各个会计期间先进行个人所得税的预缴，然后一个纳税年度终了后要进行个人所得税汇算清缴。

企业每月为职工代扣代缴个人所得税，需要填报个人所得税扣缴申报表；如果城镇职工要自行申报缴纳个人所得税，则需要填报个人所得税自行纳税申报表；如果是个体工商户、个人独资企业的投资人或者合伙企业的个人合伙人缴纳个人所得税，需要填报个人所得税经营所得纳税申报表。

无论是哪种个人所得税的纳税义务人或扣缴义务人，都可以参照如图 11-7 所示的办事流程进行个人所得税的纳税申报。

进入个人所得税申报平台

企业按规定下载安装个人所得税申报客户端,或者直接登录国家税务总局官网,然后在客户端通过"自然人税收管理系统"登录个人所得税申报平台,或者在网页端通过登录"自然人办税服务平台"进入个人所得税申报平台。

录入纳税人信息

企业代扣代缴职工个人所得税的,先录入所有员工的基本信息;自然人个人或者其他需要缴纳个人所得税的企业、个体工商户等录入自身的基本信息。

与公安系统比对相符

企业代扣代缴员工个人所得税的,在录入员工信息后,还需要与当地公安系统进行人员信息比对,确认相符后才能进行个人所得税纳税申报。

填写纳税申报表

自然人个人、个体工商户以及其他需要缴纳个人所得税的企业,按规定填报个人所得税自行纳税申报表或者个人所得税经营所得纳税申报表,包括统一社会信用代码和被投资单位名称等计税信息以及减免税额等内容。

填写扣缴申报表

与公安系统比对相符后,企业办税人员开始填报个人所得税扣缴申报表,包括员工基本信息、收入及免税情况、扣除及减除项目和税款计算等内容。

保存申报表并查验

办税人员填好相应的纳税申报表后,进行保存操作。然后查验所填信息是否完整正确。

完成个人所得税纳税申报

确认所填的申报纳税信息无误后,进行"网上申报"或者"发送申报"等相关操作,完成个人所得税的纳税申报流程。

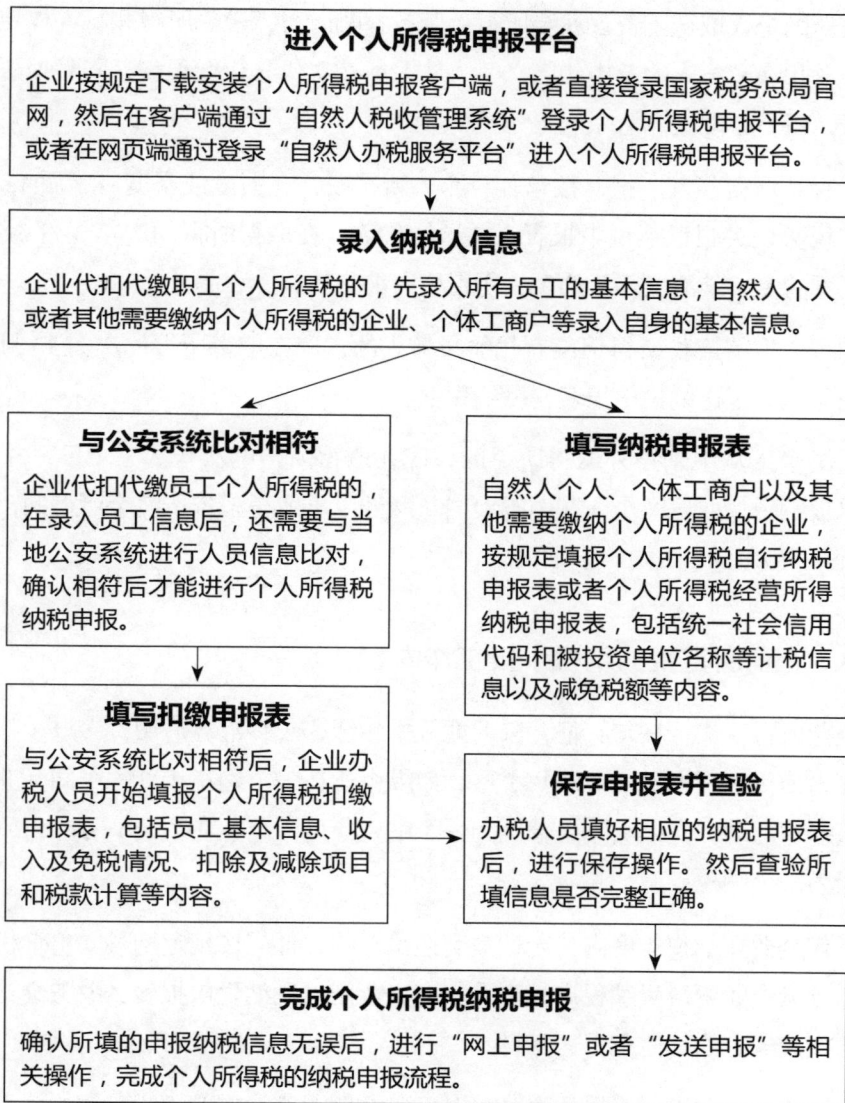

图 11-7 个人所得税纳税申报流程

居民个人取得综合所得,按年计算个人所得税,有扣缴义务人的(如在职企业),由扣缴义务人按月或按次预扣预缴税款,同时报送纳税申报表,并在取得所得的次年 3 月 1 日 ~ 6 月 30 日内办理汇算清缴,结清上一年应缴纳的个人所得税应纳税款。

非居民个人取得工资、薪金所得，劳务报酬所得，稿酬所得和特许权使用费所得，有扣缴义务人的，由扣缴义务人按月或按次代扣代缴税款，同时报送纳税申报表，但不办理汇算清缴。

纳税人取得经营所得，按年计算个人所得税，在月度或季度终了后 15 日内向主管税务机关报送纳税申报表，并预缴税款，在取得所得的次年 3 月 31 日前办理汇算清缴，结清上一年的个人所得税应纳税款。

纳税人取得应税所得但没有扣缴义务人的，应在取得所得的次月 15 日内向主管税务机关报送纳税申报表，缴纳税款。

居民个人从中国境外取得所得的，应在取得所得的次年 3 月 1 日 ~ 6 月 30 日内申报纳税。非居民个人在中国境内从两处以上取得工资、薪金所得的，应在取得所得的次月 15 日内申报纳税。

11.2.3 企业所得税的纳税申报工作内容

企业所得税实行按年计征，分月或分季预缴，年终汇算清缴，多退少补。纳税年度为公历 1 月 1 日 ~ 12 月 31 日。如果企业在一个纳税年度的中间开业，或者终止经营互动，应以实际经营期为一个纳税年度。企业在依法清算时，应以清算期间为一个纳税年度。

任何企业在纳税年度内，无论盈利还是亏损，都应按规定期限向主管税务机关报送预缴企业所得税纳税申报表、年度企业所得税纳税申报表、财务会计报告和税务机关规定的其他应报送资料。

年度终了企业进行汇算清缴时，对已经按照月度或季度预缴税款的，不再重新折合计算，只针对纳税年度内没有缴纳企业所得税的部分，按照纳税年度最后一日的人民币汇率中间价折合成人民币计算应纳税所得额，进而确定需要缴纳的企业所得税税款。

实务中，企业可参照图 11-8 所示的步骤完成企业所得税的纳税申报工作。

进入企业所得税申报平台

企业按规定下载安装网上纳税申报系统，然后登录企业账号，进入企业所得税纳税申报平台。

录入企业信息

企业办税人员按规定录入当期企业的相关会计信息，如当期实现收入、支出成本费用、应纳税所得额以及税款计算等内容。

保存检查完成报送

企业办税人员将填报的企业信息进行保存和检查，看是否填写完全和正确，确认无误后进行"纳税申报"或"发送申报"等相关操作，完成企业所得税的纳税申报流程。

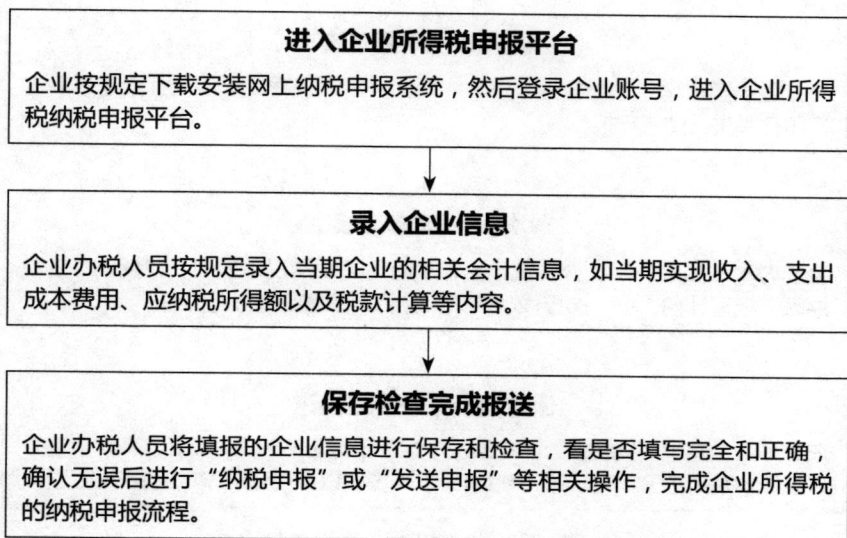

图 11-8　企业所得税纳税申报流程

企业按月或按季预缴时，应从月份或季度终了之日起 15 日内，向税务机关报送预缴企业所得税纳税申报表，预缴税款。企业所得税的预缴方法一经确定，在一个纳税年度内不得随意变更。

在年度终了之日起 5 个月内，向税务机关报送年度企业所得税纳税申报表，并汇算清缴，结清应缴应退税款。

如果企业在一个纳税年度中间终止经营活动，则应办理注销登记前，针对清算所得向税务机关申报并依法缴纳企业所得税，应从实际经营终止之日起 60 日内，向税务机关办理当期企业所得税汇算清缴。

11.2.4　印花税的申报怎么做

目前，我国很多企业不再进行印花税贴花完税，而是直接根据应税合同或凭证记载的金额进行纳税申报。企业纳税人可直接去当地主管税务机关办税大厅完成纳税申报，也可直接在网上申报，大致申报流程如图 11-9 所示。

```
┌────────────────────────────────────────────────────────┐
│                  进入纳税申报系统                        │
│  企业登录国家税务总局官网，进入"网上办税"流程，登录企业账号以后选  │
│  择印花税进行纳税申报。                                   │
└────────────────────────────────────────────────────────┘
                          │
                          ▼
┌────────────────────────────────────────────────────────┐
│                  填写纳税申报表                          │
│  企业办税人员进入网上办税流程后，填写印花税纳税申报表，包括选择纳税 │
│  期限、填写计税依据、选择优惠政策和计算实际缴纳金额等内容。       │
└────────────────────────────────────────────────────────┘
                          │
                          ▼
┌────────────────────────────────────────────────────────┐
│               保存检查报表完成报送                       │
│  所有申报信息填写完成后，保存纳税申报表，检查所填内容是否正确、完整，│
│  确认无误后，进行"申报"或"网上申报"等操作以完成印花税的纳税申报工作。│
└────────────────────────────────────────────────────────┘
```

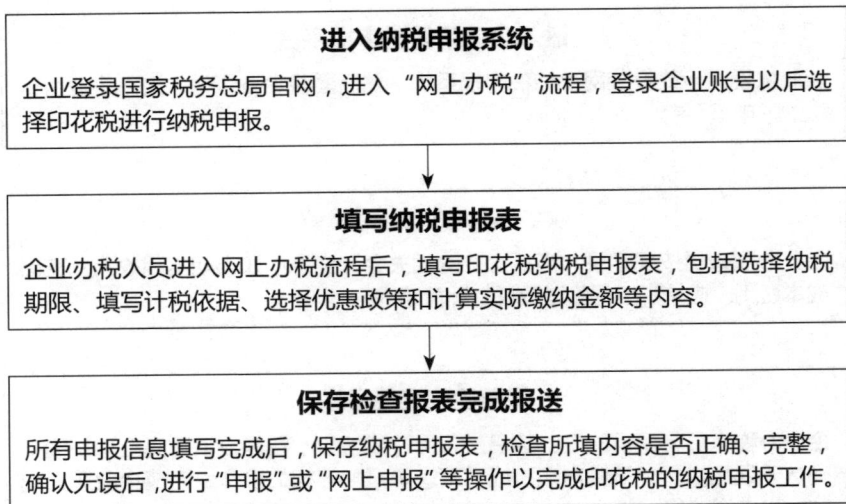

图 11-9　印花税纳税申报流程

如果企业办税人员直接去当地主管税务机关申报纳税，只需携带税务机关要求提供的纸质资料，然后按照税务机关工作人员的要求完成各项手续，即可完成印花税的纳税申报工作。

在我国，印花税按季、按年或按次计征。实行按季或按年计征的，纳税人应在季度、年度终了之日起 15 日内申报纳税并缴纳税款；实行按次计征的，纳税人应在纳税义务发生之日起 15 日内申报纳税并缴纳税款。另外，证券交易涉及的印花税，一般按周解缴，扣缴义务人应在每周终了之日起 5 日内申报解缴税款及孳息。

知识延伸 | 印花税应税凭证的金额有变动时的税款处理

　　如果企业已经缴纳了印花税的凭证所载价款或报酬增加了，纳税人应补缴印花税；已经缴纳了印花税的凭证所载价款或报酬减少了的，纳税人可以向主管税务机关申请退还印花税税款。

本节提及的前述税种及其他税种应缴纳的税费，在进行纳税申报并成功后，就可直接缴纳税款。需要完税凭证的，可到主管税务机关打印。

|11.3|
了解特殊情况避免偷税、漏税

在企业的生产经营过程中，难免会遇到一些特殊的业务和特殊的会计处理手法。然而就是因为这些特殊事项的存在，很可能使企业陷入纳税风险中，有的行为被视为偷税，有的行为被视为漏税。为了防止这样的事情发生，财会人员必须认真掌握纳税筹划中不得触及的行为。

11.3.1　虚开发票的概念和虚开发票的风险

虚开发票从字面意思理解就是虚假开具发票，即不如实开具发票，这是一种舞弊行为。某些纳税单位或个人为了达到偷税的目的，就会虚开发票。

一般来说，纳税人虚开发票的手段包括在发票的商品名称、数量、商品单价和金额等方面弄虚作假，或者利用生产、经营过程中的熟识关系虚构交易事项，进而虚开发票。

那么，虚开发票的行为究竟有什么样的风险呢？如表 11-5 所示。

表 11-5　虚开发票可能面临的风险

风险	概述
套取企业现金，谋求个人利益	一些财会人员瞒着企业领导层虚开发票，从中谋取利益，套取现金归入自己的腰包，损害企业的经济利益
形成单位外的"小金库"	通过虚开发票来虚构消费项目，将某些特殊资金以虚构支出的形式转给服务行业，然后从服务行业转入单独开设的账户自行使用，周而复始形成单位外的"小金库"
增加企业成本，陷入偷税风险，面临罚款	财会人员虚开发票，无论是上级领导授意，还是自作主张的行为，都会使企业账面上的经营成本增加，从而减少企业当期的账面利润，使企业应缴纳的税款变少。一旦被查出，就会被认定为偷税行为，企业将面临缴纳罚款的问题，进而给企业带来不必要的经济负担
形成商业贿赂，助长不正之风	很多单位或个人之所以能虚开发票，就是因为在生产经营过程中相互包庇，从中获益，隐藏了典型的贿赂行为，会助长不正之风

续表

风险	概述
影响企业信用	相关税法规定，对违反发票管理规定两次以上或情节严重的单位和个人，税务机关可向社会公告，这就会直接影响企业的信用和信誉
对商业合作伙伴造成影响	由于发票关系着交易双方，一旦虚开发票，不仅开具发票的一方面临风险，而且还会对接收发票的一方产生不利影响，比如收到不合规发票后不能按规定进行增值税抵扣
赔偿经济损失	如果企业在交易对方不知情的情况下虚开发票，导致对方蒙受经济损失，则很可能被对方要求赔偿，这是虚开发票企业可能面临的赔偿经济损失风险

需要补充说明的是，实务中除了不如实开具发票属于虚开发票外，非法代开发票也属于虚开发票。

为了减少甚至杜绝虚开发票的现象，就需要纳税人和征税人都加强发票管理，强化发票管理办法的宣传力度，企业建章立制并严格控制成本、费用支出，社会各界加大对发票的监督管理力度。

11.3.2 进项税额不得抵扣的 15 种情形

对于增值税纳税人来说，大部分纳税负担均通过抵扣增值税进项税额来减轻。然而，有如表 11-6 所示的这 15 种增值税进项税额是不能抵扣的，企业财会人员一定要了解和掌握。

表 11-6 进项税额不得抵扣的 15 种情形

情形	说明
取得的增值税扣税凭证不符合法律、行政法规或税务机关的有关规定	相关税法规定，纳税人以完税凭证抵扣增值税进项税额的，必须具备书面合同、付款证明和境外单位的对账单或发票等，资料不全的，属于扣税凭证不符合规定，进项税额不得从销项税额中抵扣
简易计税方法计税项目	税法规定，纳税人按简易计税方法计缴增值税的，进项税额不能抵扣
免征增值税项目	从事经营财政部和税务机关规定的免征增值税项目，发生的增值税进项税额不能抵扣

续表

情形	说明
用于集体福利的货物或服务	无论企业是用自产货物还是委托加工货物，或者是外购货物等，向员工发放福利，对应货物的增值税进项税额都不能抵扣。如果前期已经抵扣，还需要在发放福利时做进项税额转出处理
个人消费的项目	企业内部职工个人消费的货物、劳务和服务等发生的费用，涉及的增值税进项税额不能抵扣，比如企业发生的业务招待费等涉及的增值税进项税额
非正常损失对应的进项税额	非正常损失一般指因管理不善造成货物被盗、丢失或霉烂变质，以及因违反法律法规造成货物或不动产被依法没收、销毁和拆除等，这些情况下的购进货物、加工修理修配劳务、交通运输服务、在产品、不动产、建筑服务以及在建工程等对应的增值税进项税额不能抵扣
接受的客运服务	纳税人接受陆路运输、水路运输和航空运输等客运服务时，即使取得增值税专用发票，进项税额也不能抵扣。比如，企业员工出差，报销时提供了相关交通运输工具的增值税专用发票，发生的增值税进项税额不能抵扣
接受的贷款服务	企业取得贷款发生的进项税额不能抵扣
接受的餐饮服务	纳税人接受餐饮企业提供的餐饮服务，发生的增值税进项税额不能抵扣
接受的居民日常服务	纳税人接受市容市政管理、加征、婚庆、养老、殡葬、救助救济、美容美发、按摩、桑拿和足浴等居民日常服务，涉及的增值税进项税额不能抵扣
接受的娱乐服务	纳税人接受歌厅、舞厅、酒吧、台球、高尔夫球、保龄球和射击等娱乐服务，涉及的增值税进项税额不能抵扣
未按时抄报税的防伪税控专用发票	这种发票被称为"失控发票"，即失去控制的发票，这类发票对应的增值税进项税额不能抵扣
未在规定期限内办理认证或申请稽核比对的增值税发票	按照相关税法的规定，这类发票不能作为合法的增值税扣税凭证，对应的增值税进项税额也就不能抵扣
未按期申报抵扣增值税进项税额的	增值税纳税人应在取得增值税扣税凭证且认证通过或稽核比对后的次月规定期限内进行纳税申报，没有进行纳税申报，或者逾期纳税申报的，对应的增值税进项税额不能抵扣
取得的异常凭证	纳税人取得异常凭证，不得抵扣增值税进项税额；如果已经申报抵扣，则必须作进项税额转出处理

11.3.3 不得开具增值税专用发票的 20 种情形

无论是企业还是其他单位或个人，在如表 10-7 所示的 20 种情形下，都不得开具增值税专用发票，财会人员要牢记。

表 11-7 不得开具增值税专用发票的 20 种情形

条目	情形
1	企业和其他单位不得向其他个人开具增值税专用发票
2	其他个人不得申请代开增值税专用发票，但其他个人出租或销售不动产，且承租方或购买方不属于其他个人的除外，比如个人向企业或单位出租或销售不动产时，可以申请代开增值税专用发票
3	免征增值税的项目
4	实行增值税退（免）税办法的应税服务
5	不征收增值税的项目
6	用于出口的项目
7	经纪代理服务中向委托方收取政府性基金或行政事业性收费
8	提供有形动产融资性售后回租服务，向承租方收取有形动产价款本金，不得开具增值税专用发票，但可以开具普通发票
9	提供旅游服务的纳税人，在选择以取得的全部价款和价外费用，扣除向旅游服务购买方收取并支付给其他单位或个人的住宿费、餐饮费、交通费、签证费、门票费和支付给其他接团旅游企业的旅游费用后的余额为销售额的，向旅游服务购买方收取并支付的这些费用不得开具增值税专用发票，但可以开具普通发票
10	提供劳务派遣服务选择差额纳税的纳税人，向用工单位收取用于支付给劳务派遣员工工资、福利和为其办理社会保险及住房公积金的费用，不得开具增值税专用发票，但可以开具普通发票
11	提供安全保护服务选择差额纳税的纳税人，比照劳务派遣服务政策执行，代用工单位支付给劳务派遣员工的工资、福利和为其办理社会保险及住房公积金的费用，不得开具增值税专用发票，但可以开具普通发票
12	纳税人提供人力资源外包服务，向委托方收取并代为发放的工资和代理缴纳的社会保险及住房公积金，不得开具增值税专用发票，可以开具普通发票
13	一般纳税人销售自己使用过的固定资产，适用简易办法依 3% 征收率减按 2% 征收增值税政策的

续表

条目	情形
14	小规模纳税人销售自己使用过的固定资产，适用简易办法依 3% 征收率减按 2% 征收增值税政策的，不得申请代开增值税专用发票
15	纳税人销售旧货
16	商业企业一般纳税人零售烟、酒、食品、服装、非劳保专用鞋帽和化妆品等消费品
17	一般纳税人的单采血浆站销售非临床用人体血液，可按简易办法依照 3% 征收率计算应纳税额，但不得开具增值税专用发票
18	商业企业向供货方收取的各种收入
19	金融机构所属分行、支行、分理处和储蓄所等销售实物黄金，应向购买方开具国家税务总局统一监制的普通发票
20	从事金融商品转让业务

11.3.4　其他常见的偷税、漏税行为

偷税是指纳税人故意违反税收法规，采用欺骗和隐瞒等手段逃避纳税义务的违法行为，是刻意为之，如有意少报或瞒报应税项目、销售收入和经营利润等。漏税是指纳税人因无意识而发生的漏缴或少缴税款的违章行为，是无意之举，如因为不了解或不熟悉税法规定和财务制度导致少计应税数量、销售金额和经营利润。企业生产经营过程中，常见的偷税行为如表 11-8 所示。

表 11-8　企业常见的偷税行为

条目	具体偷税行为
1	企业发出商品时不按权责发生制原则及时确认销售收入，而以实际收到货款为实现销售的依据。表现为发出商品时仓库保管员记账，会计不记账
2	以预收账款方式销售货物，商品发出后不确认销售收入，长期挂账"预收账款"，达到增值税进项税额大于销项税额的效果
3	价外收入不确认销售收入，不核算增值税销项税额
4	废品、边角料等的处理收入不记账

续表

条目	具体偷税行为
5	包装物押金逾期一年不确认销售收入
6	从事生产经营和应税劳务混合销售，纳税人选择有利于自己的方式记账和申报纳税
7	视同销售的行为不确认收入
8	商业企业按工业企业办理税务登记和认定增值税一般纳税人，抵扣进项税额时不以付款凭证作为依据，而以原材料入库单为依据
9	用背书的汇票预付账款，利用现代技术多次涂改复印充当付款凭证，进而骗取增值税进项税额抵扣
10	原材料用于纳税人的在建工程或本单位员工福利等非应税项目，增值税进项税额不做转出处理
11	增值税进项发票丢失，仍然抵扣进项税额
12	代扣代缴的税费长期挂账而不实际缴款
13	购买股票、债券等取得的收入不按时确认投资收益
14	发生大宗装修、装潢费用和待摊费用，不报税务机关批准就进行摊销
15	购买土地进行扩建，将土地作为固定资产计提折旧
16	盘盈的固定资产、流动资产不做损益处理
17	购买假发票入账
18	业务招待费、广告宣传费等超支部分放在其他会计科目列支，如手续费、差旅费和会议费等

　　企业常见的偷税行为包括但不限于上表所示的这些，如果企业纳税人是在无意识情况下发生了这些行为，就会相应地视为漏税行为。

|11.4|
了解并做好税务检查工作

税务检查是由税务机关执行的工作，即根据国家的税收政策法规、税收管理体制和税务人员管理制度等，对下级税务机关和税务人员、纳税人等进行检查监督。为了防止因做出不恰当的纳税筹划措施而导致企业税务被查，财会人员有必要了解税务机关的税务检查工作。

11.4.1　税务检查的内容、范围和形式

税务机关对纳税人进行税务检查时，主要内容包括 4 个方面。

◆ 检查纳税人执行国家税收政策和税收法规的情况。

◆ 检查纳税人遵守财经纪律和财会制度的情况。

◆ 检查纳税人的生产经营管理和经济核算情况。

◆ 检查纳税人遵守和执行税收征收管理制度的情况。

通过检查这些内容，看纳税人是否有不按照纳税程序办事和违反征管制度的问题，从而作出相应决定。

针对上述税务检查内容，税务机关在对纳税人进行税务检查时，具体要检查哪些情况呢？检查范围如下。

◆ 检查纳税人的记账凭证、账簿、报表和有关会计资料，如果是对扣缴义务人进行税务检查，要查扣缴义务人代扣代缴、代收代缴税款的记账凭证、账簿和有关会计资料。

◆ 到纳税人的生产、经营场所及货物存放地检查纳税人的应纳税商品、货物及其他财产，检查扣缴义务人与代扣代缴、代收代缴税款有关的经营情况。

◆ 向纳税人、扣缴义务人询问与纳税或代扣代缴、代收代缴税款有关的问题和情况。

◆ 到车站、码头、机场、邮政企业及其分支机构处检查纳税人托运、邮寄应纳税物品、货物或其他财产的有关单据、凭证和资料。

税务机关在实施税务检查工作时，主要有 3 种形式，群众性检查、专业性检查和联合性检查，具体内容如表 11-9 所示。

表 11-9　税务检查的形式

形式	说明
群众性检查	税务机关组织纳税人开展自查或互查，属于一般性检查
专业性检查	税务机关组织税务人员对纳税人的各项涉税事项进行专业检查，可分为日常检查、专项检查和专案检查： 1. 日常检查。税务机关对纳税人履行纳税义务的情况进行的常规检查。 2. 专项检查。税务机关根据特定的目的和要求，依照征收管理部门或其他信息部门提供的信息数据资料，通过分类分析，选取特定的检查对象进行某一个方面或某些方面的税务检查。 3. 专案检查。税务机关根据上级指示、有关部门转办、征收管理部门提供、公民举报和国际、省际间情报交换等案件线索进行的专门检查，主要针对重大税务案件的查处
联合性检查	指多个部门联合组织开展税务检查工作，有两种形式： 1. 税务机关内部各部门之间联合检查。 2. 税务部门与其他经济部门之间联合检查，如税务机关会同企业主管部门、财政和银行等部门进行综合检查

税务机关会根据检查时间要求、检查内容规定以及检查目的等，适当选择对纳税人进行的税务检查形式。

11.4.2　税务检查的具体流程

为了积极配合税务机关完成税务检查工作，企业纳税人必须了解税务检查工作的具体流程，如图 11-10 所示。

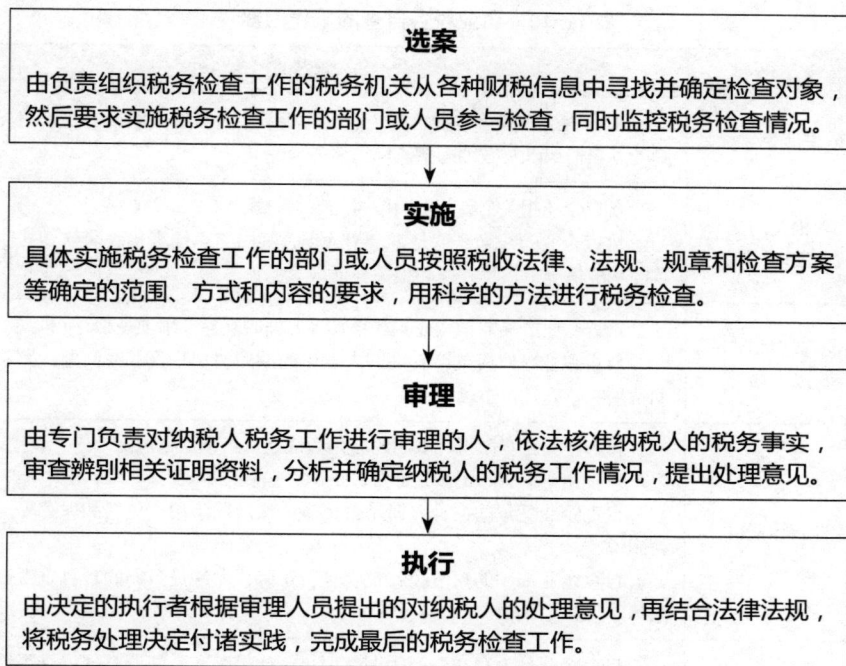

选案

由负责组织税务检查工作的税务机关从各种财税信息中寻找并确定检查对象，然后要求实施税务检查工作的部门或人员参与检查，同时监控税务检查情况。

实施

具体实施税务检查工作的部门或人员按照税收法律、法规、规章和检查方案等确定的范围、方式和内容的要求，用科学的方法进行税务检查。

审理

由专门负责对纳税人税务工作进行审理的人，依法核准纳税人的税务事实，审查辨别相关证明资料，分析并确定纳税人的税务工作情况，提出处理意见。

执行

由决定的执行者根据审理人员提出的对纳税人的处理意见，再结合法律法规，将税务处理决定付诸实践，完成最后的税务检查工作。

图 11-10　税务检查的流程

在税务检查工作中，凡是立案的税务案件，必须经过"审理"环节，按照上图所示的操作步骤办事。如果是对不需要立案或者没有达到立案标准的税务案件进行税务检查，则可以按照简易程序办事。

11.4.3　企业税务自查的工作内容

税务自查就是企业自行实施税务检查工作，一般来说，税务自查也会由税务机关通知企业进行自己检查，然后要求企业向税务机关汇报检查结果。

那么，企业在自查税务时具体的工作内容有哪些呢？实际上，税务自查的检查内容与税务机关组织执行的税务检查工作内容一致，一是自查执行国家税收法律、法规和政策等的情况；二是自查遵守财会制度和财经纪律的情况；三是自查生产经营管理和经济核算情况。从更具体的角度看，企业进行税务自查时的工作内容如表 11-10 所示。

表 11-10　企业税务自查的工作内容

自查工作	内容说明
查增值税涉税情况	这项自查工作具体包括自查企业自身相关会计年度内取得的收入情况、开具的发票情况以及缴纳的增值税税额多少等
查与收入相关的交易或事项	1. 自查企业相关会计年度内取得的收入总额。 2. 自查企业的往来账款是否合情合理，其中重点检查预收账款和其他应收款的构成情况、核算过程和相关凭证
查与成本费用相关的交易或事项	1. 自查企业产品的销售成本和结转等方面的交易或事项是否存在问题。 2. 自查企业在对应的会计期间内发生的期间费用是否存在问题，尤其是期间费用的核算是否正确
查各种会计资料	1. 自查企业自身取得、填制的原始凭证是否正确、合规。 2. 自查企业编制的记账凭证是否正确、完整且合规。 3. 自查企业登记的会计账簿是否正确，账簿的启用、更新和保管等工作是否到位。 4. 自查企业编制的财务会计报表是否正确，尤其是数据的计算是否符合要求等
查其他涉税事项	1. 自查企业是否存在资产类调整项目，如果存在，则调整依据是否符合税法的规定。 2. 自查企业在核算各税种的应纳税额时方法是否准确。 3. 自查企业是否存在应纳税调增额或应纳税调减额，若存在，是否按照税法的规定进行了正确的调整
查财会人员	1. 自查企业的财会人员工作完成情况，如工作正确率、工作积极性和工作完成效率等。 2. 自查企业的财会人员工作行为，是否存在舞弊行为，是否存在包庇现象，是否存在协同作案等情形。 3. 自查企业的财会人员是否严格按照财会制度和财经纪律办事等
总结问题	企业将税务自查工作中发现的自身存在的税务问题进行概括汇总，最终形成书面文件作出详细说明。比如经过账务调整后的企业所得税应纳税额是多少、应补缴或应退还的企业所得税税额是多少、企业有无存在财会人员舞弊行为等

11.4.4　把握好税务自查的重点是关键

企业随时都面临着接受税务机关和其他管理机关检查的问题，为了时刻准备好接受相关机构的检查，企业必然需要自查。但是，如果自查内容过多，会严重影响企业的正常运营工作，因此，税务自查必须把握重点。如表 11-11 所示的是企业进行税务自查时的重点内容。

表 11-11　企业税务自查的重点

自查重点	具体说明
进项税额转出	查购进货物用于非增值税应税项目、免征增值税项目、集体福利和个人消费等情形时是否按规定进行了增值税进项税额转出，以及购进货物、在产品和产成品等发生非正常损失的部分是否做了增值税进项税额转出
价外费用计税	查向购货方收取的手续费、违约金和运输装卸费等价外费用是否按规定缴纳了税款
发票虚开	查是否存在虚开发票而虚增成本的现象
各种会计资料	查是否存在不符合税法规定的发票和有关凭证
资本性支出的归集	查是否存在将资本性支出一次性计入成本费用的情况
扣除项目	查企业所得税的扣除项目是否符合税法规定的扣除标准，查纳税调增额和调减额的核算是否正确
房产税	查与房屋不可分割的附属设施是否有未计入房产原值缴纳房产税的情况
土地的入账核算	查企业取得土地使用权时价款的入账科目是否正确
折旧摊销	查是否存在没有按税法规定年限计提折旧或进行摊销的情况，是否有随意变更固定资产净残值和折旧年限的情况
成本计价方法	查是否随意改变成本的计价方法来人为调整利润
视同销售	查视同销售行为是否做了相应的纳税调整，查是否有视同销售业务没有做视同销售处理的情形
印花税	查企业增加实收资本和资本公积后是否补缴了印花税

11.4.5　如何组织高效的税务自查工作

企业要组织高效的税务自查工作，不仅要熟知税务自查的工作内容，掌握税务自查的关键，还要做好以下工作。

◆ 确立总体自查思路

要组织高效的税务自查活动，首先需要对整个活动的开展有一个总体的思路，这样才能使工作在组织安排时更顺利，考虑的内容更全面。

◆ 确定自查的组织方式

企业要选择恰当的税务自查工作组织方式，使税务自查工作能兼顾质量和效率，要能保证企业真正查出需要解决的税务问题，更要保证查出问题的时间不会太长。

◆ 选好自查人员

税务自查工作有一定的技术含量，最低要求是要负责税务自查的人员熟悉和了解企业的税务工作以及相应的税收法律、法规和政策。其次还要自查人员能够懂得各种税费的计算方法，能够掌握所有与税务工作相关的理论知识和实际操作过程。

◆ 创造良好的协查环境

企业要为税务自查工作创造良好的协查环境，比如明文要求企业内部各部门向税务自查人员提供相应的经济资料，要求企业内部各员工配合自查人员完成相应的检查工作等。

◆ 写好税务自查报告

税务自查报告是企业进行税务自查得出的最终自查结果，其中会包括企业当期最重要的税务信息，是对企业税务自查工作所做的总结。写好税务自查报告，就能汇总发现企业经营管理过程中存在的税务问题以及税务工作的开展情况，是企业进行后续经营管理的重要依据和指导，有利于企业规避税务风险，实现长远发展。

12

要规避纳税风险就得做好内部审计

顾名思义，内部审计就是企业内部各部门和专职审计的人员
进行的审计，是企业内部控制的一个重要内容。进行有效的内部
审计工作，可帮助部门和企业的管理人员实施最有效的经营管理，
对外也可防止企业陷入经营风险。

|12.1|
正确认识企业内部审计工作

相信很多人对内部审计工作并不是十分了解，但它却对企业的经营管理有着积极的推动和预防作用。作为企业的财会人员，必须正确认识企业的内部审计工作内容。

12.1.1 从内部审计的功能窥见其重要性

对企业来说，内部审计工作的功能大致有 3 个：检查、评价和咨询，主要内容如表 12-1 所示。

表 12-1 内部审计的三大功能

功能	内容
检查	主要是查钱、账、物和人。 1. 看企业的钱财收支情况是否合理。 2. 看企业的账目记录是否正确、完整。 3. 看企业的财物进、销、存情况是否记录准确。 4. 查企业经济数据是否正确、合理。 5. 查企业的凭证、账簿和报表等的获取、编制和登记工作是否到位。 6. 查企业的混乱账目和错误账目等是否做了及时的调整和更正。 7. 查企业的相关人员是否严格遵守了财务会计制度，是否存在违规行为。 8. 查企业是否认真贯彻执行了国家财税政策等
评价	对企业的经营情况、经营成果以及全公司工作情况等进行评价，得出经营好坏、发展快慢或者工作任务完成进度快慢等结论，从而为企业制定下一步工作任务和经营目标提供依据
咨询	企业通过内部审计的检查和评价功能，总结出企业当期的经营情况、经营成果和工作情况，为企业管理层以及其他财务信息使用者了解企业实际发展状况提供咨询解答服务

企业内部审计的这 3 项功能是一个有机整体，相互联系而不可或缺。检查功能和评价功能是基础，是发挥咨询功能的前提；咨询功能是升华，是对检查功能和评价功能的利用和发展延伸。内部审计通过发挥检查和评价功能，获得财务状

况和经营活动的相关会计信息，并在分析和处理这些会计信息的基础上为企业管理层提供咨询服务，从而使企业实现经营目标。

由此可见，企业内部审计工作是对企业经济活动进行的监督工作，不仅对企业有预防和保护作用，还能服务于企业的其他工作，促进企业经营管理有序进行，甚至对企业的内部控制发挥了有利的协助作用。对企业来说，只要条件允许，最好能自行组织内部审计工作。

12.1.2　熟悉内部审计的相关准则

在我国，企业内部审计的准则主要分为 4 个方面：一般准则、作业准则、报告准则和内部管理准则。每个方面的准则凸显不同的重点，如表 12-2 所示。

表 12-2　内部审计的准则

准则	内容
一般准则	主要是内部审计机构的设置及其职权、内部审计人员应具备的基本资格和职业要求等方面的准则，如： 1. 设置内部审计机构时应考虑企业的组织性质、规模、内部治理结构和相关法令的规定，同时还要配备一定数量的内部审计人员。 2. 负责内部审计的人员必须具备专门学识和业务能力，且熟悉本单位的经营活动和内部控制，还要有一直胜任内部审计人员工作的能力。 3. 内部审计机构和人员都必须保持独立性和客观性，不能参与被审计单位的任何实际经营管理活动等
作业准则	主要是关于内部审计机构和人员在审计计划、审计准备和审计实施阶段应遵循的一些行为规范，如： 1. 内部审计人员在审计过程中应充分考虑审计工作的重要性和审计工作存在的风险。 2. 内部审计人员应考虑单位的风险和管理需求，制订恰当的审计计划，对审计工作做出合理安排，在报经主管领导批准后实施。 3. 内部审计人员应深入调查和了解本单位的情况，对经营活动和内部控制的真实性、合法性和有效性等进行测试评估。 4. 内部审计人员应将收集和评价的审计证据及形成的审计借款和建议记录在审计工作底稿中，以备后用等

续表

准则	内容
报告准则	主要是内部审计人员在反映审计结果、出具审计报告和批准、报送审计报告等工作上应遵循的行为规范，如： 1. 内部审计人员应在审计工作执行完毕后出具审计报告。 2. 内部审计报告的编制必须以审计结果为依据，要做到客观、准确、清楚、完整和有用性。 3. 内部审计报告应声明是按照中国内部审计准则的规定编制的，如果报告没有遵循中国内部审计准则，也要在报告中对此作出解释说明。 4. 企业内部要建立内部审计报告的审核制度，督促审核人员认真审核审计报告，给出审核结论和对审计报告结果的建议等。 5. 内部审计机构在内部审计报告报经主管领导批准后，要下达审计意见书或审计决定书等
内部管理准则	主要是内部审计机构负责人在管理内部审计工作、利用审计资源、履行内部审计职责和实现审计工作目标等方面的行为规范，如： 1. 内部审计机构负责人应确定年度审计工作目标，制订年度审计工作计划，编制人力资源计划和财务预算。 2. 内部审计机构负责人应根据相应的条例和准则，再结合本单位的实际情况，制定审计工作手册，用来指导内部审计人员的工作，同时将手册作为监督、检查整个单位工作情况的依据。 3. 内部审计机构负责人应建立相应的激励制度，对内部审计人员的工作进行监督、考核，评价其工作业绩，然后作出奖惩。 4. 内部审计机构负责人应与国家审计机关保持良好关系，依法并积极接受国家审计机关的监督和指导等

12.1.3 内部审计人员需要恪守的职业道德规范

良好的职业道德规范是企业内部审计人员在工作岗位上任职的基本要求，也是成为一名合格的内部审计人员的必备条件。那么，内部审计人员需要恪守的职业道德规范究竟有哪些呢？

◆ 客观公正，廉洁清正

内部审计人员的工作内容就是要对本企业的经营信息进行审核、统计，然后给出审计结论。这些审计结论会直接反映企业的好坏，进而直接影响与企业有关联的其他各方对本企业的看法和印象。因此，为了向社会各界及关联各方提供本企业最真实的经营情况，内部审计人员就必须具备客观公正、廉洁清正的职业道德，从而客观公正地评价企业的经营情况，不受外界影响而对企业作出捏造的审计结果，应廉洁办公。

◆　实事求是，不弄虚作假

企业内部审计人员要实事求是，不因个人利益而在审计工作中弄虚作假。一切审计工作要以数据为支撑，以收集证据为办事手段，不人为更改数据或者篡改、销毁证据。只有这样，内部审计工作才有据可循，有理可依，审计结果才有说服力。

◆　处事果断，逻辑严谨

内部审计人员的主要工作是对本企业的各种经济信息和会计资料等进行审核，然后给出明确的审计结果。企业的经济信息和会计资料都具有明显的专业性，各交易事项、数据结果和资料之间都存在前后衔接关系，因此需要内部审计人员的逻辑思维足够严谨，这样才能保证审计时不会断章取义。同时，内部审计人员执行完审计工作后，要快速得出审计结果并作出审计评价，因此为外界各方提供本企业最及时、准确的经营管理信息，这就要求内部审计人员在处事方面要果断。

◆　爱岗敬业，责任感强

内部审计人员要对本企业的经营情况进行审查和评价，得出的结论会直接影响外界对企业的认知，因此必须对自己作出的评价负责，要有较强的责任感，要能够保证自己给出的审计结果和审计评价客观公正、真实有效。另外，审计工作复杂，且有一定难度，作为内部审计人员，一定要爱岗敬业，这样才能保持良好的心态做事，才能全身心投入到内部审计工作中，才能尽可能完美地完成审计工作。否则，很可能在工作中失去耐心，从而敷衍了事，不认真审计，草率作出审计结论和评价，对企业发展不利。

◆　依法行事，严守秘密

内部审计人员虽然是企业内部员工，但也要按照相关法律、法规的规定办事，不能只顾企业发展需求而脱离相应的法律、法规，这样进行的内部审计工作没有意义。除此以外，内部审计人员在执行内部审计工作的过程中，接触到的大多数都是企业的第一手最真实的财务数据，在行业发展规律中，这些数据一般都是不能被任意公开的，因此内部审计人员必须具备严守秘密的职业道德，维护好企业的商业秘密。

12.1.4　了解内部审计与外部审计的关系

内部审计是外部审计的对称，外部审计是由审计机关派遣专门的审计人员或社会审计机构对被审计单位进行的审计工作。实务中，内部审计与外部审计相互配合，相互补充，对被审计单位实现全方位审计。这是两者之间的联系，那么两者之间具体区别是什么呢？如表 12-3 所示。

表 12-3　内部审计与外部审计的区别

不同	内部审计	外部审计
审计范围	指企业自身内部对自己进行的审计，包括对内部控制的调查和经济效益的评价等	包括国家审计机关对被审计单位的审计和社会审计组织中的审计师或注册会计师接受委托对被审计单位的审计
审计人员	企业自身选出的负责审计工作的人员	国家审计机关、社会审计组织中的审计师或注册会计师
目的	通过审计、分析和评价，得出如何加强单位内部管理、提高核算水平和经济效益的建议或措施	验证企事业单位的会计报表或财务收支，对企事业单位的财务状况、经营情况和现金流量等发表公允性意见，为报表使用者提供决策依据
关注重点	会计信息的有效性、经济性和合规性	会计信息的质量，即合法性、公允性和合规性
审计标准	公认的方针和程序	会计准则和相关法律法规
业务范围	以企业财务活动为基础，延伸到企业的管理领域	以企业财务报表为主要审计内容，延伸到代编财务信息、执行商定程序和财务咨询等活动上
独立性	强调内部审计机构、审计人员与本企业之间的独立性，不强调审计机构、审计人员与企业领导人之间的独立性。是单向独立的审计活动	强调审计机构、审计人员与被审计单位及其领导人之间的独立性，是完全独立双向的审计活动

不同	内部审计	外部审计
对专业胜任能力的要求	要求具备一定的管理知识水平和专业的审计知识水平	要求具备专业的审计知识水平
强制性	几乎没有强制性，由企业自身根据发展需要决定是否设置内部审计机构或岗位，是否实施内部审计工作	具有强制性，要求审计机关或税务机关定期或不定期将有关纳税人确定为被审计对象，并对这些纳税人实施审计，了解其实际经营状况

|12.2|
内部审计的机构设置与主要工作

　　小微型企业由于人数受限，所以内部审计工作通常无法开展，大多都是聘请外部专业审计机构帮助完成；中小型企业可只设置内部审计岗位，并分配内部审计人员。一些中等偏大和大型企业的人力资源丰富、经济实力雄厚，可按规定设置内部审计机构和审计岗位，配备完善的审计人员。

12.2.1　审计委员会和内部审计人员

　　审计委员会一般是企事业单位对自身设置的内部审计机构的统称，通常由企业的董事会发起并由董事会成员组成。内部审计人员是具体实施内部审计工作的指定人员，隶属审计委员会。

　　（1）审计委员会

　　企业内部审计的审计委员会主要负责企业有关财务报表披露和内部控制过程的监督，同时领导内部审计人员做好内部审计工作。审计委员会的职责范围要由企业董事会正式认可，其组成结构和具体职责如表 12-4 所示。

表 12-4　审计委员会的构成与职责

项目	说明
构成	审计委员会的成员应由董事会从企业的非执行董事中任命，且至少应有 3 位成员，其中法定人数有两人
	审计委员会的主席之位应由董事会任命
	通常要由公司秘书出任审计委员会的秘书
职责	提议聘请或更换外部审计机构
	监督企业的内部审计制度及其实施事宜
	负责内部审计与外部审计之间的沟通
	审核企业的财务信息及其披露的信息
	审查企业的内部控制制度

（2）内部审计人员

内部审计人员是具体实施内部审计工作的工作人员，其主要工作就是按照审计委员会的指示执行内部审计。他们在内部审计工作中的具体职责如表 12-5 所示。

表 12-5　内部审计人员的职责

条目	说明
1	全面负责企业的内部审计工作，做到依法实施
2	严格按照国家审计法律、法规和企业内部审计制度的规定办事
3	负责制订企业的年度审计工作计划，并报经公司领导批准后按规定实施，同时还要定期检查年度审计工作计划的执行情况
4	对提出的审计工作计划和审计方案等进行审批
5	对内部审计工作对应的项目和方案的实施情况进行监督、引导
6	负责定期对内、外部审计的协调工作进行评估，根据评估结果对当前的审计工作进行及时的调整

续表

条目	说明
7	负责内部审计人员的业务培训、后续教育工作，同时监督和检查内部审计人员的工作行为和态度
8	完成企业领导交办的其他工作

12.2.2　明确内部审计的具体内容

由于内部审计是各企业自身开展的审计工作，所以审计内容会因为行业领域的不同而有明显差异。本小节以制造业为例，说说内部审计的具体内容，如表12-6所示。

表 12-6　制造业内部审计工作的内容

审计内容	简述
存货库龄	审查企业的原材料、半成品和库存商品等存货的库存情况，如库存结构、资金占用情况、库存积压数量以及积压时间等
销售业务	审查企业的销售数据，看是否做到实时更新，具体审查销售收入、产品单位成本和单位利润等销售数据
财务核算	审查企业的财务日常核算数据，看核算方法和核算结果是否正确、合理，是否存在异常财务数据和会计资料
财务规范性	审查企业在处理凭证、现金管理等方面的操作是否符合相关法律、法规
财务分析	审查企业财会人员所做的财务分析是否客观、公正、清晰和准确，是否运用了科学的财务分析工具，是否有规范的对比标准等
经济指标	审查企业运用的经济指标是否合理，指标的数值范围、变化趋势以及同比数和预算数等的设置是否合理、准确，是否对这些经济指标实施了有效的监控，是否有在指标异常时作出及时的应对措施等
大额收支	审查企业的每一笔大额收支，看是否合理；查企业超支时是否作出了正确的控支措施等
审计作业	审查企业中负责审计工作的人员是否按照法律法规的规定和企业授权开展审计工作，同时审查企业的内部审计工作的进度，看是否存在过于缓慢或过于快速的情况

续表

审计内容	简述
重大疑点	通过专业的疑点监控手段，审查企业经营管理过程中是否存在重大疑点问题，在出现重大疑点时是否及时组织相关人员查明原因并解决问题
重大违规金额	审查企业是否存在违规金额，尤其是重大违规金额，向被审计对象提出查明原因的要求，相应地审查被审计单位是否及时了解了重大违规金额的产生原因，是否采取了及时的整改措施
违规问题	审查企业在各个方面是否存在违规问题，是否在出现违规问题后及时了解缘由和采取改正措施等
财会人员	审查企业的财会人员是否按章办事，是否存在舞弊行为，是否积极应对财会工作，是否积极协助了审计人员做好审计工作等
其他人员	审查企业内部其他人员是否存在违规行为，是否在被发现后及时改正了违规行为，是否积极协助了财会人员和审计人员做好财会工作和内部审计工作，是否提供了真实、准确的经济资料和信息等

12.2.3　掌握内部审计的一般方法

企业常用的内部审计方法主要有 4 种，相关内容如下。

◆　顺查法

顺查法是指内部审计人员按照企业在某一会计期间的经济活动发生的时间先后顺序和会计核算程序，依次审核会计凭证、会计账簿和会计报表等会计资料，同时作出准确的审计分析。该方法适用于业务量较少、业务单一或者规模不大的企业。

◆　逆查法

逆查法与顺查法相反，是指内部审计人员按照企业在某一会计期间的经济活动发生时间和会计核算程序的相反顺序，先审查会计报表，从中发现错账和疑点，然后根据这些错账和疑点针对性地审查会计报表、会计账簿和会计凭证，发现错账源头和疑点产生的原因。该方法适用于业务量大而繁杂、会计核算复杂的企业。

◆ 抽查法

抽查法是指内部审计人员通过抽取样本、推断企业的总体情况来完成审计工作，实现重要的内容重点审计，次要的内容一般审计或不审计。企业常用的内部审计抽查法有等距抽样、随机抽样和 PPS 抽样（又称为按规模大小成比例的概率抽样，其英文全称为 Probability Proportionate to Size Sampling）。该方法适用于大多数企业和某个企业的大多数审计项目。

比如，审查企业的会计凭证可使用等距抽样，即按照会计凭证号顺序，等距离顺序抽取凭证进行审计，如抽查收款凭证 1 号、5 号、10 号；审查企业的原材料、库存商品的存货库存情况可使用随机抽样，即随机抽取某一种材料或商品的某一种型号进行库存量的审计；审查违规问题是否得到有效控制可使用 PPS 抽样，即对某一类违规问题占所有违规问题的比例发展趋势进行审计，比例减小，说明该类违规问题有得到部分解决。

◆ 抽样审计和详细审计结合法

企业经营管理必须分清楚次重点，在内部审计工作中也应如此。对于需要重点关注的经济信息或事项，内部审计采用详细审计方法进行；对于一般的经济信息或事项，内部审计可采用抽样审计方法进行。

这样既重视了经营管理过程中的重点，也涵盖了一般性的业务事项，既能准确地反映重要的审计结果，又能系统地反映一般的审计结论，能很好地防止以偏概全、以点带面的审计结果，可以为企业提供真实、有效的经营数据，为企业领导者作出正确的决策创造有利条件。该方法适合绝大多数的企业和审计项目。

知识延伸｜制定内部审计策略的预案

内部审计工作有很高的技术含量，为了能快速、精准且顺利地开展内部审计工作，内部审计人员应尽量制定内部审计策略的预案，即内部审计工作开展前的审计策略方案。后期围绕审计策略开展内部审计工作。

12.2.4　编制内部审计计划

　　企业的内部审计计划是保证审计工作顺利完成的指导性文件，也是对审计工作的详细安排。一般来说，内部审计计划由内部审计工作的负责人编制，报经领导批准后依照实施。

　　内部审计计划的内容主要包括：审计目的、审计范围、审计依据、审计人员组成、审计日期、审计日程、审计形式、审计项目和内容、审计的记录要求、审计结果的展示、对审计结果的分析与评价以及后期企业的内部审计工作应重视的问题等。图 12-1 所示的是某公司编制的内部审计计划的内容。

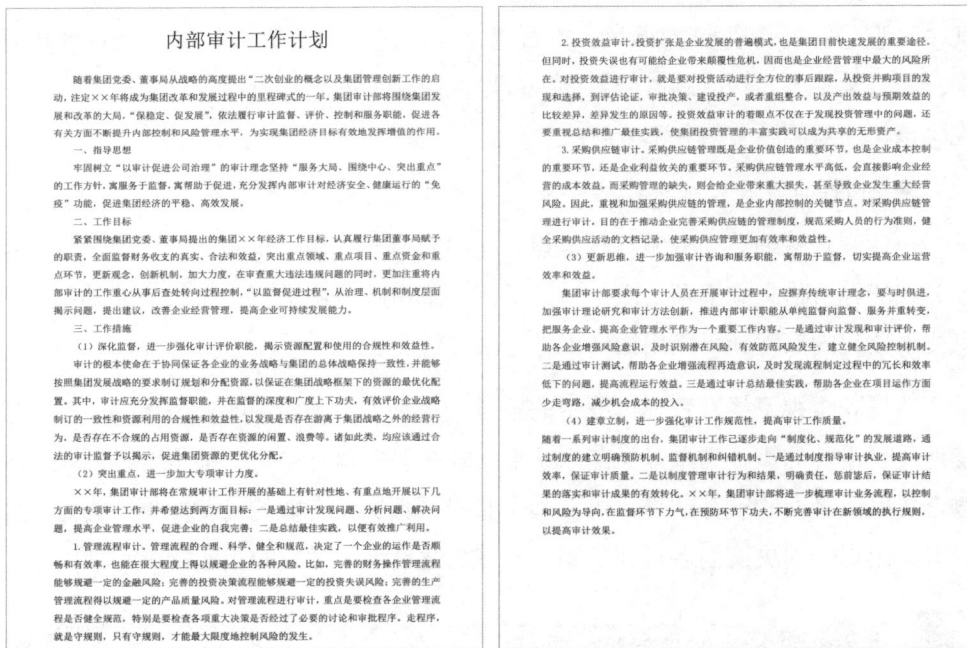

图 12-1　某公司的内部审计计划

　　企业应根据自身内部审计工作的需求，合理编制内部审计计划，做到编制前深入了解内部审计工作会涉及的方方面面。

12.2.5　内部控制评审及测试

内部控制评审是指审计人员对本企业内部控制制度的健全性、有效性和风险水平等进行评审，从而判断内部控制的信赖程度，确定审计方法是用抽查还是详查，以及抽查时抽取的样本规模和数量。

内部控制测试又称为内部控制测评，指对本企业的内部控制的设置和运行情况进行的测试。评审和测试实际上是一回事，表 12-7 所示的是内部控制的评审内容。

表 12-7　内部控制的评审内容

评审内容	简述
内部控制的健全性	评审企业的每一项内部控制是否健全，手续是否完备且严密，寻求的措施和方法是否能真正起到事前控制的作用，具体内容如下： 1. 各职能部门是否健全，权、责、利是否明确，不相容的职务是否分离，岗位分工是否能起到应有的相互制约的作用。 2. 会计信息和有关经济信息的记录、传递程序及报告等是否有相应的制度作明确规定。 3. 与凭证相关的制度是否健全，是否对凭证的填制、传递和保管程序有严格的规定。 4. 企业员工是否具备必要的知识水平和业务能力，有无定期的岗位轮换制度，企业是否积极地为员工组织各种培训活动。 5. 企业的财产物资管理是否建立了相应的清查盘点制度，是否有健全的办事程序使盘点的信息能及时反馈给相关部门。 6. 企业是否建立了内部审计制度，对查找错账、揭露舞弊、改进管理和提高效益等是否发挥了其应有的作用
内部控制的有效性	评审每一项具体控制程序的执行是否有效，主要从内部控制的符合性和实质性这两方面进行测试。 1. 评审本企业的内部控制的贯彻执行情况，执行有效，则说明会计信息可靠性越高，相应地就可减少内部审计程序和工作量；反之，会计信息可靠性越低，相应地要增加内部审计程序和工作量。 2. 评审本企业的会计信息的真实性和正确性，将审计结果作为证据，作出审计结论，同时对实物进行盘点复核。以此发现企业内部控制存在的问题
内部控制制度的风险水平	在确定本企业的内部控制健全性和有效性的基础上，评审内部控制制度的风险水平，并将评审结果分为低、中、高 3 个风险等级，表示企业的内部控制制度的可信赖程度。风险水平越高，审计结论偏离客观事实的可能性就越高，内部控制的可信赖程度就越低

企业通过对上述内部控制内容进行评审，确定内部控制的可信赖程度高低。

具体有如下 3 种可信赖程度。

◆ 低信赖程度

一般表示本企业的内部控制制度不健全、不科学，而且执行力度非常小，大部分经济业务和会计记录经常出错。这时审计人员必须大幅度修改审计程序，扩大审计范围和内容，通过获取充足的审计证据来支撑后续的审计意见并作出恰当的审计结论。

◆ 中信赖程度

一般表示本企业的内部控制效果良好，但内部控制制度并不十分健全、科学，存在一些缺陷或薄弱地带，或者内部控制制度比较健全、科学，但执行力不够，会计信息的真实性和可靠性也会受到不利影响。这时审计人员需扩大内部控制符合性和实质性的测试深度和广度。

◆ 高信赖程度

一般表示本企业的内部控制制度健全、科学，能有效发挥作用，会计记录发生错弊的可能性很小。这时审计人员可信赖并利用本企业的内部控制，适当减少审计程序和工作量。

12.2.6 收集整理内部审计的证据资料

内部审计的证据是用来证实审计事项、做出审计结论和建议的依据，它在实施内部审计工作的过程中获得。不同的分类依据下，内部审计的证据有不同的种类，如下所示。

◆ **按审计证据的表现形态分类**：书面证据、实物证据、电子视听证据、口头证据和环境证据。

◆ **按审计证据的相互关系分类**：基本证据、佐证证据和矛盾证据。

◆ **按审计证据的取得方式分类**：现成证据和非现成证据。

内部审计的证据资料要经过收集整理，才能作为内部审计结论的证明材料。这一收集整理过程包括证据的获取、评价、处理和保管。

获取。 负责企业内部审计工作的审计人员，在确定适当的抽样方法、评估出准确的审计风险水平和成本效益合理程度等因素后，采用复核、观察、监盘、询问、函证、计算或分析性复核等证据资料获取方法获取相应的内部审计证据。

评价。 审计人员对获取到的各种审计证据进行分析评价，判断证据的可靠性，包括证据的真实性和有效性等。

处理。 审计人员根据判断得出的审计证据可靠性程度的不同，将证据分门别类地整理妥当，或者根据审计证据之间的关系，将证据资料分成基本证据资料、佐证证据资料和矛盾证据资料。如果有特殊问题，内部审计人员可聘请外部专家对特殊问题或项目进行鉴定，以鉴定结论作为一类新的审计证据。

保管。 审计证据是证明内部审计结论的重要资料，因此必须由负责审计工作的人员指定专人妥善保管。通常，重要的审计证据必须重点保管，其他相关审计证据按照一般的保管办法进行管理即可。

12.2.7　出具内部审计报告

内部审计报告由内部审计人员编制，主要是根据企业内部审计计划，对本企业在实施内部审计后的经营活动和内部控制的适当性、合法性和有效性等做出书面说明。

在编写内部审计报告时，必须客观公正、实事求是，事实不清的问题不能在审计报告中作出评价；报告还必须突出重点，围绕企业预定的审计目标确定重点审计事项；报告的内容要简洁易懂，不重要的内容可忽略，语言表达要清晰，这样可突出审计报告重点要表达的事实，让报告使用者易懂。

内部审计报告的主要内容包括 5 个部分：审计概况、审计依据、审计结论、审计决定和审计建议，分别说明审计理想的依据、目的、范围、重点内容、标准、法律法规依据、对本企业经营活动和内部控制作出的评价、提出的处理或处罚意见等。

如下所示的是出具内部审计报告的流程。

第一，整理分析工作底稿。 将在内部审计工作中形成的各种工作底稿进行筛选，选出符合审计目的且有价值的证据资料作为撰写内部审计报告的参考资料。

第二，拟定审计报告提纲。 根据收集整理的工作底稿，结合审计报告结构和主要内容，拟定审计报告的提纲。

第三，撰写审计报告初稿。 由内部审计人员中的其中一人全程执笔撰写报告初稿，或者由多位审计人员分工撰写各自负责的部分，最终由一人汇总所有稿件形成初稿。

第四，征求被审计单位意见。 将审计报告初稿提交给本企业的相关负责人审阅，征求意见，以此对审计报告初稿进行必要的调整。

第五，审查并签发审计报告。 内部审计工作的负责人要认真审查内部审计报告的内容，确认无误后，签署审计意见，报送有关方面和领导。

读 者 意 见 反 馈 表

亲爱的读者：

感谢您对中国铁道出版社有限公司的支持，您的建议是我们不断改进工作的信息来源，您的需求是我们不断开拓创新的基础。为了更好地服务读者，出版更多的精品图书，希望您能在百忙之中抽出时间填写这份意见反馈表发给我们。随书纸制表格请在填好后剪下寄到：北京市西城区右安门西街8号中国铁道出版社有限公司大众出版中心 王佩 收（邮编：100054）。此外，读者也可以直接通过电子邮件把意见反馈给我们，E-mail地址是：505733396@qq.com。我们将选出意见中肯的热心读者，赠送本社的其他图书作为奖励。同时，我们将充分考虑您的意见和建议，并尽可能地给您满意的答复。谢谢！

- -

所购书名：_____

个人资料：

姓名：_____ 性别：_____ 年龄：_____ 文化程度：_____

职业：_____ 电话：_____ E-mail：_____

通信地址：_____ 邮编：_____

- -

您是如何得知本书的：

□书店宣传 □网络宣传 □展会促销 □出版社图书目录 □老师指定 □杂志、报纸等的介绍 □别人推荐
□其他（请指明）_____

您从何处得到本书的：

□书店 □邮购 □商场、超市等卖场 □图书销售的网站 □培训学校 □其他

影响您购买本书的因素（可多选）：

□内容实用 □价格合理 □装帧设计精美 □带多媒体教学光盘 □优惠促销 □书评广告 □出版社知名度
□作者名气 □工作、生活和学习的需要 □其他

您对本书封面设计的满意程度：

□很满意 □比较满意 □一般 □不满意 □改进建议

您对本书的总体满意程度：

从文字的角度 □很满意 □比较满意 □一般 □不满意
从技术的角度 □很满意 □比较满意 □一般 □不满意

您希望书中图的比例是多少：

□少量的图片辅以大量的文字 □图文比例相当 □大量的图片辅以少量的文字

您希望本书的定价是多少：

本书最令您满意的是：

1.

2.

您在使用本书时遇到哪些困难：

1.

2.

您希望本书在哪些方面进行改进：

1.

2.

您需要购买哪些方面的图书？对我社现有图书有什么好的建议？

您更喜欢阅读哪些类型和层次的书籍（可多选）？

□入门类 □精通类 □综合类 □问答类 □图解类 □查询手册类

您在学习计算机的过程中有什么困难？

您的其他要求：